열두 개의 성공 블록

돈, 학벌, 인맥, 운을 뛰어넘는 성공의 촉매제

열두 개의 성공 블록

Choose Your Enemies Wisely

패트릭 빗-데이비드 · 그레그 딘킨 지음 | 박영준 옮김

서三삼독

과거, 현재, 미래의 적들이여,
진심으로 감사한다!

그대에게 적이 없다고 말했나?
오! 친구여, 그건 초라한 자랑이다.
용감한 자가 견뎌야 하는 의무 속으로 뛰어든 이는
반드시 적이 있어야 한다!
그대에게 적이 없다면
아주 작은 일밖에 해내지 못한다.
어떤 배반자도 응징하지 못하고,
어떤 위증도 반박하지 못하고,
어떤 잘못도 바로잡지 못하고,
싸움터에서 겁쟁이가 되어 버린다.

_ 찰스 맥케이(Charles Mackay), 스코틀랜드 작가

2002년 크리스마스에 일어난 일

현명한 사람은 멍청한 친구들보다
적에게서 더 많은 것을 얻는다.

_ 발타자르 그라시안(Baltasar Gracián), 스페인 철학자

2002년 12월, 스물네 살의 빈털터
리 청년이었던 나는 아버지의 작은 아파트에서 아버지와 함께 지내
고 있었다. 당시 내가 꼬박꼬박 지키던 유일한 일상은 로스앤젤레스
의 클럽들을 일주일에 여섯 번 돌아가며 찾는 것이었다. 유명한 클럽
들을 한 주 내내 전전하다 보면 주중에는 내가 있는 곳이 어디인가에
따라 그날이 무슨 요일인지를 알게 될 정도였다. 그런 식의 판에 박힌
일상이 매주 반복됐다. 그러다가 툭하면 싸움을 벌인다는 이유로 클
럽에서 쫓겨나곤 했다.

삶이 제대로 풀려 나가는 것은 아무것도 없었다. 막바지에 몰린 주머니 사정으로 인해 미 육군 신병 모집 담당자를 만나 재입대하는 문제를 진지하게 상의하기도 했다. 그들이 4만 9,000달러에 달하는 내 빚을 대신 갚아 준다면 그 대가로 앞으로 6년 동안은 꼼짝없이 다시 군 복무를 해야 할 판이었다. 나는 며칠 뒤에 그 제안을 수락하기로 마음먹었다.

그해의 크리스마스 이브가 돌아왔다. 별다른 할 일도 없던 나는 불행한 삶에서 잠시나마 벗어나 재미있는 시간을 보낼 요량으로 아버지를 모시고 어느 친척의 집으로 자동차를 몰았다. 우리가 그곳에 도착했을 때는 파티 분위기가 절정에 달해 있었다. 모든 사람이 서로 농담을 던지며 웃고 즐겼다. 아버지도 어느 친척을 만나 이란어로 이야기를 주고받기 시작했다. 나도 다른 손님들과 한창 대화를 나누고 있는데 과거 아버지가 몇 년 동안 도움을 주었던 어떤 사내가 빈정대는 투로 말하는 소리가 들렸다. 그는 아버지가 이란을 떠난 뒤 몰라보게 행색이 초라해진 모습을 보고 꽤 놀란 듯했다.

내가 기억하기로 그는 이렇게 말했던 것 같다.

"이란에서는 그토록 잘나가는 화학자였던 가브리엘 벳-데이비드가 미국에서는 두 번이나 이혼하고 혼자 살면서 99센트짜리 잡화점에서 계산원으로 일하다니."

아버지와 이야기를 나누던 남자들이 웃음을 터뜨렸다. 그 사내의 말은 모두 사실이었다. 아버지는 이란에서 촉망받는 과학자로 명성을 날렸지만, 지금은 99센트짜리 물건만 취급하는 잡화점에서 일하고 있었다. 그 가게에서는 걸핏하면 강도들이 총을 들고 들어와 돈을 빼앗아 가곤 했다. 게다가 아버지는 같은 여성과 두 번이나 이혼한 전력이 있었다. 바로 내 어머니였다. 그 사내는 아무런 악의 없이 그런 말을 했을 테지만, 나는 아버지의 얼굴에 드러난 상처받은 표정을 엿볼 수 있었다. 아버지가 너무나 초라해 보였다.

그 사내가 내 아버지를 비웃는 말을 들었을 때, 그리고 아버지의 얼굴에서 수치심 가득한 표정을 봤을 때, 평생 한 번도 경험하지 못했던 분노가 치밀어 올랐다. 그렇지 않아도 한창 혈기가 왕성했던 나이였던 내게 그 사람의 말이 안겨 준 분노는 예전에 느꼈던 어떤 감정과도 차원이 달랐다. 나는 그 사내에게 주먹을 휘두르는 대신 아버지 주위에 둥글게 서서 함께 대화를 나누던 사람들에게 이렇게 말했다.

"아무도 내 아버지에게 그렇게 말할 수 없어요. 그동안 아버지가 당신들에게 해 준 일을 생각한다면 그런 식으로 말하면 안 되지요. 절대 있을 수 없는 일이에요. 우리는 이제 가야겠어요."

나는 아버지를 향해 몸을 돌리고 한 번 더 말했다. "아버지, 가요." 아버지는 움직이지 않았다. 아마도 자신이 상처받았다는 사실을 남들에게 알리고 싶지 않은 자존심 때문이었겠지만 아버지는 그 자리에서 꼼짝하지 않고 버텼다. 방 안은 쥐 죽은 듯 조용해졌다. 내가 아버지보다 20센티미터 이상 키가 크기는 했어도 어쨌든 그는 내 아버지였다. 아버지에게 무례하게 대할 수는 없었다. 나는 분노를 가까스로 억누르고 최대한 침착한 태도로 이렇게 말했다. "아버지, 제가 운전해서 돌아가야 하잖아요. 빨리 나가요."

사내들은 아버지와 아들이 침묵 속에서 대치하는 장면을 지켜보고 있었다. 긴장되는 순간이었다. 만일 누군가 또 한 차례 잘못된 말을 입에 올린다면 더 나쁜 일이 벌어질 수도 있는 판국이었다. 방 안에 있던 모든 사람이 눈이 우리에게 쏠렸다. 아버지는 길이 복잡해지기 전에 돌아가는 편이 낫겠다고 말했다. 그렇게 궁색한 핑계를 댐으로써 아버지는 체면을 유지한 채 파티 장소를 떠날 수 있었다. 하지만 아버지가 몹시 화가 났다는 사실만은 분명했다.

우리는 밖으로 걸어 나왔다. 아버지는 차에 오를 때까지 한마디도 하지 않았다. 그리고 내 쪽으로 몸을 돌리고 격노한 표정으로 이렇게 말했다. "도대체 왜 그런 거야? 너는 사람들 앞에서 나를 무안하게 만들었어. 그런 식으로 자신을 다스리지 못하면 안 돼. 그 사람은 그저 우스갯소리를 했을 뿐이야. 다른 뜻은 없었어."

"그 말이 농담인지 진담인지는 중요하지 않아요." 내가 말했다. "아무도 아버지에게 그런 식으로 말할 수 없어요." 나는 집으로 돌아가는 30분 동안 아버지에게 하나의 문장만을 계속 반복해서 말했다. "내가 죽는 한이 있더라도 그들에게 아버지의 성姓을 똑똑히 알리겠어요." 나는 '그들'이 누구를 뜻하는지조차 정확히 몰랐지만 어쨌든 그 누군가를 향해 분통을 터뜨렸다. 그리고 30분간 같은 문장을 계속 반복했다. "내가 죽는 한이 있더라도 그들에게 아버지의 성을 똑똑히 알리겠어요."

아버지는 그저 머리를 흔들며 이렇게 말할 뿐이었다. "대체 뭐가 문제인 거니?" 그때 아버지가 무슨 생각을 했는지 알 수는 없어도 나를 믿지 않는다는 것만은 분명했다. 나는 목표를 향해 나아가겠다는 의지를 아직 보여 주지 못했다. 내 말을 뒷받침할 만한 아무런 근거가 없었던 것은 당연한 일이었다. 아버지 귀에 내 말은 굳은 맹세가 아니라 홧김에 내뱉는 푸념처럼 들렸을 것이다.

하지만 나는 개의치 않고 계속 말했다. "아무도 아버지에게 그런 식으로 말할 수 없어요. 어떤 사람도 그래서는 안 돼요. 아버지도 남들이 그렇게 말하도록 놓아두지 마세요. 우리 형편이 아무리 나쁘더라도요."

우리가 그라나다 힐스Granada Hills에 도착해서 낡아 빠진 아파트로 올라갔을 때 나는 마지막으로 아버지에게 이렇게 한마디를 남겼다. "아버지가 얼마나 특별한 분인지 세상 사람들에게 똑똑히 알리겠어요." 나는 여동생과 매제에게 전화를 걸어 다음 날 우리집에서 가족 회의를 하자고 말했다. 그리고 두 사람이 도착해서 나와 함께 마주 앉았을 때 이렇게 선언했다. "세상 사람들이 벳-데이비드라는 우리 가족의 성을 알게 될 때까지 앞으로 한잠도 자지 않겠어. 게임은 이걸로 끝이야."

내 적이 나에게 준 선물

나는 그 크리스마스 파티가 있었던 날부터 6년 뒤에 금융 서비스 회사 PHP 에이전시PHP Agency를 설립했고, 그날부터 10년이 흐른 뒤에는 밸류테인먼트Valuetainment라는 미디어 회사를 세워 콘텐츠를 제작하기 시작했다. 그렇다면 내 아버지가 모욕을 당한 일과 비즈니스 플랜을 수립하는 일 사이에는 무슨 관계가 있을까?

모든 면에서 관계가 있다.

책을 읽으면 곧바로 알게 되겠지만 성공적인 비즈니스 플랜의 핵심은 적敵을 현명하게 선택하는 것이다. 당신이 방금 들은 것이 맞다. 나는 분명히 '적'이라고 말했다. 비즈니스를 하다 보면 온갖 도전, 나를 미워하는 사람, 배신하는 사람, 파산의 위험, 이념적인 갈등 등이 앞길을 가로막기 마련이다. 하지만 당신에게 가장 큰 동력을 제공하는 에너지의 원천이 바로 자신의 적이라면? 그 적이 안겨 준 수치심, 죄책감, 분노, 실망감, 비통함을 활용해서 마음의 엔진에 불을 붙이고 꿈을 향해 나아갈 수 있다면?

이 책에서는 적을 지렛대로 삼아 삶의 변화를 이루어 낼 동력을 얻는 방법을 이야기한다. 또 자신에게 닥친 가장 큰 도전을 가장 큰 강점으로 변화시킴으로써 성공을 거둔 사람들의 사고방식을 자세히 들여다보고, 감정적 에너지를 성공의 촉매제로 삼는 법을 살펴보려고 한다. 하지만 이 책은 성공하고 싶다면 지녀야 할 사고방식이나 의식구조만을 논하는 데서 한 걸음 더 나아가, 비즈니스의 수많은 도전 요소들을 헤쳐 나가는 데 도움이 되는 실용적 도구와 전략들도 두루 제공할 예정이다. 요컨대 이 책은 당신의 적이 촉발한 감정적 불씨를 활용해서 감정적이면서 논리적이고, 실행 가능한 비즈니스 플랜을 수립하는 법을 알려 주기 위해 썼다.

나는 크리스마스 파티가 있던 날 그 거들먹거리던 친척이 결과적으로 내게 어떤 선물을 주었는지 오랫동안 깨닫지 못했다. 다시 말해 누군가 아버지와 나를 모욕했다는 사실이 어떻게 성공의 열쇠가 되었는지 알지 못했다. 그 당시 내가 알게 됐던 건 나 자신보다 다른 사람들과 싸우는 데 더 소질이 있다는 사실 정도였다. 어떻게 생각하면 누군가 아버지를 모욕함으로써 내 분노를 불러일으킨 사건은 내 삶에서 꼭 필요한 일이었는지도 모른다.

아버지를 모욕했던 그 사내는 생각지도 못했던 방식으로 내 마음에 불을 지펴 나를 행동에 뛰어들게 했다. 그 파티가 있었던 시기는 아버지가 심장마비로 UCLA 메디컬센터에서 한 달 동안 입원하고 퇴원한 직후였다는 사실도 우연이 아니었다. 그 사건은 아버지가 미래의 손주들을 만나 보지도 못하고 세상을 떠날지도 모른다는 두려움을 더 커지게 만들었다. 나는 내가 나중에 낳을 아이들이 할아버지를 꼭 만나게 하고 싶었다. 나 자신이 할아버지를 한 번도 만나 뵙지 못했기 때문이었다. 그 당시 온갖 나쁜 일이 한꺼번에 밀어닥치다 보니 더 이상 스트레스를 감당하기가 어려웠다. 이대로 삶을 포기하든지 아니면 뭔가 돌파구를 찾든지 둘 중 하나를 선택해야 했다. 나는 신의 은총 덕분에 그 역경을 활용해서 내 삶을 바꿀 수 있었다.

나는 벳-데이비드라는 이름을 세상에 알린다는 목표를 세운 뒤에 곧바로 나쁜 습관을 모두 끊었다. 밤마다 클럽을 전전하는 일도 그만두었다. 그 대신 틈이 날 때마다 투자나 영업 같은 주제를 다룬 비즈니스 관련 서적을 탐독했다. 여동생과 내 친구 로비Robbie는 데일 카네기의 《데일 카네기 인간관계론》과 톰 홉킨스의 《세일즈의 달인이 되는 법How to Master the Art of Selling》을 권했다. 나는 꼼꼼히 메모를 달아가며 이 책들을 읽고 또 읽었다.

그렇다고 내가 다음 날이나 다음 해에 곧바로 사업을 시작한 것은 아니다. 독자 여러분 중에 내 앞길이 순탄했으리라고 생각하는 사람은 아무도 없을 것이다. 누구나 사업을 시작하면 수많은 장애물을 만날 수밖에 없듯이 그 점에서는 나도 예외가 아니었다. 사업이 막 궤도에 오르려는데 큰 고객을 잃기도 했고 가장 유능한 영업직원을 다른 회사에 빼앗기는 일도 생겼다. 게다가 내게서 돈을 수금하는 사람이 언제까지 꼭 갚아야 한다고 최후통첩을 던진 상황에서 그런 일이 줄줄이 벌어지다 보니 또다시 신병 모집 담당자의 유혹을 거부하기가 더욱 어려워졌다. 그는 내가 군대에 재입대한다면 빚도 갚아 주고 경제적 곤경에서 벗어날 수 있게 해 줌으로써 모든 문제를 단번에 해결해 주겠다고 약속했다.

당신도 앞으로 삶을 살아갈 때 이런 저항과 맞닥뜨릴 것이다. 주위의 온갖 유혹을 이겨 내려면 고난이나 역경과 싸워 나갈 때와는 또 다른 능력이 필요하다. 나는 저 모퉁이만 무사히 돌아 나가면 희망이 보일 거라고 생각되는 시점에서 또 큰 거래를 놓쳤다. 그리고 돈을 갚지 못해 내 삶에서 가장 소중한 자산이었던 검은색 포드 익스페디션도 자동차 회사에 노도 빼앗기는 신세가 됐다. 미치 한 발자국 앞으로 걸어 나가면 세 걸음 뒤로 물러나는 듯한 느낌이었다. 그렇게 숱한 노력을 쏟아부었는데도 은행 계좌에 남은 돈이 달랑달랑해지자 내 에너지는 바닥까지 추락했다.

하지만 그렇게 어려운 순간이 닥칠 때마다 나는 아버지를 초라하게 만들었던 그 사내의 모습을 떠올렸다. 당장 일을 집어치우고 모든 것을 포기하고 싶다는 욕구보다는 그들의 생각이 틀렸다는 사실을 세상에 증명하고 싶다는 욕구가 훨씬 컸다. 내가 눈앞에 적을 세우는 일의 중요성을 그토록 힘주어 이야기하는 이유가 바로 여기에 있다.

그리고 그 크리스마스 파티가 있던 날로부터 21년이 지난 뒤에

이 책이 출간됐다.

우리가 삶에서 승리하는 '방법'을 찾는 데만 시간을 보낸다면 전체적인 요점을 놓치는 것이다. 당신이 무엇보다 먼저 찾아내야 하는 것은 성공해야 하는 '이유'다. 어떤 사람이 당신을 화나게 했나? 누가 당신을 이용했나? 선생이나 가족 중에 당신에게 수치심을 준 사람이 있나? 사람을 움직이게 만드는 요인은 각자 다르지만 올바른 적은 당신의 협력자가 할 수 없는 방식으로 삶에 동력을 제공한다.

소위 '전문가'라는 사람들은 비즈니스에 감정을 끌어들이면 안 된다고 말한다. 하지만 나는 그들이 자신의 힘으로 얼마나 큰 성공을 거두었는지 묻고 싶다. 그런 사람들은 교육기관에서 받은 학위와 본인이 쓴 책 몇 권, 그리고 좋은 대학교 출신이라는 간판과 온갖 혜택을 받으며 자라난 어린 시절을 자랑스럽게 이야기한다. 하지만 그들 중에 남들에게 떳떳하게 내세울 만큼 비즈니스에서 크게 성공한 사람은 별로 없는 것 같다. 아마도 지금까지 자신의 기분을 상하게 한 사람이 별로 없었거나 비즈니스에서는 감정을 최대한 숨기고 업무에 끌어들이지 말아야 한다고 배웠기 때문에 그렇게 말할지도 모른다. 이유야 어떻든 내가 보기에 그런 사람들에게는 삶에 동력을 제공할 만한 적이 주위에 한 사람도 없는 듯하다. 그런 면에서 나는 혜택받은 사람이라고 할 수 있다.

전형적인 비즈니스 플랜이 놓치고 있는 것들

사람들은 무일푼에서 출발해 큰 부자가 된 사람들의 이야기에 열광한다. 하지만 세상에는 단순히 부자가 되는 것에 그치지 않고 자신의 성공 공식을 스스로 세워 나가는 또 다른 부류의 사람들, 그러니까 '대담한 소수'라고 부를 수 있는 사람들이 있다(당신도 여기에 포함될 예정이다). 대담한 소수들은 흔히 '인내', '뜨거운 마음', '가슴이 뛰게 하는 일' 같은 구호를 언급하며 자신의 성공 공식을 설명한다. 그러나 훌륭한 말이기는 해도 모호하게 느껴지는 것은 사실이라 당신의 꿈을 이루기 위해서는 정확하게 무엇을 해야 하는지 설명해 주지는 못한다.

독자 여러분은 이제 내 배경을 조금쯤 알게 됐을 것이다. 나는 열 살의 나이에 이란·이라크 전쟁을 피해 이란에서 미국으로 왔고 그 뒤에 부모님의 이혼이라는 아픔을 겪었다. 정부의 복지 프로그램에 의지해 근근이 생계를 이은 적도 있었고 학교 평점GPA이 1.8밖에 되지 않아 대학교에 진학할 꿈도 꾸지 못했다. 그런 내가 무일푼에서 출발해 나이 서른 살에 PHP를 설립한 것이다. 나는 2022년 7월에 그 회사를 매각하고 앞으로 20년 동안은 벨류테인턴트라는 회사를 운영하는 데 또 한 번 전념하기로 했다. 사실 그 회사의 시작은 내가 처음 사업을 시작할 때 누군가 내게 들려주면 좋겠다고 생각했던 조언들을 올리던 유튜브 채널에 있다. 이 채널은 곧 비즈니스업계에서 가장 인기 있는 채널로 떠올랐는데, 이 채널이 성공한 시기는 내가 다른 회사를 한창 운영 중일 때였다. 그 덕에 나는 이 브랜드를 기반으로 본격적인 미디어, 컨설팅, 프로덕션 회사를 설립할 수 있었다. 몇 년이 지나지 않아 밸류테인먼트는 스포티파이에서 가장 청취율이 높은 비즈니스 팟캐스트 방송으로 자리 잡았고 다양한 라이브 콘퍼런스까지 개최하기에 이르렀다. 직원도 100명 가까이 늘어났으며 사업을 확장하는 방법을 조언하는 최고의 채널로 꼽히게 됐다.

당신은 이렇게 묻고 싶을 것이다. "어떻게 그런 성공을 거뒀을까?"

나를 성공으로 이끈 비밀의 열쇠가 있었을까? 내가 개인의 한계를 훌쩍 뛰어넘어 보통의 이사회에서는 찾아볼 수 없었던 혁명적인 아이디어라도 개발해 낸 걸까?

그 질문의 답은 "노"이기도 하고 "예스"이기도 하다.

"노"라고 대답하는 이유는 내가 모든 사람이 흔히 사용하는 비즈니스 플랜을 바탕으로 처음 사업을 시작했기 때문이다.

"예스"라고 대답하는 이유는 해를 거듭하면서 그 비즈니스 플랜 중에 무엇이 성공했고 무엇이 실패했는지를 검토하며 계획을 계속 조정해 나갔기 때문이다. 덕분에 일반적인 비즈니스 관행과는 전혀 다른 새로운 접근 방식을 만들어 낼 수 있었다.

이 모든 결과를 거쳐 나는 세상에 오직 하나밖에 없는 비즈니스 플랜을 개발했고, 이 책에 모두 풀어놓을 예정이다.

내가 연구를 통해 얻어 낸 결과물은 지금까지 우리가 지켜봤던 어떤 비즈니스 플랜과도 다르다. 이를 개발하기 위해 정확한 공식을 실험하고 수정하는 데 몇 년의 시간이 걸렸다. 모든 사람이 활용할 수 있을 만큼 방법론을 단순화하는 데도 2년 정도가 더 소요됐다. 나는 이 방법론을 누구나 복제해서 각자의 영역에 적용할 수 있도록 만들었다는 사실이 매우 자랑스럽다. 당신을 포함해 세상의 그 누구라도 이를 바탕으로 자신의 비즈니스 플랜을 세울 수 있다.

나는 이 방법론을 개발하는 과정에서 이론과 사고 체계를 전략적으로 활용했다. 사람들 대부분이 비즈니스 플랜을 수립할 때 이론에서부터 출발한다. 그리고 대부분이 거기서 계획을 포기한다. 나는 돈을 단순한 측정 대상으로만 바라보는 따분한 비즈니스 플랜을 수립하는 일에 관심이 없다. 그보다는 나와 우리 직원들에게 용기를 불어넣고 영감을 제공하는 마법 같은 계획을 세우고 싶다.

몇몇 사람의 눈에는 내가 소기의 성과를 이미 '달성'한 듯 보일지 모르지만, 나는 아직 발걸음을 늦출 생각이 없다. 나는 나 자신을 더욱 흥분시키고 연료를 공급해 줄 새로운 적을 찾아냈다. 그 덕에 내게 필요했던 금액 이상으로 돈을 번 이후에도 그 계획을 계속 추구할 에너지를 공급받을 수 있었다.

PHP 에이전시는 처음에 에이전트 수가 66명에 불과했으나 13년 만에 4만 7,000여 명의 에이전트를 보유한 기업으로 성장했다. 그리고 수억 달러의 기업 가치를 인정받고 다른 회사에 매각됐다. 우리 회사와 계약을 맺고 일한 에이전트 대부분은 대학을 나오지 못했다. 하지만 그중 수십 명은 연간 수입이 수백만 달러를 훌쩍 넘었다. 나는 다른 산업 분야에 종사하는 사람들 수천 명에게도 비즈니스 플랜 수립 방법을 코치했으며, 그들은 이 계획을 바탕으로 회사의 규모를 전례 없는 수준으로 키우고 커다란 성공을 일궈 냈다.

어떤 사람들 눈에는 내 접근 방식이 다소 극단적으로 비칠지도 모른다. 하지만 남들과 비슷하게 살면서 나름대로 만족하는 정도의 성공을 염두에 두고 하는 이야기가 아니다. 내가 앞서 '대담한 소수'라는 용어를 언급한 것을 떠올려 보라. '대담한'이라는 표현을 쓴 것은 그만큼 앞날을 내다보는 눈이 남다르고, 꿈이 크고, 경쟁자들과 용감히 맞설 준비가 되어 있는 사람을 염두에 둔다는 뜻이다. 내 생각에 대담한 소수의 일원이 되기 위해서는 어느 정도 '극단적'인 삶의 태도가 필요하다.

당신이 경쟁력을 확보하기를 원하고, 정직하고, 남들의 피드백을 겸허하게 수용하는 사람이라면 나는 우수하고 비범한 성과를 확실히 보장하는 길로 당신을 안내하고자 한다. 자기를 의심하거나 미워하는 사람들 속에서도 꿋꿋이 성장하는 경쟁심 강한 사람들은 본인의 단점이 무엇인지 알게 되면 더 크게 발전할 수 있다. 독자 여러분도 삶, 앞으로 남길 유산, 가족에 관한 일에서는 편법이나 소심한 접근 방식을 단호히 거부하는 대담한 소수의 한 사람이 되기를 바란다.

당신이 이 책에서 얻을 수 있는 것

현재 당신의 경력이 어느 지점에 놓여 있는지는 별로 중요하지 않다. 최고위급 임원이든, 회사를 소유한 경영자든, 1인 기업의 사장이든, 회사의 영업직원이든, 창업의 꿈을 품은 학생이든 비즈니스 플랜을 세우는 프로세스는 똑같다. 이 책에서는 올바른 적을 선택하고, 적에게서 얻어낸 감정적 에너지를 활용해서 올바른 비즈니스 플랜을 수립하는 법을 보여 줄 것이다.

　내가 이 책을 쓴 이유는 여기에 담긴 내용이 현재 크고 작은 회사를 운영 중이거나 앞으로 창업을 계획 중인 수많은 사람들, 지금은 조직에 속해 있지만 언젠간 리더의 자리에 오를 사람들의 게임을 완전히 바꿔 놓을 수 있기 때문이다. 다른 계획들은 모두 실패할지 몰라도 앞으로 우리가 걷게 될 길에는 그럴 일이 없다. 이 책에서 다루게 될 방법론은 수많은 사람이 너도나도 가르치는 지루한 접근 방식과 거리가 멀다. 불면증을 치료하고 싶은 사람은 책방으로 뛰어가 비즈니스 플랜 작성법에 관한 책을 사서 읽으면 바로 잠들 수 있을 것이다. 반면 이 책에서는 당신의 가족, 친구, 조직 구성원들의 삶을 개선해 주는 리더로 커 나가는 법을 중점적으로 가르친다.

　과거에는 나도 비즈니스 플랜 작성이라는 업무를 별로 좋아하지 않았다. 마치 어렸을 때 가장 싫어하던 선생님이 내 준 숙제 같았다. 비즈니스 플랜에 관련된 책들을 끈질기게 읽어 내려갈 만큼 주의력이 강하지도 않았고, 제대로 된 교육도 받지 못했다. 그래서 우리 회사를 위해 아이디어를 체계화하고 전략적인 계획을 수립하는 방법을 스스로 개발해야만 했다. 그러면서도 나와 우리 회사뿐 아니라 누구나 도움을 받을 수 있는 내용이고, 내 뜨거운 심장과 비즈니스 플랜을 연결해서 사람들의 용기를 북돋을 만한 뭔가를 써 내려가고 싶었다. 그런 과정을 거치며 효과적인 비즈니스 플랜에 필요한 요소는 다음 세 가지뿐이라는 사실을 깨닫게 됐다.

　　1. 누구나 작성할 수 있을 만큼 간단해야 한다.

2. 적이 불러일으킨 감정을 담아내야 한다.

3. 선명하고 체계적인 논리적 단계를 포함해야 한다.

비즈니스 플랜을 작성해야 하는 시기는 사람마다 다르므로 여러분이 언제 이 책을 읽는지는 아무런 문제가 되지 않는다. 당신은 사업을 새로 시작하려는 창업가일 수도 있고, 조직을 재구축하거나 신규 사업 목표를 수립하고자 하는 기존의 사업가일 수도 있다. 또는 새 시즌을 시작하는 운동선수이거나 새 학기를 맞이하는 학생일지도 모른다. 당신 앞에 펼쳐진 시간의 지평이 어떻든 아무런 상관이 없다. 심지어 이 접근 방식은 자금을 조달하거나 정치 캠페인을 수행할 때도 훌륭한 도구가 될 수 있다. 희망에 가득한 미래를 기대하는 사람이라면 누구나 이 계획을 활용해도 좋을 것이다. 깨끗한 경력, 새로운 출발, 무패의 기록 같은 말에 집착할 필요는 없다. 당신은 주위에 흩어진 모든 조각을 적절한 곳에 끼워 넣음으로써 목표를 현실로 바꿔 놓을 수 있다.

여기에서는 '비즈니스 플랜'이라는 단어를 계속 언급하고 있지만 이 단어는 단순히 사업, 창업, 조직 운영 같은 좁은 영역을 뜻하지 않는다. 어느 분야에서 어떤 일을 하든 자신이 설정한 목표를 이루기 위해 노력하는 모든 사람이 자신만의 비즈니스를 수행하고 있다는 의미이며, 그 비즈니스를 성공으로 이끌기 위한 계획을 통칭하는 말이 '비즈니스 플랜'이다.

그렇기 때문에 이 플랜은 삶의 어느 단계든 목표를 이루기 위해 노력하는 모든 사람에게 효과를 발휘한다.

- 대학교 학위도 없이 새로 비즈니스에 뛰어든 완전한 사회 초년생
- 사업 규모를 키우기를 바라거나 엑시트exit(회사를 매각하거나 주식시장에 상장하는 등 사업을 현금화하는 단계-옮긴이)를 희망하는 기업 CEO
- 사내 기업가intrapreneur 즉, 창업가의 사고방식을 지닌 직장인이 되기를 원하거나 순자산 증가를 노리는 노련한 임원
- 제2의 직업을 찾아 새롭게 경력을 시작하려는 사람
- 매출을 증가시키고 조직 구성원들을 동기부여하고자 하는 리더
- 경제적 번영과 가족의 성공을 위해 노력하는 부부

한때 빈털터리가 되어 꿈을 꾸는 법조차 잊어버린 수많은 사람이 비즈니스 플랜을 수립해서 자신의 궤도를 되찾아 놀라운 일을 이루어냈다. 그 과정은 올바른 적을 선택하는 일부터 시작된다. 그것이 효과적인 비즈니스 플랜을 작성할 때 고려해야 할 가장 우선적이고 중요한 요소다.

적을 제대로 선택하면 성공의 기폭제로 삼을 수 있다. 선택의 과정이 적절하다는 전제하에서 당신이 고른 적은 마음의 로켓에 불을 붙여 목표를 향해 빠른 속도로 날아가게 해 줄 것이다. 그렇다고 복수심이나 부러움 같은 감정에만 지나치게 의존하면 잘못된 적을 고르기가 쉽다. 핵심은 적을 현명하게 선택하는 것이다. 앞으로 차차 이야기하겠지만 적을 고르는 데도 따라야 할 프로세스가 있다. 올바른 목표물을 설정한 뒤에는 그 적에게 승리해야 할 이유를 생각할 때마다 감정적 에너지를 얻을 수 있어야 한다. 이 책에서는 적을 고르는 일이 목표 달성에 왜 그토록 효과적인지 입증하는 사례를 다양하게 제시

함으로써 당신도 본인의 적을 스스로 선택할 수 있도록 도울 것이다.

또 당신에게는 체계적인 계획도 필요하다. 어떤 일을 수행하는 '방법'을 알기 전에 그 일을 해야 하는 '이유'를 알아야 한다는 이야기는 많이 들어 봤을 것이다. 이 문장을 좀 더 정확하게 수정한다면 당신과 당신 주위의 사람들은 어떤 일을 해야 하는 '이유'와 '방법'을 모두 정확히 파악해야 한다.

나는 모든 사람의 꿈이 지극히 신성하다고 믿는다. 위대한 꿈을 꾸는 사람들, 특히 그 꿈을 위해 사업을 시작하는 사람들은 일반인보다 훨씬 많은 위험과 불확실성에 노출되어 있는 사람들이다. 높은 수익이 보장된 직장을 뒤로 하고 자신의 명성과 생계를 한 조각 꿈에 의지한 채 허허벌판으로 뛰쳐나온 것이기 때문이다. 그들은 희망에 가득한 마음으로 순간순간마다 자신의 운명을 직접 쓰고 있다. 나는 그들에게 바로 다음번에 벌어질 일이 다음 해에 닥칠 일을 결정하고, 미래에 남길 유산에도 영향을 미칠 거라는 사실을 알고 있다. 또한 사람들이 꿈을 이루는 데 실패하는 이유는 대부분 부실한 계획 때문이라는 것도 잘 알고 있다.

이 책에서 제시하는 안내서를 따라 비즈니스 플랜을 단계별로 차근차근 수립하는 사람은 실패의 가능성을 줄이고 아래와 같은 다양한 혜택을 얻을 수 있을 것이다.

- 감정적 에너지를 활용해서 끈기와 인내력을 기를 수 있다.
- 비전을 파악하고, 목표를 설정하고, 원대한 꿈을 세울 수 있다.
- 크고Big, 흥미롭고Hairy, 대담한Audacious 목표Goal를 달성하게 해 주는 구

체적인 행동의 단계, 즉 BHAG를 개발할 수 있다.

- 투자자를 확보하고 자금을 조달하는 최고의 관행을 배울 수 있다.
- 회사 내부 및 외부의 사람들과 대인 관계를 개선할 수 있다.
- 조직 구성원들에게 사기를 불어넣고 용기를 주는 법을 배울 수 있다.

이 책을 다 읽은 사람은 비즈니스 플랜을 바라보는 눈이 예전과 달라질 것이다. 나는 지금부터 이야기할 내용을 지난 15년 동안 우리 회사의 직원들에게 직접 가르쳐 왔다. 그 방법이 오직 내게만 효과가 있었다면 이를 다른 분야에 적용하는 일이 불가능하다고 생각했을지도 모른다. 그러나 이 방법론이 수천 명의 다른 리더들에게도 여러모로 효과를 발휘하는 모습을 줄곧 지켜봤기 때문에, 당신도 노력만 한다면 이 방법을 통해 큰 성과를 거두리라고 장담할 수 있는 것이다.

당신의 일과 삶을 성공으로 이끌 완벽한 지침서를 손에 넣는 것은 이번이 마지막 기회일지도 모른다.

그리고 이 과정은 절대 빠뜨려서는 안 되는 첫 번째 단계부터 시작된다.

바로 당신의 적을 현명하게 선택하는 것이다.

차례

누구도 따라 할 수 없는
독보적인 성공으로 가는 길

당신은 반드시 성공해야 하는
이유가 있는가

1장.
성공하려면 감정은 배제해야 한다는
생각은 틀렸다

승리하는 장수는 전투가 벌어지기 전에
머리로 많은 계산을 한다.
패배하는 장수는 전투를 미리
계산하는 일이 거의 없다.

_ 손자(孫子), 중국의 병법가

나는 큰 거래를 앞두고 있었다. 무려 수백만 달러의 매출이 걸려 있는 상황이었으므로 정신을 바짝 차리고 일해야 했다. 비서에게는 내 방으로 전화도 돌리지 말고 아무도 들여보내지 말라고 말해 두었다. 돌이켜 보면 그때 덩치가 조금 더 큰 비서를 채용했어야 하지 않았나 싶기도 하다. 하지만 로렌스 테일러 Lawrence Taylor 같은 거구의 미식축구 선수라도 이 친구를 막기는 어려웠을 것이다.

그는 막무가내로 내 사무실 문을 열고 들어와 이렇게 울부짖었다. "삶이 지긋지긋해요!" 그가 고개를 내저었다. "이런 식으로는 더 못 살겠어요. 갈 곳도 없고 의지할 사람도 없어요. 난 성공하고 싶어요. 이 자리에서 분명히 말하는데, 제가 이 회사에서 최고의 에이전트가 되겠어요! 아무도 날 막을 수 없어요!"

어느덧 분노는 슬픔으로 바뀌었다. 그는 30분간 멈추지 않고 계속 눈물을 쏟아 냈다. 어니Earnie는 그때 열아홉 살이었다. 주머니에 든 돈은 400달러에 불과했고 가진 것이라고는 고등학교 졸업장밖에 없었다. 사업에 필요한 기술은 아무것도 없는 상태였다. 성공하겠다는 욕구는 강했지만 그가 과연 치열한 싸움판에서 버텨낼 수 있을지 걱정이 됐다.

그날 오전, 래리Larry라는 또 다른 에이전트가 자신의 비즈니스 플랜을 발표했다. 캘리포니아대학교 로스앤젤레스캠퍼스UCLA를 졸업한 뒤에 방산업체 노스럽 그루먼Northrop Grumman에서 잠시 근무한 경력을 지닌 래리는 본인의 배경에 걸맞게 세련되고 전문가다운 태도로 발표했다. 그가 구사한 언어는 빳빳하게 풀 먹인 셔츠처럼 매끄러우면서도 사무적이었다. 부모님에게 가정교육을 무척 잘 받은 친구라는 생각이 들었다. 아들이 뭔가 도움을 요청하면 부모님은 기꺼이 그의 보호막이 되어 줄 것 같았다.

예상한 대로 래리의 비즈니스 플랜은 흠잡을 데가 없었다. 스프레드시트와 각종 도표를 사용해서 그해에 성취하고자 하는 목표를 깔끔하게 정리했다. 그렇지만 내가 당신의 삶에 비즈니스가 왜 그렇게 중요하냐고 물었더니 그는 혼란스러운 표정을 지었다. 당신의 적이 누구냐고 다시 질문하자 그는 자기가 작성한 비즈니스 플랜을 가

리키며 이렇게 말했다. "세부 사항은 모두 이 계획에 들어 있습니다." 나는 이 친구도 계속 눈여겨볼 필요가 있다고 생각했다.

그에 반해 어니의 비즈니스 플랜은 엉망이었다. 엉망이라는 표현도 아까울 정도였다. 계획에 아무런 체계가 없었고 숫자나 예상 실적도 들어 있지 않았다. 심지어 글머리 기호를 사용해서 강조할 만한 주요 항목도 없었다. 내가 고객들을 유인하기 위한 전략이 뭐냐고 물었더니 어니는 다시 평정심을 잃는 모습을 보였다. 그는 가난이 지긋지긋하고 부모님의 알코올중독 탓에 망가진 가정사에도 염증을 느낀다고 말했다. "어니," 내가 이렇게 말했다. "지금 어려운 시기를 보내고 있다는 것은 알겠는데, 그래도 뭔가 계획은 있어야지요. 당신이 정말로 하고 싶은 일이 뭔가요?"

그는 아무런 대답도 하지 못했다. 나는 어니에게 자세한 이야기를 듣기 전에도 그가 어려운 가정 형편으로 인해 지금껏 얼마나 힘겨운 삶을 겪어 왔는지 느낄 수 있었다. 어니가 마음을 추스르고 입을 떼기까지는 몇 분 정도 걸렸다. 마침내 그는 중얼거리듯 말했다. "가난에서 벗어날 수만 있다면 무슨 일이든 하겠어요."

만일 어니가 래리의 발표 장소에 함께 있었다면 자신이 이 회사에서 최고의 에이전트가 되겠다고 그렇게 큰소리칠 수 있었을지 모르겠다. 하지만 나는 어니 안에서 과거 내 모습의 일부를 발견했다. 다른 리더들과는 달리 나는 직원들이 감정을 표출하는 것을 긍정적인 신호로 받아들이는 편이었다.

여러분이 내 입장이라면 어니와 래리 두 사람 중에 누구를 함께 일할 사람으로 선택할 것인가? 비록 그들을 자세히는 몰라도 이 정도 설명으로도 어떤 유형의 사람들인지는 대강 알게 됐을 것이다. 사실 이 두 사람은 지난 몇 년간 내가 함께 일해 온 사람들 수천 명을 대표하는 인물이라고 말할 수 있다. 그동안 내가 만난 거의 모든 사람은 ('대담한 소수'로 발전하기 전까지는) '논리' 또는 '감정'이라는 두 가지 유형 중 하나에 속해 있었다. 말하자면 래리는 논리를 상징하고, 어니는 감정을 상징하는 사람이라고 할 수 있다.

지금까지 얻은 단서를 바탕으로 판단했을 때 그들의 목표가 체중 감량이든, 창업이든, 승진이든 둘 중 누가 목표를 달성할 가능성이 더 크다는 데 한 표를 던지겠는가?

이 질문에 대한 당신의 대답은 내가 당신을 파악하는 데도 좋은 단서가 되어 줄 것이다. 당신이 '머리'를 더 중요시하는 사람이라면 래리에게 한 표를 던질 것이고, '가슴'을 따르는 사람이라면 어니를 선택할 게 분명하다.

지난 20년 동안 내가 학습한 바에 따르면 래리와 어니 모두 목표한 바를 이루기에는 부족한 점이 많다. 논리적인 사람들은 어니에게 업무에 필요한 지식과 체계가 없다고 생각할 것이고, 감정적인 사람들은 래리에게 업무를 지속하게 할 동기부여가 부족하다고 생각할 것이다. 아마도 나와 비슷한 생각을 하는 사람들은 어니에게 이렇게 물을 것이다. "당신이 가난이라는 적을 찾아냈고 그 적을 물리치기로 마음먹었다면, 왜 계획을 세우지 않나?"

이 대목부터 이야기가 조금 흥미로워진다. 당신은 둘 중 어니에게 더 장점이 많다고 생각할 수도 있다. 행동의 동기가 더 풍부하기 때문이다. 필요한 게 많은 사람이 동기부여도 크기 마련이므로 표면

1부. 당신은 반드시 성공해야 하는 이유가 있는가

적으로는 그 말이 옳을 수도 있다. 하지만 그동안 내가 수천 명과 비즈니스 플랜을 논의하며 깨달은 사실은 자기가 더 많은 것을 원하는 이유를 더 잘 '찾아낼 수 있는' 사람은 바로 래리 같은 성향의 인물이라는 것이다. 우리는 모두 가슴이 있다. 다시 말해 모든 사람이 각자의 감정을 자극하는 상처나 꿈을 품고 있다. 하지만 사람들 대부분은 비즈니스에 감정을 끌어들이지 말라고 훈련받는다. 어떤 사람들은 일에 감정을 개입시키지 말아야 어느 한쪽으로 치우치지 않고 중심을 잡을 수 있다고 생각한다. 또는 과거에 너무 큰 심리적 고통에 시달린 나머지 더 상처받는 일을 피할 목적으로 감정을 억누르고 자신을 보호하는 사람들도 있다.

여러분은 내가 사람들에게 어떤 질문을 던져 그들의 감정을 자극하는지 알게 됐을 것이다. "당신의 적은 누구입니까?" 만일 상대방이 이 질문에 곧바로 대답하지 못하면 나는 당신을 유달리 미워하거나 싫어하는 사람이 있는지, 또는 당신을 의심하거나 앞길을 방해하는 사람이 누군지, 아니면 어떤 사람 앞에서 당신이 옳았음을 증명하고 싶은지 묻는다. 그렇게 질문하는 순간 상대방은 나를 멍한 눈으로 바라보기 일쑤다. 내가 좀 더 깊이 캐묻거나 때로는 필요한 만큼 침묵을 지키면(침묵의 위력을 과소평가하지 말라), 그제야 조금씩 대답이 나온다. 그동안 마음속에 꽁꽁 감춰 두었던 감정이 서서히 분출되기 시작한다. 겉으로는 차분해 보이기만 했던 래리도 나름대로 상처를 안고 있을 것이다. 체육 시간에 밧줄 타기도 제대로 하지 못하는 뚱뚱한 아이라고 놀림을 받았을 수도 있다. 아직까지 체육 선생이 꿈에서 나타날지도 모른다. 예전에 함께 일했던 상사, 자신보다 성공한 친구, 걸핏하면 자존심을 건드리는 가족이 그에게 상처를 주었을 수도 있다. 따라서 더 이야기를 진행하기 전에 우리를 가로막는 적이 누군지를 먼저 알아야 한다.

무엇이 더 중요할까: 논리? 아니면 감정?

논리적인 사람들과 감정적인 사람들을 계속 비교해 보자. 당신은 오라클Oracle 같은 IT 대기업에서 훈련받고 주머니도 두둑한 세련된 영업직원을 원하는가, 아니면 별다른 기술 없이 가족을 부양해야만 하는 절박한 처지에 놓인 신입 영업직원을 선택하고 싶은가?

당신이 출시 예정인 새로운 앱의 개발 마감일이 코앞에 닥친 상황이라면 마권업자에게 잔뜩 빚을 지고 있는 시스템 엔지니어에게 일을 맡길 것인가, 또는 경험 많고 행복한 엔지니어를 고를 것인가?

당신은 경험이 풍부하고 '준비가 잘 된' 팀에게 한 표를 던질 것인가, 아니면 '열정적인' 팀을 선택할 것인가? 여기서 열정적이라는 말은 그들이 뭔가에 강한 불만을 느끼고 있거나 조직 구성원들을 잃기 싫거나 자존심이 매우 세다는 뜻이다.

이쯤 되면 여러분은 내게 이렇게 묻고 싶을 것이다. "팻, 논리와 감정을 비교하는 건 그 정도로 해 두죠. 사람이 그 두 가지 성향을 다 갖출 수는 없는 건가요?"

두 가지 성향을 다 갖추는 정도가 아니라 당신의 비즈니스 플랜에는 반드시 논리적인 측면과 감정적인 측면이 함께 반영되어야 한다. 내가 당신에게 둘 중 어느 쪽을 선호하는지, 그리고 그들이 어떤 부분을 더 개선할 필요가 있는지 묻는 이유도 그 때문이다. 논리적인 사람들은 남들의 용기를 북돋고 격려하는 데 어려움을 겪는다. 내 방법론을 활용하면 본인의 어떤 점을 개선해서 목표를 성취할 수 있을지 알게 될 것이다. 반대로 감정적인 사람들은 체계적인 삶의 방식을 개발하거나 유지하기를 힘들어한다. 그들은 구조적인 방법론을 바탕으로 계획을 수립하는 법을 배울 필요가 있다.

또 한 가지 기억해야 할 사실은 내가 감정의 가치를 높이 평가하기는 해도 여기에는 한 가지 부정적인 측면이 따른다는 것이다. 성공을 위해 자신의 모든 것을 기꺼이 바치겠다는 사람은 "성공을 위해서는 어떤 일도 할 수 있다"라는 식의 태도를 보이는 경우가 많다. 그러다가 종종 법을 어기고 몰락의 길로 접어들기도 한다. 만일 당신과 함께 일하는 부하 직원, 계약직 근로자, 납품업자 중에 그런 사람이 있다면 비즈니스가 순식간에 위험에 빠질 수도 있다. 이는 당신이 '올바른 적'을 선택함으로써 올바른 계획을 수립해야 하는 또 하나의 이유이기도 하다.

이야기를 계속하기 전에 당신의 비즈니스 플랜에는 어떤 종류의 감정을 배제해야 하고 어떤 감정을 담아내야 하는지 명백하게 짚고 넘어가는 편이 좋을 듯하다.

당신이 배제해야 할 감정은 충동적이고, 비합리적이고, 과장되고, 지나치게 다혈질적인 느낌이다.

반면 담아내야 할 감정은 열정적이고, 집착이 강하고, 열광적이고, 끈기가 있고, 힘이 넘치고, 목적의식으로 가득한 느낌이다.

목표를 계획할 때 개입시키지 말아야 할 감정에 사로잡혔다면 잘못된 적을 선택한 것이다. 반대로 계획에 꼭 담아내야 할 감정으로 충만한 사람은 그 누구도 앞길을 가로막지 못하는 '대담한 소수'의 한 명이 될 수 있다.

대부분의 비즈니스 플랜을 작성하는 과정 또는 회의나 발표 자료, 연설문, 직원 채용 절차 등에서 빠져 있는 '잃어버린 고리'는 논리와 감정을 적절히 통합하는 작업이다.

내가 망가진 레코드처럼 같은 이야기를 계속 반복하는 것처럼 들린다면 매우 바람직한 현상이다. 나는 지난 20년 동안 많은 사람을 이끌며 기억할 수도 없을 만큼 잦은 실수를 저지르면서 조직 문화에서 가장 중요한 것은 바로 반복이라는 사실을 깨달았다. 우리의 마음속에는 논리와 감정을 분리해야 한다는 명제가 뿌리 깊게 자리 잡고 있다. 따라서 나는 '당신의 마음을 움직일 수 있는 계획'을 수립하라고 앞으로도 계속해서 강조할 것이다. 요컨대 당신의 계획에는 어떤 레버를 어느 때 당겨야 할지가 명확히 반영되어야 한다.

래리와 어니는 어떤 비즈니스 플랜을 작성해도 결국 실패할 수밖에 없었을 것이다. 논리와 감정 중 어느 한쪽에 치우쳐서는 성공하기에 충분치 않기 때문이다.

우리가 새로운 비즈니스 플랜을 수립할 때 극복해야 할 장애물 중의 하나가 비즈니스에 감정을 개입하지 말아야 한다는 세간의 믿음이다. 사람들은 운동선수가 경기 중에 울어서는 안 된다고 말한다. 하지만 경기장에서 자주 눈물을 보인 것으로 유명했던 프로 미식축구 감독 딕 버메일Dick Vermeil은 슈퍼볼Super Bowl(미국 프로 미식축구 리

그 NFL의 결승전-옮긴이)과 로즈볼^{Rose Bowl}(미국 대학 미식축구 리그의 양
대 콘퍼런스 우승팀이 최종 대결하는 대회-옮긴이) 트로피를 모두 들어 올
린 유일한 감독으로서 오늘날 프로 미식축구 명예의 전당에 헌액되
어 있다.[1] 농구 선수 마이클 조던, 테니스 선수 세레나 윌리엄스, 이종
격투기 선수 코너 맥그리거, 골프 선수 타이거 우즈 같은 스타들도 모
두 감정이 풍부한 선수들이다. 마음을 표현하는 모습은 각기 달라도
하나같이 자신의 감정에 충실하다는 공통점이 있다.

기업의 경영진도 마찬가지다. 일론 머스크는 내가 존경하는 비
즈니스 리더인 인텔 전 CEO 앤디 그로브^{Andy Grove}와 스티브 잡스를
닮은 데가 많다. 그들 역시 비즈니스에 감정적 요소를 적극적으로 포
용한 인물이었다. 또 논리적인 단계와 절차를 통해 조직 구성원의 감
정을 효과적으로 활용한 전략의 달인들이기도 했다.

열정적이기만 해서는 성공하지 못한다. 화려한 스프레드시트를
작성한다고 성공이 보장되는 것도 아니다. 대담한 소수의 일원이 되
기 위해서는 감정과 논리를 효과적으로 통합하고 포용할 수 있어야
한다.

당신이 비즈니스 플랜을 대하는 여섯 가지 자세

1. 아예 계획을 세우지 않는다.
2. 숙제처럼 생각하고 마지못해서 하는 시늉만 한다.
3. 플랜 세우기를 완료했다는 인상을 심어 줄 정도로만 대충 작성한다.
4. 논리적인 측면만을 부각한 계획을 작성한다.

5. 논리적 단계를 무시하고 감정적인 포부만을 나열한다.

그리고 유일하게 효과가 있는 방법:

6. 적에게서 얻는 감정적 에너지를 바탕으로 논리와 감정이 통합된 계획을 수립한다.

내가 1,000만 달러를 투자받은 비결

2009년 처음 PHP를 설립했을 때만 해도 나는 감정으로 충만한 사업가였다. 내 말에 귀를 기울이는 누구에게나 우리 회사가 2029년이 되면 50만 명의 정식 에이전트를 보유하게 될 거라고 큰소리쳤다. 어떤 사람들은 사업 경험이 전혀 없는 서른 살 젊은이의 치기 어린 자신감쯤으로 받아들였다. 또 다른 사람들은 내 열정에 공감을 나타내면서도 논리적인 질문을 던졌다. "50만 명의 정식 에이전트를 '어떻게' 확보할 생각인가요?"

나는 감정을 활용해서 사람들 앞에 비전을 제시했고, 그들의 관심을 끄는 데 성공했다. 그 덕에 내 사업에 대해 좀 더 알아보고자 하는 투자자들의 호기심을 불러일으킬 수 있었다. 이는 꽤 중요한 기술이었다. 하지만 그 비전을 어떻게 달성할 것인지에 관해 질문이 나올 때마다 여전히 감정을 앞세워서 이렇게 말했다. "우리는 최고의 기업 문화를 구축하고 불굴의 투지를 발휘할 겁니다! 앞으로 어마어마하게 놀라운 일이 벌어질 거예요."

말하기를 좋아하는 사람이라면 내가 얼마나 많은 형용사를 동원해서 저 말을 늘어놓았는지 눈치챘을 것이다. 하지만 그 상황에서 화려한 형용사는 구체적인 전략의 부재를 가리기 위한 빈곤한 대체품에 불과했다. 논리적인 계획을 전혀 갖추지 못한 회사에 진지하게 관심을 보이는 투자자는 아무도 없었다.

많은 사람이 내 이야기를 듣고 자신의 모습을 비춰 보리라 생각한다. 타인의 감정을 자극해서 마음을 움직이게 만드는 기술은 선택된 소수에게만 주어진 특별한 능력이다. 그들은 이 능력을 바탕으로 성공에 대한 아무런 증거가 없어도 회사를 설립하고 투자자와 직원들을 유인한다. 반면 사내 기업가, 컨설턴트, 회계사 같은 사람들은 재무적 예측이나 전략적 계획처럼 창업가들이 약점을 보이는 분야에서 뛰어난 능력을 발휘한다. 감정적 능력과 논리적 능력이 서로 고르게 보완하는 동반자 관계가 그토록 큰 효과를 발휘하는 이유도 여기에 있다. 스티브 잡스와 애플 공동 창업자인 스티브 워즈니악, 워런 버핏과 찰리 멍거, 마크 저커버그와 페이스북 COO 셰릴 샌드버그, 빌 게이츠와 마이크로소프트를 함께 창업한 폴 앨런(나중에는 마이크로소프트의 CEO 스티브 발머) 같은 사람들의 이야기는 균형 잡힌 파트너십의 모범을 보여 주는 사례다.

그들과 달리 나는 공동 설립자 없이 회사를 세웠다. 내 약점을 보완할 만한 논리적 기술을 스스로 개발하거나 그런 능력을 갖춘 사람을 조직 구성원으로 채용한 것은 창업 후 오랜 시간이 지난 뒤의 일이었다. 회사 문을 처음 열었을 때만 해도 나는 외로운 늑대나 다름없는 존재였으며, 뒤에서 이야기할 열두 개의 성공 블록 중에서도 몇 개밖에 지닌 것이 없었다.

필름을 2017년으로 빠르게 돌려 내가 1,000만 달러의 투자를 유치하기 위해 애쓰던 시절로 돌아가 보자. 내 비전은 여전히 변하지 않았다. 나는 내 말에 귀를 기울이는 모든 투자자에게 2029년까지는 우리 회사가 50만 명의 정식 에이전트를 확보할 거라는 포부를 밝혔다. 하지만 투자자들이 그 방법을 물었을 때 이번만큼은 상당히 논리적인 답변을 제시했다. 그럴 수 있었던 가장 큰 이유는 논리와 경험이 풍부한 전략가이며 자금 조달이라는 게임을 누구보다 잘 이해하는 톰 엘즈워스Tom Ellsworth를 우리 회사의 대표로 고용했기 때문이다.[2] 그동안 톰은 여러 기업의 엑시트 과정에서 핵심적인 역할을 담당했다. 대표적인 사례가 잠다트JAMDAT라는 모바일게임 기업을 6억 8,000만 달러를 받고 EA 스포츠EA Sports에 매각한 것이었다.

톰이 회사에 합류한 뒤 우리 두 사람은 투자자들에게 보여 줄 발표 자료를 작성하고 재무 예측치를 개발했다. 이 자료에는 과거 8년간의 성장률, 실제 데이터를 바탕으로 산정한 미래의 성장 예측치, 그 목표를 달성하기 위한 전술·전략과 구체적인 계획, 업계의 경쟁자들과 우리 회사의 현황을 비교한 수치 등이 포함됐다.

그런 과정을 거친 덕분에 우리의 발표 자료에는 창업가의 뜨거운 열정과 논리 정연하고 일관성을 갖춘 계획이 '함께' 담길 수 있었다. 투자자들은 이 자료를 보자마자 곧바로 1,000만 달러의 수표를 쓰지 않을 수 없었을 것이다. 감정과 논리를 적절히 통합했을 때 발휘되는 힘은 그토록 강하다.

당신이 사람들에게 들려줄 수 있는 두 가지 이야기

1. 사람들의 영감을 자극하고 관심을 끄는 이야기(감정적)

→ 타인의 기대를 불러일으킨다.

2. 당신이 주장하는 바를 입증하는 이야기(논리적)

→ 타인을 집중하게 한다.

모든 승리자는 감정과 논리를 통합한다

이 방법에 따라 비즈니스 플랜을 세우기 시작한 사람은 감정과 논리가 얼마나 효율적인 상호보완재인지를 금방 알게 될 것이다. 비록 우리는 둘 중 하나에만 의존해서 삶을 살아가도록 훈련받았지만, 사람들 대부분은 이 두 가지 능력을 모두 획득할 수 있다. 나도 어렸을 때 프로 야구선수들의 경기 성적을 상세하게 분석한 박스 스코어 box score를 몇 시간이나 들여다보며 내게도 논리를 바탕으로 뭔가를 분석할 능력이 있다는 사실을 새삼 깨닫기도 했다. 숫자를 분석하면 상황을 이해하기가 쉬웠다. 하지만 그 분석 능력을 비즈니스에 적용할 만한 경험은 부족했다. 그러다 《머니볼》이라는 책을 읽은 뒤에는 오직 데이터만을 생각하게 됐다. 나는 데이터를 모으고 분석해서 사업에 활용하는 법을 배웠다.

그렇다고 감정적 측면을 포기한 것은 아니었다. 나는 회사의 직원들에게 끊임없이 내 감정을 이입시켰다. 그들의 마음을 다독거린

다음, 반드시 그런 다음에 어떤 행동을 실천하는 구체적인 방법을 이야기했다. '왜' 일을 해야 하는지를 말하기 전에 '무엇을' 하라고 먼저 말하면 그들은 조직을 떠나게 되어 있다.

나는 비즈니스 플랜을 수립하는 과정에서 저지를 수 있는 모든 실수를 저질렀다. 하지만 그때마다 소중한 교훈을 하나씩 배우고 마음속에 차곡차곡 쌓아 나갔다. 당신이 나와 같은 시행착오를 겪지 않으려면 일단 올바른 적을 선택하고, 감정과 논리를 적절히 통합해서 앞으로 밟아 나가야 할 모든 단계에 적용해야 한다. 감정은 어떤 일을 '왜' 해야 하는지를 알려 주고 논리는 그 일을 해내는 '방법'을 이야기한다.

당신도 지금부터는 감정과 논리를 통합하는 작업을 분명히 즐기게 될 것이다. 내가 그토록 자신 있게 말하는 이유는 무엇일까? 그 작업이 성격, 기질, 교육 수준 같은 배경과 관계없이 모든 사람에게 깊은 울림을 선사하기 때문이다. 특히 아래 유형의 사람들은 이 성공 블록들을 활용해서 더욱 훌륭한 성과를 거둘 수 있다.

1. 회계사나 최고운영책임자COO 같은 논리적 성향의 사람들

이들은 자신의 '화려한' 사업 계획 발표 시간에 참석자들이 왜 꾸벅꾸벅 조는지, 그리고 본인의 논리적인 전략이 왜 사람들의 마음을 움직이지 못하고 그들에게 열정을 끌어내는 데 실패하는지 의아해한다.

2. 여성 리더들

여성들은 경력 기간 내내 비즈니스에 감정을 개입시켜서는 안 된다는 말을 수도 없이 듣는다. 아마도 "여자들은 감정적이다"라는 오랜 편견 때문일 것이다. 그러나 내 회사의 여성 리더들을 보면 감정을 적절히 표출해야 한다는 말을 들은 뒤부터 눈에 띄게 좋은 성과를 내기 시작했다.

3. 스스로 소수자라고 생각하는 사람들

인종, 종교, 성, 언어상 주류에서 벗어나 있는 사람들은 이 사회에서 본인이 처한 취약한 상황을 분명히 인지하고 현실을 타개하고자 하는 욕구를 품기 수월하다.

4. 군에서 제대한 사람들

그들은 나라를 위해 싸운다는 열정과 자존감에 충만하면서도 전략적인 계획을 수립하고 실행할 능력을 이미 갖추고 있다.

5. 전직 운동선수

최고의 스포츠 코치들은 논리와 감정을 효과적으로 배합하는 데 누구보다도 달인이라고 할 수 있다. 코치들이 경기 전에 선수들의 정서를 자극하고 동기를 부여함으로써 그들의 한계를 넘어 놀라운 잠재력을 발휘하게 한 전설 같은 이야기는 수없이 전해진다. 여기에 논리적인 경기 전략이 더해지면 경기에서 이길 확률이 높아진다. 운동선수들은 이 과정에 친숙해서 비즈니스에도 쉽게 적용한다.

당신은 스포츠, 전쟁, 사업 등 그 어떤 상황에서든 조직 구성원들의 사기를 북돋아 아무리 견고하고 두꺼운 벽이라도 거침없이 뚫고 나가게 할 수 있다. 그러기 위해서는 그들에게 '어떤' 벽을 '어떻게' 뚫어야 할지 알려 줘야 한다. 스포츠 경기에서 승리하는 팀은 최고의 경기 계획이 있고, 전투에서 승리하는 군대는 최고의 전략이 있다. 장기적 가치를 구축하는 회사는 최고의 비즈니스 플랜이 있다. 논리는 감정 못지않게 중요하다.

이 책에서 내가 이야기하는 내용은 논리와 감정의 측면을 정확히 반반씩 고르게 다루고 있다. 열두 개의 성공 블록이라는 개념 역시 논리와 감정을 적절히 통합하기 위해 개발했다. 아래의 그림을 살펴보자.

여러분은 다음 세 가지 사항에 초점을 맞춰 이 그림들을 바라봤으면 한다.

첫째, 가장 기본적인 작업은 적을 선택하는 것이다. 업무에 열정

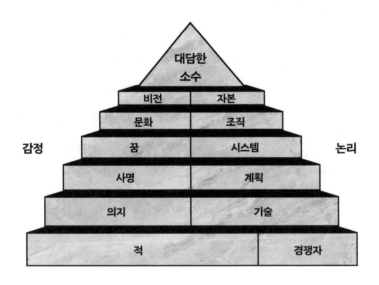

1부. 당신은 반드시 성공해야 하는 이유가 있는가

을 불태우고 성공을 위해 자신을 희생하려면 먼저 올바른 적을 골라야 한다.

둘째, 이 그림에는 여섯 개의 감정 블록과 여섯 개의 논리 블록이 담겨 있다. 비즈니스 플랜을 수립하는 과정에서 이들을 적절히 통합하는 노력이 필요하다.

셋째, 계단의 맨 꼭대기에 도달해서 대담한 소수의 일원이 되기 위해서는 반드시 이 열두 개의 성공 블록을 모두 채워야 한다.

열두 개의 성공 블록은 다음과 같다.

- 적과 경쟁자
- 의지와 기술
- 사명과 계획
- 꿈과 시스템
- 문화와 조직
- 비전과 자본

감정과 논리는 서로 연결되어 있으므로 이 책의 각 장에서는 감정 블록과 논리 블록을 함께 살펴볼 예정이다. 당신을 더 높은 수준의 세계로 안내할 비즈니스 플랜을 수립하려면 단 몇 문장일지라도 모든 블록을 빠짐없이 채워야 한다. 각 단계를 다룬 장에서는 행동 실천 사항, 사고思考 실험, 그리고 각 블록을 채우는 데 지침이 되어 줄 질문들을 제시함으로써 당신이 최고의 비즈니스 플랜을 세울 수 있도록 도울 것이다.

성공 블록들을 채워 넣을 때는 당신이 다음 세 종류의 사람들을 위해 비즈니스 플랜을 수립하고 있다는 사실을 염두에 두어야 한다.

1. 당신 자신

당신이 수립한 비즈니스 플랜은 마음의 엔진에 불을 붙이는 동시에 앞으로 취해야 할 행동을 선명하게 밝히는 역할을 해야 한다.

2. 직원

훌륭한 비즈니스 플랜을 수립하면 조직 구성원들이 회사의 사명을 분명히 이해하고, 목적의식과 긴박감을 바탕으로 행동하고, 효율적으로 업무에 임하게 할 수 있다.

3. 투자자들

투자자들에게 보여 줄 비즈니스 플랜은 당신 자신과 직원들을 위해 만든 계획과 완전히 달라야 한다. 9장에서는 당신이 작성한 비즈니스 플랜을 투자자들이 어떤 관점에서 평가하는지, 또 그들이 큰 액수의 수표를 쓰는 데 무엇이 필요한지 살펴본다.

래리와 어니는 성공을 거뒀을까?

이 장의 서두에서 이야기한 어니는 기술과 경험이 부족해서 사업에 큰 어려움을 겪었다. 향후 몇 년 동안은 이 게임에 전념하겠다는 직업

1부. 당신은 반드시 성공해야 하는 이유가 있는가

의식은 충분했으나 업무에 도움이 되는 책을 읽거나 기술적 약점을 보강하라는 조언에는 귀를 기울이지 않았다. 따지고 보면 어떤 일이라도 열심히 해낼 의지가 있다는 그의 말은 본인이 편안함을 느끼는 안전지대 내에서만 열심히 일하겠다는 말과 다를 바가 없었다. 사실 그는 어떤 일도 해낼 만한 능력이 없었고 결국 사업을 접기 직전의 상황에까지 도달했다.

이에 반해 래리는 강력한 도전자의 모습으로 출발선에 섰다. 그는 능력이 뛰어났고, 일하는 방식이 체계적이었으며, 약속한 바를 잘 지켰다. 또 신뢰 있는 태도를 보여 준 덕분에 정규직 직원으로 채용되어 성공의 사다리를 오르기 시작했다. 하지만 어니가 어려움을 겪은 만큼 래리도 정체기에서 벗어나지 못했다. 그는 집을 사고 결혼도 했으며, 나중에 크게 성공할 거라는 주위의 기대를 한 몸에 받았다. 머리가 워낙 영리하다 보니 큰 노력을 들이지 않고도 업무를 해내는 요령을 익혔다. 오래 지나지 않아 그는 내가 '4시 59분 글립'이라고 이름 붙인 실적 부진자 그룹에 가입했다. 그들은 시계가 오후 5시를 가리키기만 목이 빠지게 기다리다가 시간이 되면 서둘러 사무실을 빠져나가는 사람들이다. 자신의 적이 누군지도 모르고, 본인의 감정을 목표와 연결하는 법도 알지 못했던 래리는 미식축구, 다트 게임, 맥주 마시기 같은 오락을 통해 욕구를 분출했다. 일에 대한 열정이 래리보다 조금 더 강했던 어니는 저녁 7시쯤 술집에 도착했지만, 그 친구 역시 만사를 제쳐 두고 래리와 함께 어울렸다.

두 사람에게는 서로가 지닌 능력이 필요했다. 성공 블록을 절반만 가지고 있는 것으로는 꿈을 이루기는커녕 일상의 업무를 해내기에도 부족했다. 유감스러운 사실은 사람들 대부분이 고난과 역경이 닥치기 전에는 자신을 바꾸려 들지 않는다는 것이다.

래리의 아내는 그가 이런 식으로 계속 살아간다면 이혼할 수밖에 없다고 선언했다. 어니의 상사는 60일의 시간을 줄 테니 그동안 업계의 평균 수준으로 업무 기술을 쌓으라고 최후통첩을 보냈다. 본인에게 뭔가 부족한 점이 있다는 불편한 진실과 마주한 두 사람은 성공을 포기하느냐 아니면 변화를 모색하느냐의 두 가지 선택지 앞에서 결단을 내리지 않을 수 없게 됐다.

나는 래리와 어니가 모두 내게 도움을 요청한 사실을 고맙게 생각한다. 내가 두 사람 앞에 열두 개의 성공 블록을 보여 주자 그들은 한 줄기 희망을 발견했다. 그들이 무엇을 해야 할지는 명백했다. 블록을 하나씩 채워 가는 일만 남은 것이다. 그 작업이 쉽다는 말은 아니지만 해야 할 일이 상대적으로 단순한 것은 분명했다. 한 장의 종이 위에 그려진 텅 빈 블록들을 마주하는 순간, 그들은 자신의 약점을 똑똑히 바라보며 그 문제를 해결할 방안을 찾아내야 했다. 어니에게 기술을 개선할 여지가 있다는 사실은 너무도 명확했다. 그는 앞으로 들어야 할 강의나 읽어야 할 책으로 빈 블록을 채우면서 분명한 가능성을 느끼게 됐다. 반면 래리는 자기의 비전이 무엇이고 적이 누군지 한 번도 진지하게 생각해 보지 않았다. 따라서 그는 먼저 자신에게 동력을 제공하는 대상을 찾아내고 20년쯤 뒤에 자신의 가족과 어떤 삶을 누리고 싶은지 깊이 사고하는 단계를 밟아야 했다. 그런 과정을 거치며 방향감각을 상실한 사람에서 분명한 사명감을 지닌 사람으로 점차 바뀌어 갔다.

당신도 지금까지의 경력 중에 어떤 점이 성공에 도움이 됐고 무엇이 앞길에 방해가 됐는지 알게 됐을 것이다. 이제 당신의 숙제는 본인의 강점을 최대한 활용할 방법을 찾는 동시에 부족한 점을 보완하는 법을 배우는 것이다.

내가 그 크리스마스 파티를 떠나며 마음속에 품었던 절박한 심정을 당신도 이 장을 읽고 난 뒤에 똑같이 경험하기를 바란다. 그런 마음가짐으로 열심히 일한다면 언젠가 세계를 한 손에 거머쥘 수도 있을 것이다. 그것이 바로 감정이 하는 일이다. 감정은 당신을 용감하게 행동에 뛰어들게 한다. 그런 한편 당신에게는 명확한 논리도 필요하다. 술에 취했거나 열병에 걸려 정신이 혼미한 상태에서 결혼하는 사람은 아무도 없듯이, 평생 모은 돈을 체계적인 현장 실사도 하지 않고 어딘가에 덜컥 투자하는 사람도 없을 것이다. 우리가 올바른 적을 선택하는 첫 번째 성공 블록을 채우기 전에 먼저 뒤를 돌아봐야만 하는 이유는 여기에 있다.

2장.
오래 지속될 게임을
준비하는 법

더 먼 과거를 돌아볼수록
더 먼 미래를 내다볼 수 있다.

_ 윈스턴 처칠, 영국의 정치가

어떤 실수는 눈에 바로 보일 정도로 그 원인이 너무나 명백하다. 어느 텔레비전 토크쇼에서 진행자가 자신의 삶에 한심한 선택을 한 사람에게 질문을 퍼붓는 모습을 보면 우리 마음속에서도 똑같은 질문이 떠오른다. "저 사람은 대체 무슨 생각으로 그런 결정을 내린 거야?" 그런 사람에게서는 아무런 논리도 찾아볼 수 없다. 오직 감정을 바탕으로 행동했을 뿐이다. 다시 말해 감정과 논리가 균형을 이루지 못했고 논리 블록을 전혀 고려하지 않았다. 실패한 비즈니스들을 대상으로 진행한 사례 연구를 들여다

보면 약간의 논리만 갖추고 있다면 누구나 그 회사가 망해야 했던 이유를 곧바로 찾아낼 수 있는 사례가 넘쳐 난다. 하지만 나는 그에 앞서 실패한 사업가들은 공통적으로 자신의 운명을 뒤바꿀 수도 있었던 가장 중요한 단계를 빼먹었다고 생각한다.

그들은 오직 앞만 바라봤다. 그러나 우리는 비즈니스 플랜을 수립하기 전에 먼저 뒤를 돌아봐야 한다.

뒤를 돌아보는 작업은 어떤 종류의 계획이 됐든 계획을 세우기 전에 반드시 거쳐야 할 단계다. 당신이 남자 친구 또는 여자 친구와 헤어지는 과정을 생각해 보자. 어떤 사람들은 파트너와 결별하자마자 곧장 술집으로 뛰어가거나 데이트 앱을 실행하면서 새로운 사람과의 만남을 시도한다. 그러면서 이제 새로운 삶을 시작하겠다고 다짐한다. 다음번에 만난 사람과도 일이 잘 풀리지 않으면 또 다른 사람을 만나고, 그 사람과도 헤어지면 또 다른 사람을 찾는다. 그리고 4년쯤 지난 뒤에 이렇게 말한다. "도대체 누구와도 꾸준하게 사귀지 못하는 이유가 뭘까? 왜 어떤 방법을 동원해도 효과가 없는 걸까?" 사업가 중에서도 이런 패턴을 지닌 사람은 수없이 많다.

데이트든 사업이든 일이 제대로 풀리지 않는 이유는 간단하다. 자신을 향해 중요한 질문을 던지지 않았기 때문이다.

"어떤 일을 다르게 해야 했을까?"

당신은 어떤 문제를 탄생시키는 데 핵심적인 역할을 한 사람이 바로 자신이라는 사실을 외면했거나, 그 역할 자체를 합리화했다. 다시 말해 본인의 행동 패턴이나 성향을 돌아보지 않았고 자신의 단점이 무엇인지 파악하려는 노력도 하지 않았다. 요컨대 모든 문제의 공통분모가 바로 '당신 자신'이라는 사실을 깨닫지 못한 것이다.

어떤 사람들은 지나간 일 따위는 훌훌 털어 버리고 앞만 바라보고 살아가는 게 최선이라고 말한다. 그들은 스코어보드를 다시 '0'으로 만들고 새로운 마음으로 출발선에 서는 편이 훨씬 낫다고 주장한다. 지금까지 살아오던 집을 팔고 새집으로 옮겨 가는 마당에 굳이 지저분한 차고나 옷장을 걱정할 필요가 없다는 것이다. 정말 그럴까?

첫째, 처음 사업을 시작하는 경우가 아니라면 아무런 약점이나 문제도 없이 오직 깨끗한 이력만을 보유한 사람은 세상에 없다. 주변의 모든 잡동사니를 제거하고 나면 최후에 남는 문제는 항상 당신이다! 당신의 습관으로 인해 차고가 엉망이 됐고 옷장이 어수선하게 채워진 것이다. 따라서 항상 시간을 내어 어떤 일이 '왜' 일어났는지 주의 깊게 파악해야 한다. 당신이 습관적으로 하는 행동 중에 효과적이지도 않고 삶에 도움이 되지 않는 것은 없나?

내가 이를 강조하는 이유는 나 역시 오랫동안 그 점을 놓쳐 왔기 때문이다. 수없이 실패를 겪은 뒤에야 '가장 중요한 데이터는 지난해를 검토함으로써 얻을 수 있다'라는 사실을 깨달은 것이다.

미래를 예측하려면 과거를 배워야 한다.

당신에게는 작년에 어떤 일이 있었나? 어떤 일에서 좋은 결과가 나왔나? 당신이 세운 목표가 몇 퍼센트 현실로 이루어졌는지를 계산해서 작년이 당신에게 어떤 한 해였는지 평가해 보라. 만일 목표의 100퍼센트 이상을 달성했다면 그 목표가 충분히 도전적이지 못했다는 표시일지도 모른다. 말하자면 본인의 능력을 최대한 발휘하게 하는 목표가 아니라 너무 쉬운 목표를 선택한 것이다. 게다가 그건 올바른 적을 고르지 못했다는 신호일 수도 있다. 내가 무너뜨리고자 하는 적이 누군지 올바르게 파악하면 달성해야 할 목표의 기준이 자연스럽게 높아지는 법이다.

반대로 목표의 60퍼센트밖에 성취하지 못했다면 당신이 최선의 노력을 기울이지 않았거나 목표를 달성하는 데 필요한 전략이 부족했을 가능성이 크다. 다시 말해 노력과 전략 둘 중 하나가 모자란 데 원인이 있다. 내 경험에 따르면 목표 달성에 실패하는 이유는 대부분 노력이 부족하기 때문이다. 더 정확히 표현하자면 올바른 적을 선택하지 못한 데서 오는 감정적 동기가 부족한 탓에 더 큰 노력을 쏟아붓지 못한 것이다.

사람들은 핑계 대기를 좋아한다. 그들은 자기가 진행 중인 사업이나 회사의 상황이 너무도 특별해서 이를 제대로 이해하는 사람은 아무도 없다고 주장한다. 때로 시장에 대해 불평을 늘어놓기도 한다. 사실 그들은 모든 것을 불평한다.

수많은 사람이 비즈니스 플랜을 수립하는 과정에서 마치 약속이나 한 듯 똑같은 실수를 저지른다. 지난해 있었던 일을 송두리째 잊어버리고 한시바삐 머릿속을 깨끗이 비워 내고 싶어 조바심을 친다. 그들은 백지처럼 깨끗한 이력이나 새로운 출발 같은 개념을 편안하게 받아들인다.

당신이 새로운 파트너를 만나 인간관계를 맺을 때 순간적으로 신이 나고 흥분되는 느낌을 받을 수도 있다. 하지만 개인적인 성향이 됐든, 본인도 잘 모르는 약점 때문이든 지난 세 명의 파트너들과 일이 잘 풀리지 않았던 이유를 진지하게 검토하지 않는다면 이번에도 십중팔구 똑같은 실수를 저지르게 될 것이다.

당신이 지난해 있었던 일을 서둘러 잊어버리기를 원한다는 말은 과거를 망각하는 작업을 가장 필요로 하는 사람이 바로 당신이라는 뜻이다. 부유한 할머니가 원인 모르게 사망했을 때 군이 사체를 부검할 필요가 없다고 우기는 사람이 있다면 그가 바로 수상쩍은 일을 벌인 당사자일 가능성이 큰 것처럼 말이다.

미식축구팀이 형편없는 경기력을 선보였을 때, 코치 중에 게임 장면을 찍은 필름을 쓰레기통에 던져 버리고 지난 일을 훌훌 털어 내려는 사람이 없는 것은 아니다. 하지만 빌 벨리칙Bill Belichick이나 닉 사반Nick Saban 같은 최고의 지도자들은 선수들의 경기 장면을 하나하나 지적하며 지긋지긋할 정도로 꼼꼼하게 게임을 검토한다. 기업이 출시한 소프트웨어가 문제를 일으키면 프로젝트 관리자는 개발 프로세스의 모든 단계를 세세하게 짚어 가며 사후 조사를 수행한다. 심장병 전문의 같은 의료인들도 마찬가지다.

뒤를 돌아보고 과거의 경험을 학습하는 작업은 군사 훈련의 핵심이다. 군사 행동이 완료된 뒤에 작전에 참여한 부대원들은 반드시 디브리핑debriefing이라는 귀환 임무 보고를 한다. 이 과정을 통해 전투 중에 무엇이 효과가 있었고 무엇이 잘못됐는지에 대한 정보가 관계자들에게 전달되고 이를 바탕으로 최고의 관행이 새로운 작전의 한 부분으로 자리 잡는다.

비즈니스도 다를 바가 없다. 과거의 프로세스를 자세히 분석해서 어떤 일이 잘못됐는지 밝혀내지 않는다면 어떻게 문제를 해결할 수 있을까? 탑건Top Gun(미 해군 항공대의 전투기 조종사 양성 학교-옮긴이)

출신의 로버트 쿠조 테슈너Robert Cujo Teschner는 《승리를 위한 디브리핑Debrief to Win》이라는 책에서 과거를 통해 배우는 방법을 이렇게 제시한다. "조직의 장기적 성공의 핵심은 책임을 질 줄 아는 관행을 도입하는 데 있다. 즉 리더들과 구성원들이 각자 내린 의사 결정에 대해 어느 정도 책임을 지느냐가 회사의 성공을 좌우하는 것이다."[1]

당신의 회사에도 이렇게 책임을 지는 관행이 있나? 당신은 조직 구성원들과 마주 앉아 어떤 일이 잘못됐는지 구체적으로 논의할 만한 용기와 인내력을 갖췄나? 당신이 어떤 회사를 설립하든 앞으로 잘못된 의사 결정을 수도 없이 내릴 거라는 사실만큼은 장담할 수 있다. 잘못된 사람도 많이 채용하게 될 것이다. 실수를 저지르지 않는 회사는 어디에도 없다! 실수 자체는 아무런 문제가 아니다.

새로운 실수는 용납할 수 있지만, 반복되는 실수를 용납해서는 안 된다.

어떤 직원을 잘못 채용했을 때 인사부 담당자에게 그 직원을 내보내는 절차를 밟으라고 지시하는 것만으로는 부족하다. 대신 채용 프로세스에 관련된 모든 사람과 마주 앉아 이렇게 질문해야 한다. "우리가 무엇을 놓쳤나? 평판 조회는 제대로 했나? 이력서와 실제 업무 능력 사이에 격차가 있는지 확인했나? 논리와 감정을 모두 고려했나? 정확한 절차를 밟아 채용을 완료했고, 적절한 기대치를 설정했나?"

당신이 어떤 일을 하든, 반드시 뒤를 돌아보는 습관을 들여야 한다. 먼저 지난해의 비즈니스 플랜부터 검토해 보라.

아예 비즈니스 플랜을 세우지 않았다면 일단 넘어가자. 지난해에 수립한 비즈니스 플랜이 당신 손에 들려 있다면 어떤 목표를 달성했고 어떤 목표를 놓쳤는지 형광펜으로 표시하라. 당신이 기대했던 어떤 일이 실패로 돌아갔고 왜 그런 일이 벌어졌는지 적어 보라. 만일 비즈니스 플랜을 세우지 않았다면 지난 한 해를 돌이켜 보며 아래의 질문들에 답해 보라.

- 작년 초에 세운 새해의 다짐이나 개인적인 계획이 있었나?
- 그 목표를 달성했나?
- 지난해에 한 일이나 하지 않은 일을 통해 무엇을 배웠나?
- 목표로 한 일에 분명하게 초점을 맞췄나? 당신이 달성하고자 한 일에는 사업적 목표와 개인적 목표가 모두 포함되어 있나?
- 성공을 판단할 수 있는 분명한 측정 기준이 있나?

삶에서 집중력을 빼앗아 가는 요소를 제거하라

벤자민 프랭클린은 이렇게 말했다. "나는 평균적인 능력을 지닌 사람이라도 훌륭한 계획을 세우고, 오락이나 놀이에 정신을 팔지 않고, 공부나 사업에서 그 계획을 실천하는 데 전념한다면 위대한 변화를 이룰 수 있고 놀라운 업적을 성취할 수 있다고 믿는다." 한마디로 큰일을 하고 싶은 사람은 주위에서 집중력에 지장을 주는 요소들을 제거해야 한다는 뜻이다.

잠시 시간을 내어 지난 한 해 동안 주로 어떤 사건들이 당신을 신경 쓰게 했는지 생각해 보라. 시간과 에너지가 가장 많이 새어 나간 곳은 어디인가?

고난과 역경은 비즈니스의 한 부분이다. 용감하게 맞서 싸워 나가는 것밖에는 도리가 없다. 다만 문제 자체에 너무 집착하지는 말자. 그러다 게임에서 탈락할지도 모른다. 아래 목록에서 당신에게 해당하는 사항이 있는지 돌이켜 보라.

- 구글이나 온라인 리뷰 사이트인 옐프Yelp에 부정적인 후기를 올린 고객
- 처리하는 데 3일이면 충분했지만 3주가 걸린 일
- 해로운 인간관계
- 신뢰하지 못할 납품업체
- 퇴사 후 복수심에 가득한 직원

특정한 사건으로 인해 사업에 지장을 받고 몇 달 동안이나 감정을 낭비한 적은 없나? 복수심에 불타는 에고 탓에 집중력을 잃어버리지는 않았나? 나도 그런 일을 수없이 겪었다. 불필요한 행동이나 생각이 내게서 얼마나 많은 기회비용을 빼앗아 갔는지 직접 확인한 적도 한두 번이 아니었다. 그렇다고 사무실을 옮기거나, 공급업체와 문제를 겪거나, 다루기 힘든 직원들을 상대하는 것처럼 비즈니스에 꼭 필요한 일이나 통제할 수 없는 상황을 아예 제거해야 한다고 말하는 게 아니다. 그보다는 소셜 미디어에 한눈을 팔고, 스포츠 경기에 지나치게 관심을 쏟고, 남을 험담하고, 오후 시간에 커피를 마시며 노닥거리고, 텔레비전을 시청하는 데 너무 많은 시간을 보내지 말라고 조언

하는 것이다.

로마 제국의 황제 마르쿠스 아우렐리우스는 이렇게 말했다. "그 누구도 당신의 하루를 강탈하게 두지 말라. 그 손실을 메워 줄 사람은 세상에 없다." 시간은 돈이다. 시간을 빼앗기면 돈을 빼앗기는 것이다. 당신은 자신에게 늘 이렇게 물어야 한다. "주위에서 집중력을 빼앗는 요소들을 전부 제거한다면 내 삶의 모습은 어떻게 바뀔 것인가?"

지난해에 당신의 정신을 가장 많이 소모하게 했던 사건을 다섯 가지에서 열 가지 정도 적어 보라. 그리고 내년도를 염두에 두고 이 질문들에 답해 보라.

- 내 마음에 부담을 주고 신경을 쓰게 할 일은 무엇일까?
- 그중 어떤 것을 제거할 수 있을까?
- 이를 제거하려면 어떻게 해야 할까?

지난 한 해를 돌이켜 보고 무엇이 당신의 시간과 에너지를 가장 많이 빼앗아 갔는지 솔직히 기록해 보라. 어떤 사람들에게는 그 작업이 조금 불편하게 느껴질지도 모른다. 술, 포르노, 도박 같은 습관을 끊거나 심지어 인스타그램이나 아이스크림 중독, 인터넷 데이트 같은 취미 생활만 포기해도 삶에 큰 변화를 이뤄 낼 수 있다. 이를 통해 시간과 에너지를 절약하는 측면도 있지만 그런 일을 줄임으로써 앞으로 더욱 진지한 삶을 살아가겠다는 신호를 당신의 마음에 보내는 것이 더 중요하다.

나는 군대에서 처음 술을 마시기 시작했지만, 지금은 술을 끊은 지가 20년이 다 되어 간다. 내가 알코올을 피한다는 사실을 모두가 분명히 알고 있는데도 주위 사람들은 지금도 늘 술을 권한다. 내 대답은 한결같다. 왜 내가 술을 마셔야 하는가? 술을 마시면 쓸데없는 말이 많아지고 집중력도 떨어진다. 마음속에 감춰 둬야 할 말도 줄줄 늘어놓게 된다. 뭔가를 배우는 데도 도움이 안 되고 멍청한 일을 저지르기도 쉽다. 나는 내가 멍청한 일을 저지르는 상황을 최대한 피하고 싶다. 항상 최고의 의사 결정을 내리게 해 주는 맑은 정신을 유지하기를 원한다. 이런 사실을 자각한 사람이 술을 입에 대지 않는 것은 당연한 일이다.

내가 설립한 PHP에서 영업임원으로 일하던 로돌포 바르가스 Rodolfo Vargas는 엘살바도르에서 미국으로 이주한 사람이다. 그는 시어스Sears 백화점에서 경비원으로 일하며 근근이 생계를 이어 가던 빈털터리였지만 우리 회사에 입사한 지 7년 만에 연간 수백만 달러를 벌어들이는 스타 에이전트로 변신했다. 그는 이렇게 말한다. "전부 내려놓아야 합니다. 하나를 포기하지 않고 다른 하나를 얻을 수는 없습니다. 나는 지난 몇 년 동안 청량음료, 아이스크림, 술, 늦잠 등을 모두 포기했습니다. 텔레비전 없이 지낸 지도 여러 해가 됐어요. 아이가 태어나기 전에는 일요일조차 쉬어 본 적이 없습니다."

로돌포는 자신의 부하 직원이 삶에서 무엇을 포기하겠다고 약속하는지만 봐도 그 사람이 얼마나 성공할지 예상할 수 있다고 말한다. 그렇다고 너무 극단적인 형태로 삶을 송두리째 바꿀 필요는 없지만 가장 중요한 일은 스스로 약속한 바를 지키는 것이다. 자신에게 한 작은 약속을 깨뜨리는 순간 그해 전체의 실적이 위험에 빠질 수 있다.

이야기를 더 이어 가기 전에, 다음 질문에 답해 보라. 당신이 작년에 했던 일 중에 앞으로 없애야 하는 일은 무엇인가?

결혼과 비즈니스의 공통점: 깊이, 지속성 그리고 마법

비즈니스 플랜을 세울 때 논리와 감정을 조합하는 일이 중요하다는 말은 이미 언급한 바 있다. 결혼 생활을 예로 들면 내 말을 이해하기가 쉬울 것이다.

그동안 많은 사람에게 성공적인 결혼의 정의가 무엇인지 물었다. 가장 흔하게 나오는 대답은 오래 지속되는 결혼이 성공적인 결혼이라는 것이다. 나는 그런 대답을 들을 때마다 두 가지 질문을 던진다. 어느 부부가 50년 동안이나 결혼 생활을 이어 왔는데도 그동안 줄곧 불행함을 느꼈다면 이를 성공적인 결혼이라고 부를 수 있을까? 반대로 결혼한 지는 3년밖에 안 됐지만 그사이에 귀여운 두 아이를 얻었고 서로의 삶을 열심히 지원하는 모범적인 동반자 관계를 밟고 있는 부부는 결혼에 성공한 게 아닐까? 우리는 이런 질문을 통해 성공적인 결혼이라는 목표를 달성하려면 단지 혼인 관계를 유지하는 것 이상의 뭔가가 필요하다는 사실을 깨닫게 된다. 비즈니스에서도 마찬가지다. 간신히 파산을 면한 채로 회사 문만 열고 있다고 해서 이를 성공적인 사업이라고 부를 수는 없다.

비즈니스에서도 성공적인 동반자 관계를 구축하기 위해서는 감정(가슴)과 논리(머리)가 모두 필요하다.

나는 결혼 생활이든 비즈니스든 '지속성'과 '깊이'라는 두 가지 용어를 사용해서 성공을 정의한다. '지속성'은 사업을 지속하는 기간을 의미하며, 당신이 비즈니스를 유지하고 어려운 시기를 견디는 데 필요한 활동을 꾸준히 실천하고 있음을 보여 주는 지표다. 이에 반해 '깊이'는 조금 더 함축적이고 미묘한 개념으로 당신이 사업에 얼마나 큰 열정을 느끼고, 경쟁자들과의 차이를 얼마나 많이 만들어 내고, 얼마나 큰 부를 축적하고 있는지를 나타내는 측정 기준이라고 할 수 있다. 우리에게는 지속성과 깊이 두 가지가 모두 필요하다.

그리고 깊이와 지속성을 모두 달성하기 위해서는 적절한 계획을 수립해야 한다.

사람들 대부분은 '결혼식'에는 준비가 너무 과하고 '결혼 생활'에는 준비가 부족한 모습을 보인다. 결혼식에 손님들을 초대하고 꽃과 음식을 구매하는 문제를 두고 스트레스를 받는 사람은 많지만, 삶의 가치, 경제 계획, 가족 같은 개념을 두고 진지하게 대화를 나누는 커플은 그리 많지 않은 것 같다. 나는 내 결혼식을 얼마 앞둔 시점에서 미국의 심리학자 겸 가족상담전문가 H. 노먼 라이트H. Norman Wright 박사가 쓴 《약혼 전에 물어야 할 101가지 질문101 Questions to Ask before You Get Engaged》을 읽었다. 이 책에 담긴 101가지 질문을 하나하나 뜯어 보며 내가 삶에서 진정으로 원하는 것이 무엇인지를 분명히 알게 됐다. 나는 결혼을 약속한 여자 친구 제니퍼Jennifer에게도 이 책을 읽어 보라고 권했다. 라이트 박사의 책은 우리 두 사람이 결혼의 지속성과 깊이를 달성하기 위해 스스로 어떤 질문을 던져야 하는지 방향을 제시해 주었다. 그로부터 14년이 지난 오늘날, 우리는 네 아이를 키우며 결혼 생활의 깊이를 더하기 위해 하루하루 노력하는 중이다.

내 이야기를 들은 사람 중에는 내가 로봇처럼 책에만 의존해서 기계적으로 살아간다고 비난하는 사람이 있을지 모르겠다. 낭만적 성향이 강한 사람들은 본인의 감정을 결정하는 데 책 따위가 필요치 않다고 생각한다. "사랑은 비즈니스가 아니다. 사랑이 무엇인지 깨달았다면, 그냥 알면 되는 것이다"라고 말한다.

물론 나도 사랑이 비즈니스가 아니라는 말에 동의한다. 하지만 우리는 지금 단순한 사랑의 감정을 논하는 게 아니라 삶의 특정한 목표를 이루기 위해 동반자 관계를 맺는 문제를 이야기하는 것이다. 효과적인 파트너십을 위한 계획을 수립하려면 앞에서 말한 대로 '감정'과 '논리'가 모두 필요하다. 하지만 당신은 그밖에도 한 가지 요소를 더 갖춰야 한다. 말로 설명할 수는 없어도 몸으로 느낄 수 있는 바로 그것, '마법'이다.

논리적인 사람들이 '마법'이라는 단어에 예민하게 반응할 거라는 사실은 나도 잘 알고 있다. 그들은 마법이라는 단어를 초자연적, 또는 신화 같은 말로 정의하려 한다. 하지만 그런 말은 이 단어의 의미를 설명하기에 적합하지 않다. 도무지 말로 묘사할 수 있는 게 아니기 때문이다. 마법이란 당신이 꼭 알맞은 시간에 꼭 알맞은 장소에서 뭔가 의미 있는 일에 전념하거나, 부분의 합보다 훨씬 큰 팀의 일부로 활동할 때 느끼는 '감정'이다. 그 순간 당신은 심장이 두근대고, 소름이 돋고, 온몸의 털이 곤두서는 듯한 느낌을 받는다. 단순히 뭔가를 '깨닫는' 순간이라고 설명하기에는 표현이 너무 부족하다. 누군가 삶 전체를 바꿔 놓을 만한 놀라운 생각을 떠올리는 것이 바로 마법이다. 특정한 팀의 일원이 되어 겉으로는 불가능해 보였던 일을 이뤄 낼 수 있는 도구를 찾아내서 다른 사람들이 틀렸다는 사실을 증명하는 것도 마법이다. 이런 마법 같은 순간을 경험하는 기업은 소비자가 지출한 가치를 훨씬 능가하는 제품이나 서비스를 제공하기도 한다.

회사를 하루하루 운영한다는 말은 일상적인 업무를 연속적으로 처리한다는 뜻이다. 마법이 없다면 이 업무들은 허드렛일에 지나지 않는다. 마법이 벌어지는 순간 이 업무에는 '의미'가 생긴다. 더 정확한 언어로 이를 표현할 수 없어 아쉽지만, 분명히 말할 수 있는 것은 마법이 없는 결혼 생활과 비즈니스는 모두 실패할 수밖에 없다는 점이다.

물론 그렇게 마법이 벌어진다 해도 성공을 위해서는 여전히 감정 블록과 논리 블록이 모두 필요하다. 그런 이유로 나는 결혼이나 창업을 앞둔 사람들에게 당신이 성공할 확률은 매우 낮다고 미리 경고의 메시지를 전한다. 그렇다고 결혼을 말리거나 창업가 정신을 포기하라고 권하는 것은 아니다. 오히려 나는 몸과 마음을 바쳐 전념하려는 각오도 없이 대부분의 사람들이 선택한다는 이유로 안전해 보이는 삶의 경로를 선택하는 행위가 훨씬 위험하다고 상기시키는 편이다. 내 말의 요점은 자신이 전념할 대상을 현명하게 선택하는 일이 중요하다는 것이다.

결혼과 비즈니스는 모두 앞길이 상심, 실망, 파산의 가능성으로 가득한 위험한 여정이다. 그 여정이 더욱 어려워지는 이유는 사람들 대부분이 결혼식을 올리거나 사업을 시작하기 전에 미리 세심한 계획을 세우고 눈앞에 놓인 위험을 파악하려 들지 않기 때문이다.

결혼과 비즈니스가 실패로 돌아갈지도 모르는 증거가 그토록 넘쳐 나는 판국에, 왜 수많은 사람이 충분한 생각도 없이 상어가 득실대는 물속으로 뛰어드는 걸까?

그 이유 중의 하나는 성공한 사람의 모습이 너무도 화려해 보이기 때문이다. 사랑에 빠진 커플이나 한창 성장하는 회사를 보면 흥분이 되는 것은 자연스러운 일이다. 그래서 자신도 그런 형태의 성공을 원하게 된다. 하지만 그건 성공의 부산물만을 갈망하는 것일 수도 있다. 다시 말해 사람들은 성공의 최종 결과물을 원할 뿐이다. 성공에 도달할 때까지 어떤 노력을 쏟아부어야 하느냐에 대해서는 전혀 생각하지 않는다.

또 하나의 이유는 개인보다 더 큰 집단의 일원으로 합류하기를 원하는 심리에 있다. 결혼은 수많은 사람이 따르는 사회적 규범의 하나다. 당신은 왜 결혼하는가? 남들이 결혼하기 때문이다. 하지만 그것이 과연 이유가 될까? 사업을 시작하려는 이유로서 충분할까? 나는 창업을 계획하는 사람들에게 파산의 공포, 스트레스, 일과 삶의 부조화 같은 부작용을 염두에 두고 신중히 생각할 것을 권한다. 회사의 직원이나 사내 창업가로 근무하면서도 얼마든지 행복한 삶을 살아가는 사람들의 사례를 들려주기도 한다.

당신이 결혼을 고려하는 '부적절한' 이유

1. 친구들이 모두 결혼해서

2. 남들의 관심을 받는 것이 좋아서

3. 혼자 있기가 두려워서

4. 사람들을 초대하는 일이 즐겁고 많은 선물을 받을 수 있어서

당신이 비즈니스를 시작하는 '부적절한' 이유

1. 창업의 화려함이 부럽고 멋져 보여서

2. 빨리 부자가 되고 싶어서

3. 회사를 운영하는 일보다는 투자자를 찾아내는 일이 즐거워서

4. 지금 하는 일에 신물이 난 김에 뭔가 새로운 일을 시도해 보고 싶어서

내 말을 입증하는 통계를 원하는가? 미 질병통제예방센터Centers for Disease Control and Prevention의 통계에 따르면 미국에서 결혼한 부부 중 44.6퍼센트가 이혼한다고 한다.[2] 또 미국 노동통계국Bureau of Labor Statistics은 새로 설립된 기업 중 50퍼센트가 5년 안에 실패하고 70퍼센트가 10년 안에 문을 닫는다는 조사 결과를 발표했다.[3] 출발점에서 제대로 출발도 못 해 본 채 실패하는 경우도 다반사다. 결혼식에 지나치게 많은 돈을 낭비하다 결혼 자체가 어그러지거나 처음 제품을 출시할 때 과도한 예산을 쏟아부어 회사가 망가지는 식이다. 왜 그럴까? 뒤를 돌아보고 계획을 미리 세우는 데 실패했기 때문이다. 그들은 지나간 일을 반성하거나 연구하지 않는다. 자기가 과거의 통계를 뛰어넘는 성과를 낼 거라고 큰소리를 떵떵 치지만 정작 그 목표를 달성하는 데 필요한 행동은 하지 않는다.

결혼이 창업과 비슷한 논리적 프로세스를 요구한다는 사실을 여전히 받아들이기 힘들다면, 아래 표처럼 그 두 가지를 나란히 놓고 비교해 보자.

사람들이 결혼식 준비에 지나치게 신경을 쓰는 반면 결혼 생활 자체에 대해서는 준비를 소홀히 하듯이, 창업가들은 비즈니스에서 비슷한 실수를 저지른다. 투자자들에게 보여 줄 자료 준비나 제안서 작성은 열심히 하면서도 정작 비즈니스를 어떻게 지속할지 계획을 세우는 일은 소홀히 한다.

대체로 결혼 생활에서는 감정이 과도하고 논리가 부족한 경향이 있다. 반면 비즈니스에서는 논리가 과도하고 감정이 부족한 경우가 많다.

논리적인 계획이 없는 결혼 생활이나 비즈니스는 실패할 가능

〈결혼〉	〈창업〉
고려해야 할 요소	**고려해야 할 요소**
삶의 확장: 자녀, 확대 가족 가치와 원칙 삶의 목표와 꿈 유산 이어 가기 / 자손	사업의 확장 : 시장, 지역, 사무실 가치와 원칙 사명과 비전 유산 이어 가기 / 끊임없는 변화와 혁신
필요한 서류 및 법적 동의서	**필요한 서류 및 법적 동의서**
혼전 합의서(문제 대비) 금전 계획 부동산 계획	파트너십 및 운영 계약(문제 대비) 보상 계획 승계 계획

1부. 당신은 반드시 성공해야 하는 이유가 있는가

성이 크다. 물론 세상에는 자신의 마음에 따라 이리저리 삶을 살아가는 낭만적인 사람도 많다. 결혼이든 사업이든 논리만으로는 충분하지 않다는 말에는 나도 전적으로 동감한다. 앞서 지적한 대로 마법이 작동하지 않는 결혼이나 비즈니스는 실패할 수밖에 없다. 당신을 흥분시키는 감정의 불꽃이나 두근대는 심장이 없다면, 당신은 아마 성공하지 못할 것이다. 나도 우리의 삶에 마법이 꼭 필요하다는 사실을 100퍼센트 믿는다. 하지만 결혼이든 창업이든 정식으로 무대 위에 오르기 위해서는 그 이상의 뭔가가 필요하다. 충동적으로 행동하면 성공을 기약할 수 없다.

사람들 대부분은 충동적이고 즉흥적으로 비즈니스 플랜을 세운다. 비즈니스 플랜을 수립해야 한다는 이유만으로 마지못해 계획을 세우고, 그 뒤에는 거들떠보지도 않는다.

여러분은 어떤가? 솔직하고 구체적으로 생각해 보라. 가령 영업 캠페인을 진행할 때는 아이디어도 많이 짜내고 일도 열심히 하지만 이를 지속적인 시스템으로 구축하는 작업은 대충 넘어갈 수도 있다. 성장을 위한 계획은 잘 세우면서도 위기에 대처하는 준비는 소홀히 할지도 모른다. 당신이 평소 즉흥적이고 충동적으로 처리하는 일이 무엇인지 돌이켜 보고 약점을 보완할 계획을 세우라.

앞에서 과거를 돌아보는 일이 중요하다고 계속 강조했는데, 세계에서 가장 오래된 기업들을 보유한 어느 나라의 사례를 살펴보자.

오래 지속될 게임을 준비하라

2004년 미시간대학교 교수 제프리 라이커Jeffrey Liker가 펴낸《도요타 방식》은 100만 부도 넘게 팔려 나간 베스트셀러다. 그동안 26개 언어로 번역됐으며 전 세계의 수많은 사업가에게 지대한 영향을 끼쳤다.

내가 2009년 PHP를 설립했을 때 나이가 서른 살에 불과했다. 사업가가 되기에 부족한 점은 한둘이 아니었고, CEO로서의 자격 조건도 전혀 갖추지 못했다. 가진 것이라고는 풍부한 감정과 성공하겠다는 의지뿐이었다. 그러다가 어느 멘토의 조언을 듣고《도요타 방식》을 읽은 뒤에 장기적 비전의 가치를 깨닫게 됐다.

나는 창업 첫날부터 먼 훗날 우리 회사가 개최할 행사에 미국의 대통령, 최고의 배우와 코미디언, 명예의 전당에 헌액된 운동선수 같은 유명 인사들을 초청할 거라고 장담했다. 또 앞으로 20년 뒤인 2029년까지는 에이전트를 50만 명으로 늘리겠다고 선언했다. 설립 당시 에이전트 수가 66명에 불과했다는 사실을 고려하면 누가 들어도 터무니없는 약속이었을 것이다. 단기적 사고에 익숙한 주위 사람들은 1년 안에 에이전트 수를 현재의 두 배로 늘리고 3년 뒤에는 500명 정도를 확보하겠다는 현실적인 목표를 세우라고 조언했다. 장담컨대 그들은《도요타 방식》을 읽지 않았다.

미국에서는 창업한 지 100년 정도 된 기업이 매우 오래된 회사로 인정받는다. 반면 일본에서는 100년을 넘긴 회사가 5만 개가 넘는다. 세계에서 가장 오래된 회사로 꼽히는 콩고구미金剛組는 무려 1,429년의 업력을 보유한 건설 회사다. 누군가 이 회사의 CEO에게 그렇게 오랜 기간 회사가 존속할 수 있었던 비결이 무어냐고 묻자 그는 이렇게 말했다. "술만 너무 많이 마시지 않으면 됩니다."[4] 말하자면 사회적 지위가 높아진 일을 지나치게 축하하거나 그 상태에 '취하지' 말라는 뜻이다. 당신의 주위에서 집중력을 빼앗는 요소를 제거하고, 경기에서 눈을 떼지 말라. 오래 지속될 게임을 하라.

월스트리트 같은 비즈니스의 세계에서는 오직 이번 분기의 실적을 맞추는 데만 목숨을 걸지만 우리는 장기적 사고를 중요시해야 한다. 회사 문을 거창하게 연 뒤에 언론 매체의 기사, 근사한 사진, 소셜 미디어 게시물 등에 집착하지 말고 경영 승계, 리더십 개발, 가치 창출에 신경을 써야 한다. 장기적 사고를 외면하고 미래를 대비한 비즈니스 플랜을 세우지 않은 기업은 요행히 성공한다 해도 수명이 짧다.

일본 기업의 운영 방식에서 단점은 긴급함의 정서가 부족하고 융통성이 떨어진다는 것이다. 다행히 미국 기업들은 그 부분에서 남다른 강점이 있다. 당신이 할 일은 두 문화권의 장점만을 취해서 장기적인 성장을 이어 가면서도 시장의 변화에 발 빠르게 대처할 수 있는 기업을 만들어 내는 것이다. 나는 열두 개의 성공 블록을 조화롭게 배치한다면 둘 사이의 균형점을 충분히 찾아낼 수 있다고 믿는다. 여러분도 똑같은 과정을 밟아 보기를 바란다.

우리도 《도요타 방식》에서 힌트를 얻어 적어도 20년 이상의 시간적 지평을 염두에 둔 큰 그림을 그려야 할 것이다. 그 목표를 이루기 위해서는 여섯 개의 감정 블록과 여섯 개의 논리 블록을 적절히 활용해야 한다.

당신이 흥분에 가득한 마음으로 비즈니스 플랜을 수립하기 시작했다면 그 일의 첫 번째 단계는 뒤를 돌아보는 것이다. 미국 철학자 조지 산타야나George Santayana는 이렇게 경고했다. "과거를 기억하지 못하는 사람은 똑같은 일을 반복할 수밖에 없다." 단지 과거를 기억하기만 해서는 미래를 바꾸지 못한다. 자기가 저지른 실수를 솔직히 인정하고 같은 실수가 반복되는 일을 방지할 전략을 개발해야 한다.

3장.
대담한 승리로 향하기 위하여

삶에서 가장 큰 기쁨은
남들이 불가능하다고 말하는 일을
해내는 데 있다.

_ 월터 배젓(Walter Bagehot), 영국의 언론인 겸 사업가

이제 지금까지 살펴본 모든 것을 한데 모을 시간이 됐다. 이 장에서는 비즈니스 플랜의 달인이라고 할 수 있는 대담한 소수들이 자신의 계획을 수립하는 과정을 보여 주고자 한다.

비즈니스 플랜을 수립하는 일은 대체로 1년에 한 번 정도 수행하는 활동이 되겠지만 시작은 언제라도 관계가 없다. 한 해의 어느 때가 됐든 이 책을 집어 든 뒤에 그 방법론을 곧바로 실전에 적용하면 된다. 가령 당신이 학생이라면 9월부터 이 과정을 시작할 수도 있다.

기업의 회계연도가 회사마다 다르듯이 여러분의 일정도 사람에 따라 다를 것이다. 당신 회사의 1분기가 3월에 마감되든 11월에 끝나든 비즈니스 플랜의 첫 번째 단계는 반드시 지난해를 돌아보는 작업이 되어야 한다.

비즈니스 플랜 수립 과정

1. 지난해 돌아보기

2. 적 선택하기

3. 지속성, 깊이, 마법 생각하기

4. 성공 블록 채우기

5. 매 분기마다 궤도 조정

6. 이 과정을 매년 반복할 것

1단계: 지난해 돌아보기

이 주제에 대해서는 앞장에서 이미 이야기했다. 한 가지 더 보태고 싶은 점은 지난해를 돌이켜 볼 때 비즈니스뿐만 아니라 자신의 개인적 삶도 돌아봐야 한다는 것이다. 독자 여러분 중에는 혹시 '세대의 저주 generational curse'로 고생하는 사람이 있을지 모르겠다. 성경 교육자 겸 작가 클레런스 L. 헤인스 2세Clarence L. Haynes Jr.는 이렇게 말한다. "세대의 저주란 죄악의 행위가 다음 세대로 이어져 똑같이 반복되는 것을 뜻한다."[1]

가령 마약, 도박, 알코올 중독 같은 습관적 행위도 세대의 저주라고 할 수 있다. 학대, 결핍감, 피해의식처럼 눈에 보이지 않는 무형의 심리도 여기에 포함될 수 있다. 어번 딕셔너리Urban Dictionary(영어권의 은어나 비속어를 설명해 주는 사전 사이트-옮긴이)는 다음과 같은 용례를 들어 이 용어를 설명한다. "숀Sean은 멈추지 않고 아이를 낳는다. 나이가 28세인데도 벌써 세 명의 여성에게서 네 아이를 낳았다. 세대의 저주는 숀의 아버지에게 남긴 것과 똑같은 유산을 숀에게도 물려줄 것이다. 목이 빠지게 월급날만 기다리고, 하루하루 근근이 생계를 이어 가고, 여러 자녀를 먹여 살리기 위해 안간힘을 쓰는 그런 삶을."[2]

나는 이 책에서 '세대의 저주'라는 용어를 사용하는 일이 과연 옳은지를 두고 거듭 고민했다. 내가 이 용어가 나름 유용하다고 생각하는 유일한 순간은 특정한 가족에게 반복되는 독특한 행위적 패턴을 계속 이어 가지 않고 중단할 방법을 찾을 때뿐이다. 수많은 사람이 자신의 행동을 정당화하기 위해 '세대의 저주'라는 핑계를 댄다. 이 용어는 자기가 삶에서 승리하지 못하는 이유를 과거의 유산 탓으로 돌리는 '희생자의 구호'가 되어 버렸다.

모든 가족에 크고 작은 '세대의 저주'가 걸려 있는 것은 사실이다. 하지만 누군가는 그 저주를 풀어야 한다. 내가 이 용어를 듣기를 원하는 유일한 순간은 당신이 그동안 겪었던 변화의 과정을 이야기하며 이를 과거형으로 표현할 때뿐이다. 지난해를 돌이켜 보며 당신 스스로가 자신의 앞길을 가로막은 일은 없었는지 신중히 검토해 보라. 당신의 행동 패턴이 본인의 발전에 지장을 주고 삶에서 태업을 벌이지 않았는지 곰곰이 생각해 보라. 그 패턴이 당신의 집안 내력이라는 사실을 알아차렸다면 이를 바로잡아야 할 더욱 중대한 사유가 되는 셈이다.

최고의 한 해를 보낸 사람도 지난해를 돌이켜 보며 잘못된 점을 반성하자. 비록 남들의 눈에는 당신이 큰 성공을 거둔 것처럼 보인다 해도 당신은 본인의 잠재력을 최대한 발휘하지 못했다는 생각에 마음속으로 고통을 느낄 수 있다. 어느 경우든 반드시 지난해를 평가하고 개선할 점을 찾아내야 한다.

경제 잡지 〈포브스Forbes〉에 따르면 새해의 결심을 실천하는 데 실패하는 사람은 전체의 92퍼센트에 달한다고 한다.[3] 또 새로 설립된 회사 대부분이 실패한다. 그 말은 거의 모든 사람이 실패한다는 뜻이다. 사업에 실패한 사람은 본인뿐 아니라 그동안 자신에게 의지한 타인들에게 실망감을 안겨 주었다는 사실 앞에 부끄러움을 느낀다.

당신의 개인적 창고 안에 어떤 재고가 남아 있는지를 늘 주의 깊게 조사해야 하는 이유가 여기에 있다. 지난해에 어떤 목표를 이루지 못했는지 솔직하게 돌이켜 보고, 그 이유가 무엇인지를 분석해 보라.

2단계: 적 선택하기

지난해를 돌이켜 본 뒤에 밟아야 할 다음 단계는 올바른 적을 선택하는 것이다.

지나간 시간을 자세히 검토해 보면 많은 단서를 얻을 수 있다.

가령 본인에게 긴박함의 정서가 부족했고 노력도 모자랐다는 결론을 내렸다면 그건 당신 앞에 적이 존재하지 않았거나, 적이 긴박한 감정을 불러일으킬 정도로 도전적이지 않았다는 신호가 될 수 있다.

다음 장에서는 전설적인 미식축구 선수 톰 브래디Tom Brady에 대해 자세히 살펴볼 예정이다. 브래디는 2020년 탬파베이 버커니어스 Tampa Bay Buccaneers와 새롭게 계약을 맺었을 때 새로운 적을 선택해야 했다. 그를 이 자리에까지 올려놓은 경력, 그러니까 뉴잉글랜드 패트리어츠에서 뛰면서 슈퍼볼을 여섯 차례 차지한 경력만으로는 일곱 번째 슈퍼볼을 들어 올리기에 부족했다. 브래디는 자신의 적이 누군지를 분명하게 파악하는 순간 나머지 성공 블록들을 완성할 추진력을 얻었다. 예를 들어 부상을 최대한 줄이고 팔의 힘을 강화하는 방식으로 훈련 방향을 바꿨고, 롭 그론카우스키Rob Gronkowski 같은 스타들을 소속팀에 영입함으로써 자신을 도울 동료들의 역량도 개선했다. 이런 작업은 그가 나머지 성공 블록들을 빠짐없이 채울 때까지 계속됐다.

올바른 적을 선택하는 일은 비즈니스 플랜을 수립할 때 가장 먼저 밟아야 할 중요한 단계다. 내가 누구에게서 승리를 쟁취해야 하는지 정확히 파악하는 순간 계획에 포함된 나머지 일을 지속해 나갈 추진력을 얻게 된다. 어떤 대상을 극복하고자 하는 의지가 뼈에 사무칠 만큼 강한 사람에게는 모든 블록 하나하나가 대단히 중요하게 여겨질 것이다. 어느 날 아침, 자리에서 일어나자마자 갑자기 스프레드시트가 좋아지고 퇴직자 면접을 즐기게 되는 일은 없다. 더는 상실감에 시달리고 싶지 않고 남들에게 면박당하는 일도 지긋지긋해진 당신이 적에게 승리하기로 굳게 마음먹었을 때, 한때 짜증만 불러일으키던 업무가 승리를 위한 필수적인 도구로 보이기 시작하는 것이다. 어떻게든 적에게 승리하고자 하는 간절한 마음을 담아 집어 든 책은 당신에게 전혀 다른 독서의 경험을 제공한다. 책을 읽는 행위를 허드렛일이 아니라 새로운 기회로 받아들이기 때문이다. 당신의 삶에서는 이런 일이 부지기수로 일어날 것이다.

그래서 마음의 상처와 불안감은 가장 큰 자산일 수 있다.

우리는 대부분 조직에서 승승장구하며 성공을 거두는 사람들은 큰 실패나 좌절 없이 탄탄대로를 밟아 왔을 거라고 어림짐작하지만 현실은 다르다. 생각보다 많은 사람들이 삶의 어느 시기에 마음에 큰 상처를 받은 경험을 가지고 있다. 그들은 그때 경험한 억울하고 슬픈 상처, 불안감을 성공의 밑거름으로 이용한다. 그런 마음을 갖게 한 사람이 형제, 친척, 친구, 부모, 코치 등 어떤 사람이든, 누군가는 괴롭고 불안한 감정을 안겨 주었다. 훗날 삶에서 얼마나 많은 것을 이뤄 내는지에 관계없이 그 불안감은 쉽게 사라지지 않는다. 톰 브래디 역시 이렇게 말했다. "그 기억을 극복하는 일이 쉽지는 않습니다. 내 마음이 그런 상처를 딛고 편안하게 쉴 날이 있을지 잘 모르겠군요. 억울한 느낌과 깊은 상처는 아직 치유되지 않은 것 같습니다."[4]

브래디의 말은 영국의 팟캐스터 겸 유튜버 크리스 윌리엄슨Chris Williamson이 한 말을 상기시킨다. "나는 학교생활 내내 남들에게 괴롭힘당하고 어울릴 만한 친구도 사귀지 못한 인기 없는 아이였어요. (…) 그러다 보니 나 자신이 뭔가 잘못된 사람이라는 느낌에서 헤어나오지를 못했죠."[5]

1부. 당신은 반드시 성공해야 하는 이유가 있는가

윌리엄슨은 그런 어린 시절의 기억이 자신에게 삶의 동력을 제공했다는 사실을 잘 알고 있다. "자신이 성공할 수 있도록 등을 밀어준 것이 순수한 사랑과 긍정적인 마음가짐뿐이라고 믿는 사람들은 뭔가를 잘못 알고 있는 겁니다. 어느 연구에 따르면 최고 기업의 CEO처럼 이 사회에서 가장 성공한 사람들은 세 가지 심리적 특징을 지니고 있다고 해요. 첫째는 극심한 결핍감이고, 둘째는 우월 콤플렉스superiority complex(열등감을 감추거나 극복하기 위해 자신이 우월한 사람이라고 믿는 병리적 심리-옮긴이)이며, 셋째는 뭔가에 광적으로 집중하는 능력입니다."

칼 융Carl Gustav Jung의 심리학을 공부하는 사람들은 윌리엄슨의 말과 칼 융의 이론(인간의 마음속에 드리워진 그늘과 잠재의식이 어떻게 행동에 동력을 제공하는지에 관한 이론-옮긴이) 사이에 존재하는 유사성을 발견할 수 있을 것이다.[6] 나도 윌리엄슨의 의견에 동의한다. 단지 그가 지적한 두 번째와 세 번째 심리적 특징은 첫 번째 특징의 결과물이라는 말만 보태고 싶다. 다시 말해 극도의 결핍감으로 인해 남들보다 우월해지고 싶다는 욕구가 생겨나고 그로 인해 뭔가에 광적으로 집중할 수 있는 능력이 발휘된다고 생각한다. 요컨대 우리의 마음속에 자리 잡은 불안감과 악마에 반응하는 방식이 현재의 우리 모습을 결정한다.

많은 사람이 마음속의 불안감을 상대하는 과정에서 스스로 희생자로 전락한다. 아니면 본인의 불안한 감정을 공격적 성향으로 바꿔 엉뚱한 적을 향해 표출하기도 한다. 즉 걸핏하면 남들을 괴롭히거나 자기 파괴적인 행동을 일삼는다. 트위터에 접속하면 이를 입증하는 수백만 건의 사례를 확인할 수 있다!

　　그런 가운데서도 우리 곁에는 자신의 적을 현명하게 선택하는 사람들도 분명히 있다. 여러분은 알코올중독에 걸린 아버지 아래에서 자라난 어느 형제의 이야기를 들은 적이 있을 것이다. 형제 중 한 사람은 나중에 알코올중독자가 됐고, 다른 한 사람은 평생 술을 마시지 않았다. 누군가 그들에게 왜 그런 삶의 방식을 선택했느냐고 물었더니 두 사람 모두 똑같이 대답했다. "아버지를 보고 자랐기 때문이겠죠."

　　당신은 두 사람 중에 누가 되고 싶은가?

　　모든 사람의 마음속에는 불안감이 자리 잡고 있다. 하지만 톰 브래디, 크리스 윌리엄슨, 그리고 두 형제 중에 술을 마시지 않았던 그 사람은 어린 시절 입은 상처를 더 나은 사람이 되기 위한 밑거름으로 활용할 방법을 찾아냈다.

　　감정적 성향이 강하지 않은 사람들은 자신에게 동력을 제공할 만한 요인이 별로 없다고 주장할지도 모른다. 하지만 안전띠를 매고 단단히 준비하라. 이 책을 읽으면 목표 지점에 도달하게 될 것이다. 감정의 역할에 반감을 품고 있는 논리적 성향의 사람들은 이 책을 통해 인생 최대의 전환기를 맞게 될지도 모른다. 반대로 마음이 분노로 가득하고, 격렬한 감정에 휩싸여 있고, 돌로 만든 벽이라도 뚫고 나가겠다는 의지에 충만한 사람들은 그 벽을 힘들여 통과하려 애쓰기보다 이를 뛰어넘을 전략을 배우게 될 것이다. 단단한 벽을 뚫고 나가려고 억지로 힘을 쓰면 본인이 용감하다는 사실을 입증할 수 있을 것 같지만 결국 계획에 실패했다는 사실만 입증할 뿐이다.

3단계: 지속성, 깊이, 마법 생각하기

비즈니스 플랜을 수립하는 단계를 순서대로 밟아가는 일은 매우 중요하다. 적을 선택한 뒤에는 연필이나 키보드를 잠시 옆으로 치워 두라. 이 순간 당신에게 필요한 유일한 일은 그 계획의 지속성, 깊이, 그리고 마법에 대해 진지하게 고려하는 것이다. 당신이 뭔가를 이뤄 내고 창조하는 장면을 마음속으로 시각화하면 심리적인 흥분감을 유지함으로써 시장에서 오래도록 살아남을 수 있다. 적어도 20년 동안은 사업을 지속할 계획을 구상하면 장기적인 성공에 걸맞은 행동을 실천할 수 있을 것이다. 사람은 본능적으로 단기적 사고를 지향하는 경향이 있지만 이 연습을 통해 시간의 지평을 폭넓게 확장할 수 있다. 당신보다 훨씬 오래 살아남을 비즈니스를 구축할 계획을 어떻게 세워야 할지 천천히 생각해 보라.

장기적으로 사고하는 사람들은 수익보다 가치를 우선시한다.

장기간 지속될 비즈니스를 계획하기에 가장 좋은 방법은 단기적 수익과 장기적 가치를 비교해 보는 것이다. 어느 두 회사에 각각 열 명의 리더가 근무하면서 1인당 20만 달러의 급여를 받는다고 해 보자. A사는 열 명의 리더를 모두 해고한다. B사는 열 명의 리더 중 한 사람도 해고하지 않을뿐더러 리더 한 명당 5만 달러를 들여 리더십 개발 프로그램을 운영하고 그들에게 각종 조언과 멘토링을 제공한다. 그해 말 두 회사의 회계 장부에는 A사가 B사보다 250만 달러 적은 비용을 지출했다고 기록된다.

하지만 두 회사가 장기적으로 사업을 유지하는 상황에서 언젠가 리더십 개발 프로그램이 효과를 발휘하는 날이 온다면 결과적으로 B사는 A사를 크게 압도할 것이다. 기업이 사람에게 투자하면 사람은 기업을 더 가치 있게 만든다. 게다가 당신의 경쟁사가 지연된 만족을 기다리지 못하고 단기적 수익에만 목을 매는 싸구려 회사라면 당신의 위치는 한층 우월해질 것이다.

당신은 여러 세대를 이어 나갈 회사를 만든다는 꿈을 꾸는 것만으로도 스스로 장기적 사고를 유도할 수 있다. 자신의 아이나 손주들이 그 회사를 운영하는 상상을 해 보면 다음 두 분기의 실적보다는 20년 뒤를 더 많이 생각하게 될 것이다. 자리에 앉아 차분히 앞날을 생각해 보라. 3단계를 완료하기 위해서는 굳이 뭔가를 적을 필요가 없다. 당신 앞에 어떤 미래가 펼쳐질지 상상하는 것만으로도 족하다. 빈칸에 상세한 내용을 채워 넣을 시간은 나중에 충분히 갖게 될 것이다. 지금은 그저 당신이 마법 같은 회사를 세웠을 때 삶의 모습이 어떨지, 그리고 어떤 기분이 느껴질지 마음껏 꿈꿔 보라.

4단계: 성공 블록 채우기

다음 단계는 나머지 성공 블록을 모두 채우는 것이다. 적을 선택하는 일은 모든 행동의 기폭제로 작용하므로 반드시 적을 고르는 작업을 마친 뒤에 나머지 성공 블록들을 채워야 한다. 당신은 주위 사람들에게서 들은 수많은 이야기, 아이디어, 제안 등을 바탕으로 자신만의 블록들을 채울 수 있다. 단 하나 필수적인 요건은 각 블록에 뭔가를 반

1부. 당신은 반드시 성공해야 하는 이유가 있는가

드시 써 넣어야 한다는 것이다.

사람들은 내게 이런 질문을 던진다. "내가 이 단계를 제대로 하기는 한 걸까요?"

이것은 숙제가 아니다. '잘못된' 방법이란 없다. 블록에 뭔가를 채워 넣기만 한다면 작업을 올바르게 진행하는 것이다! 이 장을 읽어본 뒤에 각 블록에 대해 충분히 생각했다면 이를 어떤 언어로 채우느냐는 전적으로 당신에게 달렸다. 어떤 사람은 사명과 비전의 차이가 명확하지 않다고 불평하고, 어떤 사람은 단어의 의미에 지나치게 집착하기도 한다. 다른 누군가가 선생님처럼 빨간색 펜으로 줄을 그으면서 이 부분이 잘못됐다고 지적하는 것을 두려워하는 사람도 있다. 다행히 이곳에 있는 것은 당신과 당신의 비즈니스 플랜뿐이다. 다른 사람은 아무도 없다.

당신의 성공 블록에 특정한 단어나 아이디어가 반복적으로 등장한다면 이는 매우 가치 있는 정보가 될 수 있다. 예를 들어 '기술' 블록과 '비전' 블록을 구상하는 과정에서 문화라는 단어가 자꾸 머리에 떠오른다면, 나중에 '문화' 블록을 작성할 차례가 됐을 때 에너지를 그곳에 집중해야 한다는 사실을 알게 될 것이다.

5단계: 매 분기마다 궤도 조정

연초에 비즈니스 플랜을 세우고 2월이 지난 뒤에는 한 번도 거들떠보지도 않는 사람은 계획을 세운 것이 아니라 '소원 목록'을 작성한 것에 불과하다.

최소한 매 분기에 한 번씩 궤도를 조정하는 작업을 수행하는 것
은 비즈니스 플랜의 핵심이다. 1년 내내 서랍 속에서 먼지만 뒤집어
쓰고 있을 계획이 아니라 주기적으로 꾸준히 갱신하고 관리할 문서
를 작성해야 한다. 비즈니스 플랜을 멍하니 들여다보기만 하거나 회
사 외부에서 거창한 회의를 진행하라는 말이 아니다. 계획을 처음 수
립할 때처럼 모든 것을 바닥부터 다시 검토하라는 뜻이다. 물론 그 작
업은 지난 분기를 돌이켜 보는 일부터 시작된다.

가령 당신이 1분기에 350만 달러의 매출을 예상했지만, 실적이
280만 달러에 그쳤다고 해 보자. 이제 어떻게 해야 할까? 예상 매출
에서 20퍼센트가 부족한데 이사회에 어떻게 설명해야 하나?

당신이 가장 덜 고통스럽게 회의를 진행하는 방법은 지난 분기
를 구체적으로 분석한 자료를 참석자들에게 보여 주는 것이다. 이사
회에 논리적인 설명(어떤 부분을 잘못 계산했고, 시장이 어떻게 바뀌었고, 새
로운 트렌드가 실적에 어떤 영향을 미쳤는지)을 제공하고, 변경된 예측치를
제시하고, 새로운 전략을 수립한다면 당신의 위상에도 도움이 되고
사업도 제 궤도를 찾을 수 있다.

이런 식으로 체계적인 분기별 검토 프로세스를 밟는다면 마지
막 분기 전까지는 같은 작업을 세 차례 반복할 수 있다. 그리고 한 해
가 마무리되는 시점에서 연간 목표를 돌이켜 보고, 큰 그림을 전체적
으로 바라보고, 어떤 목표를 달성했거나 놓쳤는지 파악하고, 그 이유
가 무엇인지 분석해야 한다. 이런 과정을 거치며 지난해를 전반적으
로 검토하고 더욱 새롭고 강력한 적을 찾아내는 것이다.

이는 영원히 지속되어야 할 프로세스다. 그리고 당신이 새로운 적을 끊임없이 찾아내야 하는 이유이기도 하다. 사람들 대부분은 어느 정도 성공을 거뒀을 때 그 지점에서 정체되어 버린다. 새로운 적이 동력을 제공하지 않는다면, 당신은 무사안일주의에 빠져 성공 블록들을 견고하게 유지하려는 노력을 멈추게 될 것이다.

자기가 극복해야 하는 상대를 잘 알고 있는 사람은 본인의 약점과 기회를 분명히 파악하고 있으므로 나머지 블록들을 채워 넣는 데 아무런 문제가 없다. 적이 당신에게 삶의 동력을 제공하는 한 당신은 이 블록들이 녹슬지 않도록 매년 새롭게 갈고 닦아야 한다는 의욕을 불태우게 될 것이다.

비즈니스 플랜의 가장 큰 실수 여섯 가지

1. 아예 계획을 세우지 않는다.
2. 지난해 세운 계획을 검토하지 않는다.
3. 에너지를 공급할 적을 선택하지 않는다.
4. 계획에 논리와 감정을 통합하지 못한다.
5. 살아 숨 쉬는 문서가 아니라 업무 관리용 문서를 작성한다.
6. 계획을 타인과 공유하지 않아서 아무도 당신에게 책임을 묻지 않는다.

모든 블록을 조립해서 성공을 향해 출발하라

가장 규모가 크고 성공적인 기업들은 저마다 적을 두고 있다. 마이크로소프트는 IBM을 상대로 승리를 거둬야 했고, 아이폰을 개발한 사람들은 블랙베리를 제압해야만 성공할 수 있었다. 애플의 음악사업부서는 스포티파이나 믹스클라우드 같은 온라인 음악 서비스 업체들과 지금도 계속 싸움을 벌이는 중이다. 이 위대한 기업들이 사용하는 프로세스는 당신에게도 똑같이 적용될 수 있다. 나이키 역시 농구화 시장에서 컨버스나 아디다스 같은 기업들과 경쟁할 때 똑같은 게임의 법칙을 사용했다. 1984년, 컨버스는 농구화 시장의 56퍼센트를 점유한 절대 강자였다. 2위는 아디다스였고 나이키는 두 회사보다 한참 뒤떨어진 3위에 머물러 있었다.[7]

2023년에 개봉한 영화 〈에어Air〉를 보면 나이키의 직원 소니 바카로Sonny Vaccaro가 마이클 조던의 에이전트 데이비드 포크David Falk에게 모욕을 당한 뒤에 반드시 조던과 계약을 성사시키겠다고 다짐하는 장면이 나온다. 포크가 바카로를 향해 쏟아 낸 욕을 여기에 다 적지는 못하겠지만 "너를 산 채로 묻어 버리겠어" 같은 표현이 그나마 가장 점잖은 말이라고 할 수 있다.

바카로는 자기가 속한 회사보다 자본력이 훨씬 강한 적에게 맞서 어려운 싸움을 벌여야 했다. 게다가 자신의 삶과 경력을 송두리째 파괴하려는 상대 앞에서 커다란 무력감을 느낄 수밖에 없었다. 하지만 포크가 한 말을 취소시키고 싶다는 욕구에서 비롯된 감정적 에너지는 그에게 새로운 무기를 찾아 나서고자 하는 동력을 제공했다. 영화에서는 바카로에게 도박 문제가 있고, 이것이 그가 극복해야 할 악마 중의 하나라는 사실을 넌지시 암시한다. 우리는 바카로의 마음속에 어떤 불안감이 자리 잡고 있는지 잘 알지 못한다. 하지만 성공을 향한 그의 강력한 의지를 통해 그가 마음 한구석에 일말의 상처를 짊어진 사람이라는 사실을 짐작할 수 있다. 그는 포크를 적으로 삼은 데서 얻은 에너지를 직업의식으로 승화시켜 마이클 조던의 가족과 나이키의 CEO 앞에서 감동적인 연설을 쏟아 냈고, 결국 조던을 계약서에 서명하게 했다. 자신의 적을 성공의 디딤돌로 활용한 것이다.

다음으로 그들은 지속성, 깊이, 그리고 마법을 생각하는 단계에 돌입했다. 나이키는 조던과 처음 계약을 맺었을 때 큰 금전적 부담을 짊어져야 했다. 어떤 형태의 연구 개발이든 그로 인해 얼마나 많은 돈을 벌게 될지 전혀 보장되지 않은 상태에서 회사는 막대한 자금을 쏟아부어야 한다. 하지만 단기적 수익보다 장기적 가치를 우선시한 이 회사는 조던에게 기꺼이 돈을 지급하고 그의 이름을 딴 제품라인을 개발하는 데 자금을 투자하는 길을 택했다.

나이키의 설립자 겸 CEO 필 나이트Phil Knight는 조던과 맺은 계약을 두고 이렇게 말했다. "최고의 스타와 계약을 맺는 일은 마치 예술과도 같다. 숱한 기회를 놓칠 수밖에 없다. (…) 그러다 모든 것이 딱 맞아떨어지는 마법 같은 순간이 찾아오는 것이다."[8] 시가총액이 2,500억 달러에 달하는 대기업의 설립자도 '마법'이라는 단어를 입에 올렸다는 사실에 주목하라.

나이키가 이 거래를 승리로 이끌기 위해서는 나머지 성공 블록을 모두 채워야 했다. 필 나이트와 바카로에게는 이 작업이 제품을 설계 및 제조하는 데 필요한 자원을 투입하고, 재무팀과 함께 로열티 구조를 포함한 거래 조건을 구체화하는 일을 의미했다. 강력한 적들이 이미 시장을 장악하고 있는 상태에서 두 사람은 나머지 블록들을 견고하게 쌓아 올리고 비즈니스를 가동하기 시작했다.

당신이 채워야 할 성공 블록 중 하나는 원칙과 가치를 포함한 조직의 사명을 정의하는 것이다. 이 영화에서도 필 나이트가 자신의 사무실 칠판에 나이키의 사명을 적어 두고 이를 조직 운영의 핵심 지표로 삼는 장면이 나온다.

조직의 원칙을 올바르게 정의하면 의사 결정을 내리기가 쉬워진다. 우리 회사의 원칙이 무엇인지 분명하게 파악한 직원들은 장기적 가치보다 단기적 수익을 우선시함으로써 가까운 지름길을 택하고 싶은 유혹을 훨씬 덜 느낀다. 이 책에 뒷부분에서 조직의 가치와 원칙을 정립하는 프로세스를 소개하는 이유도 그 때문이다.

나이키는 나머지 블록들을 모두 채워 넣은 뒤에 분기마다 실적을 검토하고 계획을 변경해야 했다. 이미 증권시장에 상장되어 있던 나이키는 분기별 궤도 조정 작업을 진행할 때마다 다른 회사에 비해 훨씬 큰 압박을 받을 수밖에 없었다. 월스트리트는 수익 예측치를 달성하지 못한 회사를 참으로 무자비하게 대한다. 목표를 채우지 못한 리더들은 그럴듯한 이유를 대거나 제 궤도로 복귀하기 위한 계획을 수립해야 한다. 다행히 나이키에게는 실적이 좋지 않았던 분기보다 성공적인 분기가 훨씬 많았다. 그들은 골리앗 같은 경쟁자(컨버스)를 무찔렀을 뿐 아니라, 컨버스가 파산을 선언한 지 2년이 되는 2003년에 이 회사를 아예 인수해 버렸다.[9] 2023년 NBA에서 활동한 선수 중

75퍼센트가 에어 조던이나 다른 나이키 제품을 신었다는 사실만 봐도 나이키의 시장 지배력이 얼마나 독보적인지 짐작할 수 있다.[10]

분기별 매출은 언제든 오르락내리락할 수 있다. 하지만 한 해를 마감할 때는 반드시 좋은 마무리를 보여 주어야 한다. 그래야만 지난해를 검토하고 본인의 성과를 평가하는 과정에서 추가적인 인센티브를 얻을 수 있다. 그 뒤에는 새로운 적을 파악해서 같은 프로세스를 반복해야 한다.

어떤 분야에서 어떤 일을 하는 사람이든 이 방법을 활용해서 비즈니스 플랜을 세울 수 있다. 수많은 사람이 목표만 줄줄이 나열하며 프로젝트를 시작하는 실수를 저지른다. 그런 접근 방식에는 두 가지 문제가 있다. 첫째, 분석할 만한 데이터가 부족하다. 당신이 완전히 새로운 프로젝트를 시작한다 해도 적어도 자신의 지난 경력을 되돌아보고 스스로 약점을 파악하려는 노력을 쏟아야 한다. 둘째, 본인의 적이 누군지 파악하지 않은 사람은 프로젝트가 진행되는 동안 행동에 동력을 제공할 감정적 동기를 얻지 못한다.

가령 선거에서 승리를 노리는 정치가도 이와 똑같은 대본을 따라 선거 전략을 수립할 수 있을 것이다. 먼저 후보자는 자신의 개인적 자질을 평가하며 과거 선거에서 승리했거나 패배한 실적을 돌이켜본다. 그리고 특정한 개인이든 이념적 집단이든, 자기가 싸워야 할 적을 선택한다. 만일 그 적이 충분한 감정과 내면적 동기를 제공한다면 이 선거는 그 정치가의 마음속에서 선과 악 또는 삶과 죽음의 싸움 같은 대결로 바뀌어 나머지 블록(시스템을 설계하고, 전략을 세우고, 정치 집회를 계획하고, 선거 자금을 모으고, 토론회를 준비하고, 지원팀을 조직하는 등)

을 쌓아 올릴 에너지를 공급할 것이다. 그 뒤 후보자는 계획을 수시로 조정하는 과정을 밟아야 한다. 조정의 시기는 여론조사, 토론회, 후보자들에 관한 뉴스 보도 같은 사건 이후가 될 수 있다. 당신이 어느 산업 분야에 속해 있든 한 번 수립한 계획을 꾸준히 조정하고 개선하는 노력을 기울여야 한다. 정체된 비즈니스 플랜이란 패배가 예정된 계획일 뿐이다.

성공 블록들을 모두 완성해서 이를 분기별로 검토하는 과정을 마쳤다면, 당신은 한 해 또는 한 시즌을 무사히 보낸 것이다. 그 뒤에는 이 프로세스를 얼마나 오랫동안 지속해야 할까?

당신이 조직이나 사업체를 운영하는 동안에는 언제까지나 이 방법론을 활용할 수 있다.

이 프로세스를 충실히 따르는 사람은 본인이 원하는 비즈니스와 삶을 쌓아 올릴 기회를 얻게 될 것이다. 성공을 향해 나아가는 데 필요한 모든 것이 당신이 세운 비즈니스 플랜에 들어 있기 때문이다. 그 계획은 당신에게 동기를 부여함과 동시에 구체적인 행동의 전략을 제시한다. 적절한 감정과 올바른 세부 사항을 바탕으로 수립한 비즈니스 플랜은 당신 자신과 당신의 비즈니스, 그리고 당신이 후대에 남길 유산을 위한 게임 체인저가 될 수 있다.

열두 개의 성공 블록으로
숨겨져 있던 불꽃을 일으켜라

4장.
적과 경쟁자:
아침마다 침대를 박차고 나오게 하는 힘

 적: 반드시 이기고 싶은 대상

 경쟁자: 시장 분석을 위한 대상

나는 적이 아주 많아.
수많은 사람이
내게서 에너지를 뽑아 가려 하지.

_ 가수 드레이크(Drake)의 노래 <에너지(Energy)> 중에서

승리자가 되고 싶으면 승리자에게
배워야 한다. 이는 내가 톰 브래디라는 전설적인 미식축구 선수를 집
중적으로 연구하면서 새삼 깨닫게 된 사실이다. 이 책의 '문화' 블록
편에서 다시 이야기하겠지만, 나는 톰 브래디를 다룬 다큐멘터리 영
화 <경기장의 투사Man in the Arena>를 우리 회사의 직원들과 함께 관람
하는 특별 이벤트를 개최한 적이 있다. 게다가 브래드가 슈퍼볼을 차
지할 때 함께 뛰었던 몇몇 선수를 행사에 초청해서 문답 시간을 진행
하기도 했다.

톰 브래디가 그토록 놀라운 경력을 쌓는 순간마다 마음속으로 어떤 생각을 했는지 정확히 알 수는 없다. 하지만 어느 정도 추측이 가능한 대목은 있다. 그는 미시간대학에서 처음 선수 생활을 시작했을 때 남들에게 거의 주목받지 못하는 선수였다. 당시 그의 적은 자기보다 실력이 나은 쿼터백들이었을 것이다. 온종일 벤치만 지키는 후보 선수에게는 멋진 모습으로 경기장을 누비는 선수들이 자신의 적일 수밖에 없다.

그렇다면 2000년의 NFL 드래프트에서 브래드보다 먼저 지명된 198명의 선수 모두가 브래디의 적이었다고 생각할 수도 있을 것이다. 하지만 그건 북미 대륙에서 일하는 모든 담보대출 중개인이나 부동산 에이전트가 우리 회사의 적이라고 말하는 것과 다를 바가 없다. 그런 식으로 적을 선택하면 감정적 에너지를 불러일으키기가 어렵다. 따라서 브래디는 드래프트에서 자신보다 먼저 지명된 여섯 명의 쿼터백, 즉 채드 페닝턴Chad Pennington, 조반니 카마치Giovanni Carmazzi, 크리스 레드먼Chris Redman, 티 마틴Tee Martin, 마크 버거Marc Bulger, 스퍼곤 윈Spergon Wynn을 자신이 싸워야 할 적으로 선택했다.

이 여섯 명의 쿼터백이 자신보다 먼저 지명됐다는 사실은 브래드의 마음속에 깊은 상처를 남겼고 그가 가능성의 한계를 넘어 이 선수들과 치열하게 경쟁할 에너지를 제공했다. 그 결과는 옆 페이지 표에서 확인할 수 있듯이 브래디의 압도적인 성공으로 돌아왔다. 하지만 브래드가 첫 번째 슈퍼볼을 차지한 뒤에도 여전히 이 여섯 명과 경쟁했을까? 그건 우사인 볼트가 100미터 경주에서 나처럼 평범한 사람에게 승리하려고 애쓰는 일과 다를 바가 없었을 것이다.

2부. 열두 개의 성공 블록으로 숨겨져 있던 불꽃을 일으켜라

2000년 NFL 지명 쿼터백	선발 / 승리	터치다운 패스	슈퍼볼 타이틀
톰 브래디보다 먼저 지명된 쿼터백 6명 (합산 성적)	191경기 선발	258	0회
톰 브래디	258경기 승리	737	7회

　브래디는 새로운 적을 계속 선택해야 했다. 그는 2005년 세 번째 슈퍼볼을 차지하기까지 적을 향한 경쟁심을 오래도록 불태웠다. 브래디는 28살이 되기도 전에 트로이 에이크맨Troy Aikman과 함께 역대 두 번째로 많은 슈퍼볼을 들어 올린 쿼터백으로 이름을 올렸다. 하지만 다음 9년 동안에는 그의 앞에 큰 적이 나타나지 않았다. 나는 이 기간에 브래디에게 슈퍼볼 우승이 없었다는 사실이 그 점과 무관하지 않다고 믿는다. 2014년, 브래디가 37세가 되기 몇 개월 전에 소속팀 감독 빌 벨리칙은 지미 가로폴로Jimmy Garoppolo를 향후 브래디를 대체할 쿼터백으로 지명했다. 감독의 메시지는 분명했다. 너에게 남아 있는 날은 새로운 스타가 네 자리를 물려받을 때까지라는 뜻이었다.

　그렇다면 가로폴로가 팀에 입단한 첫 시즌에 어떤 일이 벌어졌을까?

　브래디는 네 번째 슈퍼볼을 들어 올렸다. 그때까지 슈퍼볼을 네 차례나 차지한 쿼터백은 테리 브래드쇼Terry Bradshaw와 조 몬태나Joe Montana밖에 없었다. 그로부터 2년 뒤, 브래드의 뉴잉글랜드 패트리어츠는 2017년 슈퍼볼 결승에서 애틀랜타 팰콘스와 맞붙었다. 영화 〈경기장의 투사〉에는 브래디가 당시 암과 투병 중이던 자신의 어머니를 몹시 걱정하는 장면이 나온다. 어머니도 경기를 보러 경기장에 왔지만, 브래디는 가족들이 지켜보는 앞에서 슈퍼볼을 빼앗길지 모른다는 사실이 못내 두려웠다. 그는 무거운 마음을 안고 경기장에 나가 팔콘스팀과 마주했다. 하지만 상황은 최악으로 치달았다. 경기 종료 2분이 남았을 때 팔콘스는 28 대 3으로 크게 앞서고 있었다. 모든 희망이 사라진 듯이 보이던 그 순간 브래디는 NFL 역사상 가장 극적인 역전승을 끌어내며 팀에게 승리를 선사했다. 패트리어츠가 34 대 28로 이겼다.

그해의 시즌이 끝나고 난 뒤 브래디는 40세가 됐다. 역사상 슈퍼볼 반지를 다섯 개나 차지한 쿼터백은 그가 유일했다. 상대해야 할 적도 더는 없는 듯했다. 그 말은 이제 석양을 등지고 선수로서의 여정을 마칠 시간이 됐다는 뜻이었다. 그는 방송인이나 사업가로서 계속 활동하며 수천만 달러를 벌어들일 수도 있을 터였다.

브래디는 어떤 선택을 했을까?

그는 새로운 적을 찾아냈다! 이를 위해 브래디가 한 일이라고는 나이 40세가 넘은 운동선수가 절대 성공하기 어렵다는 세간의 입방아에 잠자코 귀를 기울인 것뿐이었다. 스포츠 전문 미디어 ESPN의 맥스 켈러맨Max Kellerman은 자신이 진행하는 토크쇼 〈퍼스트 테이크 First Take〉에서 이렇게 말했다. "이제 톰 브래디의 경력은 거의 끝난 듯합니다. 다음 게임이 될지 내년이 될지는 모르겠지만 그가 마지막 순간을 향해 치닫고 있다는 사실만은 분명합니다. 조만간 톰 브래디는 팀에서 애물단지 같은 존재가 될 겁니다."[1]

켈러맨이 한 말은 다른 사람들의 견해와도 별로 다르지 않았다.

브래디뿐 아니라 어느 종목에서 활동하는 선수라도 그 나이에 성공할 수 있다고 믿는 사람은 별로 없었다. 브래디는 자신의 소속팀 감독 빌 벨리칙의 행보도 유심히 지켜봤다. 벨리칙 감독은 과거보다 미래를 생각하는 사람이었다. 하지만 브래디는 늘 새로운 적을 찾아냈다. 그는 결국 2018년 시즌에 여섯 번째로 슈퍼볼을 거머쥐었다.

브래디 주위에 있는 사람들은 그의 경쟁심을 어떻게 자극해야 할지 알고 있었다. 적을 상대로 열심히 싸우고 있는 사람에게는 농담처럼 던지는 한마디 도발적인 언사도 큰 동기부여가 될 수 있다. 나는 패트리어츠의 와이드 리시버인 줄리안 에덜맨Julian Edelman이 사이드라인에 서서 톰 브래디에게 이렇게 소리치는 동영상을 재미있게 시청했다. "당신은 너무 늙었어! 너무 늙었단 말이야!"[2] 조직의 리더들은 어떤 사람이 이런 종류의 도전을 잘 받아들이고 어떤 사람이 그렇지 못한지 정확히 파악해야 구성원들의 감정적 에너지를 불러일으키고 능력을 최대한 끌어낼 수 있다.

골든스테이트 워리어스와 로스앤젤레스 레이커스가 맞붙은 2023년 미국 프로농구NBA의 플레이오프 기간에 ESPN의 토크쇼 진행자 스테판 A. 스미스Stephen A. Smith는 이런 말을 했다. "만일 이 시리즈에서 워리어스의 스테판 커리가 레이커스의 르브론 제임스를 꺾고 다섯 번째 NBA 타이틀을 차지한다면, 우리는 러시모어산에서 르브론 제임스의 얼굴을 파내고 대신 스테판 커리의 얼굴을 새겨 넣어야 할 겁니다."[3]

이 메시지가 너무도 강렬하다 보니 레이커스의 구단주 지니 버스Jeanie Buss가 혹시라도 스미스에게 방송에서 그렇게 말해 달라고 부탁하지 않았나 궁금할 정도였다. 물론 지니가 정말 그렇게 부탁했을 리도 없고 스미스 역시 다른 누군가를 위해 그렇게 말한 것은 아니었다.[4] 하지만 훌륭한 리더는 조직 구성원의 경쟁심에 불을 지피기 위해 그런 종류의 전략을 사용하는 경우가 종종 있다. 르브론 제임스와 레이커스가 이 시리즈에서 승리했을 때, 나는 MVP 트로피를 받을 사람은 자진해서 르브론 제임스의 적이 되어 그의 경쟁심을 불타오르게 한 스테판 A. 스미스라고 생각했다.

톰 브래디의 이야기를 계속하기 전에 당신의 적이 누군지 먼저 생각해 보라. 그리고 이 질문에 답해 보라. 그 적은 당신의 집 안에 있나, 아니면 바깥에 있나? 조직 내부의 사람인가, 외부의 사람인가? 그 차이는 대단히 크다.

내부의 적보다 외부의 적이 필요한 이유

군대의 훈련 교관이 신병들을 그토록 괴롭히는 이유를 아는가? 새로 입대한 병사들이 누군가를 미워하는 마음으로 똘똘 뭉칠 수 있기 때문이다. 말하자면 훈련 교관은 소대원들 외부의 적이 되어 그들에게 전시 상황의 절박한 심리를 불어넣는 역할을 한다. 그래야만 병사들은 내부적으로 아웅다웅 싸우는 대신 외부의 적에게 승리하는 데 집중할 수 있다.

나와 한편이 되어 싸워야 할 사람을 적으로 삼는 것은 대단히 잘 못된 일이다. 가령 많은 사람이 자신의 배우자를 적으로 꼽는다. 심지어 자기 아이들을 적이라고 생각하는 사람도 있다. 이런 사람들은 적을 현명하게 선택하지 못한 것이다. 집안에서 전쟁을 벌여서는 안 된다. 물론 내 두 아들도 서로를 향해 경쟁심을 드러내는 경우가 종종 있다. 그 때문에 나는 아이들과 뭔가 게임을 할 때면 항상 아들 둘이 같은 편이 되어 나를 상대하게 한다. 두 아이는 경쟁자가 아니라 아군이 되어 아빠에게 승리하기를 매우 좋아한다. 그 덕에 내 아들들은 같은 팀의 일원으로서 서로를 향해서가 아니라 서로를 위해서 에너지를 사용할 수 있다.

내 아들들 사이에도 자연스러운 라이벌 의식이 있을까? 물론이다. 나는 아이들이 서로를 향해 경쟁심을 분출하도록 부추길까? 그렇지는 않다. 마이클 조던의 아버지 제임스 조던James Jordan은 자신의 두 아들 마이클과 래리Larry를 키울 때 아이들에게 동기를 부여하기 위해 둘 사이에 경쟁심을 부추기는 전략을 사용했다. 물론 효과적인 방법일 수도 있었겠지만 내가 보기에 이런 전략을 사용하기 위해서는 미묘한 균형점을 찾아내는 노력이 필요하다. 약간의 경쟁심은 집안을 훈훈히 덥혀 주는 역할을 하지만, 지나친 경쟁은 집을 홀랑 태워 버릴 수도 있다. 내가 아이들을 경쟁시키기보다 결속시키는 방법을 선택한 이유는 우리 아들들의 능력을 최대치로 끌어낼 경쟁자들이 이미 집 바깥에 우글거리기 때문이다.

사이가 좋은 부부들은 때로 공동의 적을 두고 결속력을 강화하기도 한다. 이런 부부들은 늘 일에만 매달린다거나 일정이 빡빡하다고 서로에게 불평하는 소리는 들을 수 없다. 반대로 서로를 지원할 뿐 아니라 더 풍요로운 가족으로 성장하고 구성원의 관계도 돈독하게 유지하는 데 감정적 에너지를 활용하게 될 것이다.

외부의 적은 팀을 결속시키고, 내부의 적은 팀을 무너뜨린다.

이런 역동성은 조직 내부에서도 똑같이 작동한다. 나는 리더로서 조직 구성원 사이에 강력한 경쟁의 문화를 구축하는 길을 택했다. 실적이 첫 번째로 좋은 영업직원은 두 번째로 실적이 좋은 영업직원의 경쟁심을 자극할 수 있다. 임원들이 CEO에게 경쟁심을 느끼는 것과 비슷한 맥락이다. 순수한 도전 의식에서 나온 경쟁심은 건강하다.

하지만 직원들이 내부의 적을 만들도록 부추기는 기업 문화에서는 순수한 경쟁심이 발을 디딜 곳이 없다. 그런 조직에서는 구성원들이 서로를 험담하고, 정치 공작을 펴고, 잘못된 곳에 감정적 에너지를 쏟아붓기 일쑤다. 관리자들은 부하 직원의 재능을 상사에게 알리면 행여 본인의 기회를 빼앗길까 전전긍긍한다. 그런 사람들은 자신의 상사에 대해서도 등 뒤에서 공공연히 험담을 늘어놓기 마련이다.

어떤 사람들은 패트리어츠가 2019년 시즌을 망친 이유가 잘못된 적을 선택했기 때문이라고 지적한다. 벨리칙 감독이 브래디를 적으로 삼았고 그로 인해 쿼터백과 감독 사이가 극도로 나빠졌다는 것이다. 패트리어츠는 와일드카드 경기에서 테네시 타이탄스에 패배했다. 그들이 플레이오프 홈 게임에서 패한 것은 8년 만에 처음이었다.

브래디는 그 시즌을 돌이켜 보며 여러분이 앞으로 매년 수행하게 될 프로세스를 활용해서 향후 계획을 수립했다. 그는 미식축구 역사상 최고의 쿼터백으로 이미 확고히 자리를 굳힌 상태였지만 다음과 같은 네 종류의 적을 발견하기 위해서라면 굳이 먼 곳을 바라볼 필요도 없었다.

1. 브래디의 경력이 끝났다고 주장한 ESPN의 맥스 켈러맨처럼 자신을 미워하거나 그의 능력을 의심하는 사람.

2. 브래디에게 신뢰를 잃어버린 소속팀 감독 빌 벨리칙. 그는 브래디의 트레이너이자 가까운 친구 알렉스 구에레로Alex Guerrero가 팀 전용 비행기에 탑승하는 일을 금지했고, 경기가 있는 날에도 경기장의 사이드라인에 들어오지 못하게 막았다.[5]

3. 24세에 첫 번째 슈퍼볼을 들어 올린 패트릭 마홈스Patrick Mahomes. 많은 사람이 마홈스가 브래디를 뛰어넘는 스타가 되리라고 예상했다.

4. NBA 챔피언 타이틀을 여섯 번 차지하고 모든 스포츠를 통틀어 역사상 최고의 선수로 자리매김한 마이클 조던.

이 적들은 브래디에게서 강력한 감정적 에너지를 끌어냈고 그가 모든 것을 바닥에서부터 다시 시작할 수 있는 연료를 공급했다. '적 선택하기'라는 첫 번째 성공 블록이 이미 채워진 상태에서 브래디는 나머지 열한 개 블록을 차근차근 쌓아 올리기 시작했다.

첫째, 그는 탬파베이 버커니어스라는 새로운 팀으로 이적했다. 브래디는 팀을 옮김으로써 패트리어츠에 슈퍼볼을 여섯 번이나 선사한 가장 큰 공헌자가 벨리칙이 아니라 자신이라는 사실을 입증할 수 있게 됐다. 팀 이적을 완료한 뒤에는 문화를 창조하고, 기술을 개선하고, 사명을 재정립하는 작업에 돌입했다.

그로부터 채 1년이 되지 않아 패트릭 마홈스가 소속된 캔자스시티 치프스는 제55회 슈퍼볼 결승전에 진출했다. 브래디가 마홈스를 적으로 고른 것이 훌륭한 선택이었음을 입증하는 순간이었다. 브래디 역시 적에게서 얻어낸 에너지를 십분 활용해 새로운 소속팀 버커니어스를 그 시즌의 최종전인 슈퍼볼 결승전에 진출시켰다.

누가 승리했을까?

자신의 적을 현명하게 선택한 톰 브래디였다.

이 장과 그 뒤에 이어지는 다섯 장에서는 감정과 논리를 결합해서 각 쌍의 성공 블록들을 채워 넣는 방법을 하나씩 소개할 예정이다. 이렇게 완성된 성공 블록들은 당신이 수립할 비즈니스 플랜의 근간을 형성하게 될 것이다.

당신의 첫 번째 성공 블록을 채울 만한 적을 아직 찾아내지 못했더라도 나머지 열한 개의 블록을 채워 넣을 수는 있다. 현재 진행 중인 비즈니스를 여러 각도로 찬찬히 생각해 보면 나름 적당한 계획을 세울 수 있을 것이다. 하지만 적이 제공하는 강렬한 에너지가 없다면 당신이 기대할 수 있는 최상의 시나리오는 그럭저럭 괜찮은 한 해를 보내고 그럭저럭 괜찮은 비즈니스를 유지하는 것뿐이다. 그건 대담한 소수의 일원이 되기를 원하는 사람이 추구할 만한 계획이 아니다. 당신의 내면을 좀 더 깊이 파고들어 마음에 불을 지펴 줄 적을 찾아내야 한다.

경쟁자와 적은 다르다. 경쟁자는 감정의 개입 없이도 쉽게 찾아낼 수 있다. 하지만 누가 당신을 진정으로 분노케 하는가? 당신이 절대 성공하지 못할 거라고 말한 사람은 누군가?

이 장에서는 열네 종류의 각기 다른 적을 살펴볼 예정이다. 본인의 마음속 불편한 곳을 기꺼이 들여다보는 사람은 자신을 움직이게 할 적이 누군지 금방 파악할 수 있다. 먼 훗날 당신은 이렇게 말할 것

2부. 열두 개의 성공 블록으로 숨겨져 있던 불꽃을 일으켜라

이다. "어떻게든 그 경쟁자를 꺾어야 한다는 의욕에 넘쳤던 때가 생각나는군" 또는 "그들이 내게 한 말을 취소시키기 위해 매일 아침 불타는 마음으로 침대에서 일어나곤 했지." 그런 격렬한 감정은 자리에 가만히 앉아 경쟁자보다 시장점유율이 높아지기를 기대하는 심리와 차원이 다르다.

적이 불러일으킨 감정적 에너지로 충만한 사람들은 이제 경쟁자들을 물리치고 시장에서 자신의 위치를 확고히 구축하기 위한 전략 수립에 초점을 맞춰야 한다. 그 시점에서 우리가 스스로 던져야 할 질문은 이렇다. 아직은 크게 위협적이지 않지만 눈여겨봐야 하는 경쟁자는 누군가? 어떻게 하면 경쟁자들을 완벽하게 압도해서 그들이 진정한 위협으로 떠오르는 일을 막을 수 있을까?

무엇이 당신의 발목을 잡는가

리더는 직원들의 마음을 움직이는 것이 무언지를 찾아낼 의무가 있다. 우리가 채용 후보자와 면접을 진행하거나 고객 앞에서 영업 프레젠테이션을 할 때 상대방에게 논리적인 질문을 던지면 늘 천편일률적이고 기계적인 답변이 돌아온다. 그 답변에는 그들에게 삶의 동력을 제공하는 대상이 무엇인지에 대한 단서가 전혀 없다. 나는 새로운 사람들을 만날 때면 항상 그들의 성장 과정, 마음의 상처, 후회하는 일, 공포 등을 묻는다. 또 어렸을 때 어떤 꿈을 꿨고 그중 지금까지 변하지 않는 목표가 있는지 질문한다. 나는 무엇이 그들의 마음을 움직이는

지 알고 싶다. 그래야 그들과 함께 적을 찾아낼 수 있기 때문이다.

내가 만일 독자 여러분을 만나 직접 이야기를 나눈다 해도 똑같은 질문을 던질 것이다. 내가 들려주는 모든 이야기의 목적은 당신의 삶에 동력을 제공할 대상을 찾아내는 작업을 돕는 데 있다. 나는 당신이 아침마다 침대에서 벌떡 일어나는 이유를 기억하기를 바라고, 당신이 수행하는 모든 일 뒤에 놓인 목적의식을 떠올리며 하루하루 의미 있는 삶을 이어 가기를 희망한다.

즉, 올바른 적은 곧 끊임없는 추진력을 의미한다.

당신의 적은 꼭 사람이 아니어도 상관없다. 정부 기관, 종교적 박해, 검열 같은 대상도 적이 될 수 있다. 또 당신과 당신 고객의 성공을 가로막는 모든 장애물을 적으로 봐도 좋다. 인공지능AI 기술 전문가 알렉스 뱅크스Alex Banks는 트위터에 "당신의 다음번 프레젠테이션을 도와줄 간단한 스토리텔링 요령 열 가지"[6]를 올렸는데 그 열 가지 중에 첫 번째 단계가 '적 찾아내기'라는 사실은 별로 놀랍지 않다.

뱅크스는 트위터에 이렇게 썼다. "머스크는 항상 이렇게 말하며 프레젠테이션을 시작한다. '이것이 오늘날 우리가 처한 상황입니다. (…) 정말 엉망진창이죠!' 먼저 고객의 행복을 가로막는 것이 무엇인지 밝히면서 발표를 시작하라. 그렇다고 다스 베이더나 사악한 마녀 같은 무시무시한 적을 언급하라는 게 아니다. 예를 들어 머스크의 적은 화석 연료다." 나는 머스크가 어린 시절 자신을 괴롭혔던 비정한 아버지나 그의 아이디어를 의심했던 사람들에게서도 화석 연료와 똑같은 수준의 삶의 에너지를 얻어 냈을 거라고 믿는다. 머스크가 왜 걸핏하면 다른 사람들을 들먹이고 그들에게 시비를 거는 걸까? 자신의 세계에 끊임없이 적을 끌어들이기 위해서다.

사회적 약자들을 괴롭히는 고금리 대출업체, 유행병처럼 번지는 비만, 학생들에게 올바른 가치를 가르치지 못하는 공교육 시스템도 당신의 적으로 삼을 수 있다. 당신이 그 적들로부터 감정적 에너지를 얻어 내기만 한다면 누구도 막지 못할 만큼 불타는 열정을 지닌 사람으로 성장할 수 있을 것이다.

어떤 사람들은 내 말에 극적인 요소가 지나치다고 생각할 수도 있다. 다시 말해 누군가의 귀에는 이 모든 것이 너무 감정적인 언어처럼 들릴지도 모른다. 하지만 최고의 성공을 달성하는 일은 생각보다 훨씬 어렵다. 나는 이란에서 전쟁을 겪었고, 군대에서 복무했으며, 경제적 위기에 빠져 파산 직전까지 가기도 했다. 내 생각에 나는 회복력이 꽤 강한 사람 중 하나다. 그런데도 삶과 비즈니스를 계속 이어 갈 수 있을지 확신하지 못했던 최악의 순간을 수없이 경험했다. 내 마음에 추진력을 제공하는 적들이 없었더라면, 나는 그토록 어려운 시기를 견뎌 낼 힘을 얻지 못했을 것이다.

적이 없는 사람은 없다

이쯤 이야기했으면 여러분 중 일부는 적을 향해 화살을 날릴 준비를 마쳤을 수도 있겠지만, 어떤 사람들은 여전히 자신에게 적이 없다고 주장할지도 모른다. 개중에는 자기가 가족이나 조직을 '위해' 일할 뿐이며 누군가에게 '맞설' 목적으로 일하지 않는다고 말하는 사람도 있을지 모른다. 비록 그런 상황이 당신과 당신 조직의 현실이라 하더라도 본인의 마음속 깊은 곳을 들여다보고 어떻게든 적을 찾아내야 한다. 나는 자신의 내면에서 구체적인 적을 찾아내 이를 극복할 필요성을 개발하는 일이 수동적인 자세로 승리를 원하는 것보다 훨씬 강력한 효과를 발휘한다는 사실을 수많은 경험을 통해 확인했다.

스포츠에서는 적이 누군지 알아내기가 매우 쉽다. 당신의 팀이 챔피언 타이틀에 도전하거나 브래디의 경우처럼 '역사상 최고의 선수'로서 후세에 길이 이름을 남기려면 어떤 적에게 승리해야 하는지 금방 알 수 있다. 이 적들은 당신에게 끊임없이 삶의 동기를 부여하는 역할을 할 것이다. 영화에서도 악당이 누군지가 분명히 드러난다. 주인공의 영웅적인 여정은 그 적을 무찌를 때까지 끝나지 않는다. 하지만 한 개인의 삶이나 비즈니스에서는 적을 찾아내기가 그렇게 쉽지 않다. 당신이 적의 정체를 끝까지 파악하고 상대를 극복하기 위해 노력해야 하는 이유가 여기에 있다.

답은 의외로 간단하다. 적이 불러일으킨 감정의 크기로 적의 크기를 판단하라.

더 많은 감정을 유발하는 적일수록 성공에 더 많은 연료를 공급한다. 순위표의 맨 위에 자리 잡은 적들은 당신에게서 더 강한 집중력, 더 큰 노력, 더 높은 수준의 긴박감을 불러일으킨다. 그들은 당신이 세상 사람들 앞에서 본인의 능력을 증명해야 하는 이유를 제공한다.

이를 설명하는 좋은 사례를 하나 들려주겠다. 언젠가 내가 살 집을 구하기 위해 플로리다 남부 지역의 부동산 에이전트 한 사람을 찾아가 이야기를 나눈 적이 있다. 그 여성은 차분하고, 매력적이고, 직

2부. 열두 개의 성공 블록으로 숨겨져 있던 불꽃을 일으켜라

업의식이 투철한 전문가였다. 자기가 활동 중인 업계에서 세 번째로 성공적인 에이전트로 연간 수입이 수백만 달러에 달한다는 사실도 전혀 놀랍지 않았다. 그 에이전트가 업계에서 세 번째 위치를 차지하고 있다는 사실을 알게 된 뒤에 내가 그녀에게 뭐라고 물었을지 맞춰 보라. 여러분이 추측한 대로 나는 그녀를 만났을 때 업계에서 첫 번째를 달리는 에이전트를 보면 어떤 느낌이 드는지 질문했다. "그 사람을 이기고 싶은 마음이 얼마나 강한가요?"

그녀의 얼굴이 붉게 물들었다. 눈빛만 봐도 마음속에 타오르는 에너지를 느낄 수 있었다. "죄송하지만 좀 과격한 표현을 쓸게요. 그를 죽이고 싶죠!"

동부 유럽의 가난한 지방에서 태어나 10대의 나이에 미국으로 이주한 그녀는 친절과 겸손을 바탕으로 고객을 대하는 사람이었다. 반면 그녀의 적은 그 지역에서 유명한 집안 출신에 인맥을 바탕으로 거래를 손쉽게 따냈다. 나도 그 사람을 만날 기회가 있었는데, 눈빛과 걸음걸이만 봐도 그가 얼마나 오만하고 거들먹거리는 사람인지 알 수 있었다. 사람을 만나면 자신의 고객이 될 만한 사람인지 훑어보고 그렇지 않다면 깔보는 기색이 드러나는 사람이었다. 그녀 역시 그 사람에게서 그런 느낌을 받았고 억울한 감정을 느꼈을 것이다.

당신 주위에도 그런 사람이 있다면 100점짜리 적이 될 수 있다. 그 에이전트 역시 적을 꺾어야 한다는 마음으로 매일 새벽 다섯 시에 침대를 박차고 일어날 수 있었다. 훌륭한 적은 우리가 부끄러움과 결핍감의 고통에서 벗어나 승리를 거머쥘 이유를 제공한다. 당신도 삶과 비즈니스에서 그런 적을 선택했는가?

적이 누군지 파악했다면, 다음 세 가지 질문을 스스로 던져 보라.

1. 그 적에게 승리하고 싶은 이유가 무엇인가?
2. 그 적에게 승리했을 때 어떤 기분이 들 것인가?
3. 그 적에게 승리했을 때 자신에게 어떤 상을 줄 것인가?

적을 제대로 찾아내는 방법

아직도 적을 찾는 중인가? 누가 당신의 적인지 한 번 더 알고 싶다면 당신을 미워하거나 의심하는 사람, 당신의 부탁을 매몰차게 거절한 사람, 당신을 우습게 여기는 사람, 당신에 대한 비방을 일삼고 말도 안 되는 루머를 퍼트리는 사람이 있는지 생각해 보라. 당신을 초라하게 만든 사람이나 그룹의 일원으로 여기지 않는 사람들도 당신에게 삶의 동기를 부여할 수 있다. 고등학교 시절 생활지도 선생님이 "너는 훗날 깡패나 사기꾼 같은 패배자밖에 될 수 없을 거야"라고 말해서 억울한 느낌이 들었나? 그렇게 생각만 많고 우유부단하다면 새로운 일에 도전하지 못하고 결국 도태될 거라고 경고한 상사가 있었나? 그런 사람들이 한 말은 당신의 심장에 불을 붙이는 도화선이 될 수 있다. 마음속 깊은 곳에서 가장 뼈아픈 불안감을 건드렸기 때문이다.

당신에게 가장 뼈아픈 불안감은 무엇인가? 불안감은 어떤 일이 현실로 이루어질지 모른다고 두려워하는 마음이다.

내가 "반드시 현실이 될 것이다"라고 말하지 않고 "현실로 이루어질지 몰라 두렵다"라는 표현을 썼다는 사실에 주목하라. 당신은 지금까지 해 왔던 것처럼 망설이며 우유부단한 태도로 살고 싶지 않다. 자신의 단점을 극복하기 위해 더 노력할 생각이다. 그러나 마음 깊은 곳에서는 도전이 너무 두려워서 그냥 지금처럼 살고 싶고, 그러다가 도태될지도 모른다는 두려움이 있다. 혹은 자신을 패배자라고 규정하지는 않지만 미래에 외톨이가 될 수도 있다는 공포를 느낄 수는 있다.

성공의 사다리를 한창 오르고 있는 사람은 굳이 적을 찾아내려 애쓸 필요가 없다. 하지만 사다리의 맨 꼭대기(회사, 지역, 국가에서 최고의 위치)에 도달한 뒤에는 새롭게 도전할 목표를 설정해야 한다. 조직 내에서 뛰어난 실적을 달성한 사람은 어쩔 수 없이 회사 바깥에서 경쟁자를 찾아야만 하는 상황에 놓인다.

예전에 쉬나 새폴라Sheena Sapaula라는 여성의 멘토 역할을 해 준 적이 있다. 쉬나와 그녀의 남편 매트Matt는 내가 설립한 금융 서비스 회사에서 가장 높은 소득을 올리던 최우수 에이전트였다. 톰 브래디가 그랬던 것처럼 쉬나 역시 회사 내에서 다른 경쟁자를 찾기가 어려웠다. 그래서 업계 전체에서 가장 뛰어난 실적을 올리던 어떤 사람을 적으로 선택하기로 했다.

쉬나가 그 사람을 '미워하는' 데서 감정적 에너지를 얻지는 않았다. 내 생각에는 톰 브래디가 마이클 조던을 생각하듯 먼발치에서 그 경쟁자를 존경의 눈으로 바라보고 그를 연구함으로써 자신을 더욱 개선할 방안을 찾았던 것 같다. 하지만 누가 그녀의 심장에 불을 지폈는지 아는가? 바로 쉬나가 절대 그 사람을 능가할 수 없을 거라고 뒤에서 입방아를 찧던 사람들이었다. 그녀는 그 경쟁자를 이기는 데 모든 역량을 집중함으로써 자신의 능력을 의심하는 사람들의 잘못된 생각을 입증하고 싶은 열정을 느꼈다. 쉬나는 사람들 앞에서 그런 경쟁자쯤이야 쉽게 꺾을 수 있다고 일부러 큰소리치고 다녔다. 사람들이 그녀의 말을 두고 수군거린 것은 당연한 일이었다. 그것이 쉬나가 자신의 적을 찾아내는 방법이었다.

쉬나와 매트는 한때 회사 내에서 1등의 자리를 놓친 적이 있었다. 그 사건은 경쟁자에게서 한순간도 눈을 떼지 말아야 함과 동시에 현재 하는 일에도 늘 주의를 기울여야 한다는 교훈을 두 사람에게 안겨 주었다. 좋은 소식은 쉬나가 그 일을 계기로 예전보다 한층 더 큰 동기부여를 얻게 됐다는 것이다. 요즘 그녀는 회사 내에서 최고의 위치를 되찾기 위해 전력을 기울이는 한편 업계의 선두 자리라는 더 높은 목표를 향해 손을 뻗고 있다.

적은 로켓을 움직이는 연료 같은 존재다. 따라서 당신은 적이 누군지 알아내기 위해 늘 창의적인 방법을 생각해야 한다. 가령 개인적인 적을 찾아낸 뒤에도 회사 차원의 적을 별도로 파악하기 위해 노력할 필요가 있다. 직원들의 감정을 자극해서 그들을 업무에 몰입하게 할 개인이나 회사를 찾아낸다면 조직의 성장에 강력한 기폭제로 삼을 수 있을 것이다. 예를 들어 내가 운영 중인 밸류테인먼트에서 근무하는 직원들은 주류 언론사들을 경쟁자로 보지 않는다. "우리는 유튜브를 기반으로 하는 비주류 언론이니 CNN 같은 주류 언론사를 경쟁자로 삼자!"라는 식으로 생각하지 않는다는 뜻이다. 우리의 적은 언론의 자유를 방해하는 모든 사람들이다. 덕분에 우리 직원들은 높은 수준의 충성도를 발휘한다.

2부. 열두 개의 성공 블록으로 숨겨져 있던 불꽃을 일으켜라

적을 찾아내기 위해서 과거의 기억을 되살릴 필요가 있다면 당신이 속한 업계에서 막강한 권력을 휘두르는 거인이나 당신의 제안서를 거절했던 회사를 생각해 보라. 족벌주의나 낙하산, 또는 그들의 무리에 속하지 못한 탓에 계약에 실패했던 사례를 기억해 보라.

《최강의 다이어트, 카보니어 코드》라는 책을 쓴 폴 살라디노Paul Saladino 박사는 자신의 전문 분야에 대해서도 많은 이야기를 들려주지만, 자기가 미워하는 대상을 향해서도 서슴없이 목소리를 낸다. 그는 자신의 웹사이트에 이런 글을 게시했다. "나는 주류 의학계가 늘어놓는 독단적인 서사에 매달리기보다는 인간에게 최적의 건강 상태를 선사하는 음식을 찾아내는 데 더 관심이 많다." 그리고 이런 말을 덧붙인다. "이 사이트에서는 쓰레기 같은 음식을 구별하는 법에 대한 지침을 제공한다." 살라디노 박사는 자신의 적이 누군지 선언하고, 대형 식품 기업들을 비난하고, 종자 기름처럼 인간의 몸에 해로운 재료를 사용해 돈을 쓸어 담는 회사들을 향해 분노를 터뜨린다. 그 적들의 존재는 살라디노 박사 본인뿐 아니라 대중의 심장에도 불을 지핀다. 그가 제작한 동영상은 어떤 음식이 몸에 좋은지 설명하는 것만으로도 시청자들에게 많은 정보를 전달하지만, 특히 그가 자신의 적들을 매섭게 비판하는 내용으로 수많은 사람들의 마음을 사로잡았다. 살라디노 박사와 다른 조언자들의 가장 큰 차이점은 사람들의 감정을 자극하는 능력이다.

조회 수를 늘리기 위한 미끼 전략이라고 불평하는 사람도 있겠지만, 대중의 관심을 끄는 데 가장 효과적인 방법의 하나는 적을 만들어 내는 것이다. 모든 이야기에는 악당이 필요하다. 그리고 그 옆에는 악당과 한바탕 승부를 겨룰 영웅이 있어야 한다. 2023년 4월 9일, 미국의 온라인 뉴스 매체 〈비즈니스 인사이더Business Insider〉에 실린 기사의 제목이 내 관심을 끈 이유도 그 때문이다. "챗GPT는 과연 인간의 일자리를 빼앗아 갈 것인가. 인공지능으로 인해 대체될 가능성이 가장 큰 열 가지 직업."[7]

단순히 챗GPT의 장점이나 단점만을 나열하는 이야기는 사람들을 흥분시키거나 분노를 불러일으키지 못한다. 하지만 그 기술이 나의 적, 특히 인류의 적일지도 모른다고 생각하는 순간 우리의 마음속에서는 이에 대해 더 많은 내용을 알고자 하는 호기심이 생겨난다. 챗GPT가 정말 인간의 일자리를 빼앗고 사업을 망하게 할 거라고 믿는 사람들은 인공지능과 경쟁하기 위해 하루속히 기술을 개발하고 능력치를 올려야 할 것이다.

지금까지 이야기한 내용을 토대로 누가 당신의 적이 될 수 있는지를 정리하면 다음과 같다.

당신의 적이 될 수 있는 것들

✳ **외부의 적**

1. 당신이 미워하는 사람

2. 당신의 발전을 가로막는 가족이나 친척

3. 당신을 조종하는 사람

4. 당신을 험담하는 사람

5. 말과 행동이 잘못 됐음을 입증해야 할 사람

6. 당신의 뒤통수를 치고 배신한 사람

7. 당신의 능력을 의심하는 사람

8. 당신을 포기한 사람

* **내면의 적**

9. 결핍감

10. 본인의 능력을 과소평가하는 사고방식

11. 당신의 에고

12. 적당한 만족감이나 평범함을 추구하는 태도

13. 성공을 두려워하는 마음가짐

* **당신을 승리자로 만들어 줄 가장 강력한 적**

14. 우월한 비전과 업적을 바탕으로 당신을 압도하는 사람

체스 챔피언은 대결 상대로 아마추어를 고르지 않는다

가장 강력한 적은 당신보다 우월한 비전과 업적을 바탕으로 당신을 압도하는 사람이다.

심장에서 가장 가까운 곳을 강타한 펀치가 가장 큰 충격을 주는 법이다. 앞서 이야기한 대로 크리스마스 파티에서 내 아버지가 모욕당한 일 이후로 나는 그중 아버지를 제일 심하게 모욕한 사람을 적으로 삼았다. 그 이유는 그가 만만한 사람이어서가 아니라 삶에서 크게

성공했고, 그의 자녀들도 뒤를 이어 성공적인 경력을 쌓고 있었기 때문이었다.

올바른 적은 올바른 행동을 불러온다. 그러나 적을 잘못 선택하면 아예 하지 않으니만 못한 결과를 불러올 수도 있다.

캐나다 출신의 대학교수이자 《12가지 인생의 법칙》을 쓴 조던 피터슨Jordan Peterson은 지나치게 약한 적을 선택하는 전략의 문제점을 이렇게 지적한다. "당신이 항상 승리할 수 있는 만만한 경쟁자만 선택한다면 결국 잘못된 경쟁자를 고르는 것이다."[8] 피터슨은 체스 그랜드마스터가 아마추어 선수와 경쟁하는 것이 얼마나 터무니없는 일이냐고 반문한다. "당신이 해야 할 일은 도저히 상대가 안 될 정도로 자신을 월등하게 능가하는 사람들에게 맞서 용감하게 게임을 벌이는 것이다."

짧은 사고 실험을 하나 해 보자. 당신이 직장 생활을 하며 가장 큰 어려움을 겪었던 시절로 시간을 되돌려 보는 것이다. 어느 날 당신은 오후 4시 59분에 퇴근하기 위해 사무실을 나서다가 회사에서 최고의 영업직원으로 꼽히는 동료 거스Gus와 문 앞에서 마주친다. 거스는 당신에게 이렇게 말한다. "성공의 맛보다 맥주의 맛이 더 좋은 모양이지. 패배자 같으니." 당신은 그의 말을 무시하고 애써 못 들은 척한다. 그렇지만 주차장에서 낡은 자동차의 시동이 걸리지 않는다는 사실을 알게 되는 순간, 알 수 없는 분노가 폭발하면서 거스를 죽이고 싶은 마음이 든다.

자신의 실패 때문이든 다른 사람이 한 말 때문이든 당신이 느끼는 수치심은 마음에 깊은 상처를 남긴다. 그때야말로 그 감정에 맞서

2부. 열두 개의 성공 블록으로 숨겨져 있던 불꽃을 일으켜라

싸울지 아니면 도피할지를 선택해야 하는 순간이다. 또는 신경을 딴데로 돌릴지, 자아를 개선할지 결정해야 하는 순간이다. 당신이 할 수 있는 일은 그 감정에 무감각해지거나, 아니면 이를 정면으로 상대하거나 둘 중 하나다. 당신이 '신중한 다수'의 한 사람이라면 그날 밤 술집에 모인 사람들에게 거스가 얼마나 재수 없는 인간인지 이야기하며 스스로 희생자인 양 행세할 것이다. 반면 대담한 소수의 일원이라면 거스를 적으로 선택해서 어떻게든 그를 뛰어넘기 위한 노력을 시작할 것이다.

그 순간 당신이 거스의 말을 취소시키기 위해 젖 먹던 힘까지 쏟아부어 할 수 있는 모든 일을 하겠다고 다짐한다면 분명 뭔가를 이뤄 낼 수 있다. 당신은 거스의 말을 듣자마자 자리로 돌아가 고객에게 150통이 넘는 전화를 돌리고 새벽 4시에 사무실을 떠난다. 마음속은 이미 경쟁심으로 활활 불타오르고 있다. 감정이 당신을 그렇게 움직였으니, 당신은 적을 제대로 선택한 것이다.

당신은 그런 마음가짐으로 게임을 지속한 덕에 오래 지나지 않아 거스를 앞지르고 그를 까마득히 앞서간다. 심지어 직접 회사를 설립해서 탁월한 실적을 올리기 시작한다.

그러던 어느 날, 당신이 소셜 미디어에 게시한 글에 거스가 댓글을 달면서 잘못된 정보를 퍼뜨린다. 예전에 거스가 했던 말로 인해 당신이 느꼈던 분노가 생각난다. 이제 당신은 그를 철저히 망가뜨리는 것이 자신의 사명이라고 생각한다.

이런, 당신은 잘못된 적을 선택했다.

당신이 지금까지 쌓아 온 눈부신 경력을 생각할 때 거스는 체스 그랜드마스터 매그너스 칼슨Magnus Carlsen에게 도전하는 아마추어 선수와 다를 바가 없다. 그는 당신의 시간을 쏟을 만한 가치 있는 도전자가 아니다. 그를 적으로 대하는 것은 오직 본인의 에고를 만족시키기 위한 행위일 뿐이다.

잘못된 적을 선택한 사람들의 사례는 수없이 많다.

당신이 특별히 아끼던 직원이 한 명 있다고 해 보자. 당신은 그에게 모든 기회를 주었다. 심지어 그 직원이 회사의 물건에 손을 댔을 때도 필요 이상으로 그를 관대하게 대하며 조용히 퇴사하도록 기회를 주었다. 그로부터 며칠 뒤, 직장 평가 사이트에 당신이 비열한 사람이라고 비난하는 후기가 올라온다.

당신도 사람이라 그 직원을 당장 응징하고 싶은 마음이 드는 것은 당연한 일이다. 하지만 그런 생각이 마음속에 '오랫동안' 머문다면 당신은 적을 잘못 선택한 것이다. 그 사람의 부정적인 후기를 취소시키기 위해 뭔가를 시도할 수도 있겠지만, 그렇게 쓸데없는 일에 집착하느라 다른 중대한 일을 방해받고 있다면 그것은 문제다. 그는 당신의 적이 될 정도로 가치 있는 사람이 아니다.

내가 워크숍에서 만난 파블로는 회사가 정체기를 맞아 위기를 겪고 있었다. 불필요한 간접 비용이 늘어나 그해에는 전년 대비 거의 수익을 내지 못했다. 그에게 당신의 적이 누구냐고 물었더니 뜻밖에 자신의 사돈을 꼽았다. 알고 보니 어린 시절 자신을 괴롭혔던 사람의 아들을 사위로 맞으며 가족이 되었는데, 아이들의 결혼을 계기로 관계를 개선시키려고 하는 게 아니라 여전히 파블로를 괴롭히고 성가시게 굴었다. 끼니도 겨우 해결할 만큼 형편이 어려운 그가 그렇게 행동하는 이유는 파블로에 대한 질투심 때문이라는 사실은 누가 봐도 뻔했다. 그 친구가 신경을 거슬리게 하자 파블로는 어린 시절의 트라우마가 되살아났고 이는 비즈니스에도 영향을 미쳤다. 그로 인해 일과 삶에 모두 연쇄적인 반응이 일어났다. 파블로는 좀 더 가치 있는 적에게 에너지를 집중하지 못하고 해로운 대상에 집착하면서 평정심을 잃었다.

파블로의 실수는 잘못된 적을 선택한 데 있었다. 자신에게 이미 패배한 사람과 싸움을 벌이기 시작한 것이다. 본인의 삶에 별로 중요하지 않은 경쟁자에게 복수심을 품는 것은 아무런 이득이 없는 일이다. 더 크고 강한 적으로 상대를 바꾸기 위해서는 에너지를 쏟을 가치가 없는 적을 과감히 무시해 버릴 필요가 있다. 이미 무너뜨린 적에게 집착하면 다음번에 만날 거대한 용 앞에서 칼을 휘두르지 못한다.

파블로는 다시 정신을 차리고 자신의 시장점유율을 잠식하고 기술도 훨씬 뛰어난 지역의 경쟁자들을 새로운 적으로 선택하면서, 앞으로 어느 곳에 노력을 쏟아야 할지 정확히 알게 됐다. 어린 시절 친구와의 관계로 괴로워하는 대신 거리를 두고 다시 일에 집중하게 된 것이다.

당신이 성공하는 순간 수많은 사람이 당신을 향해 총부리를 돌린다. 내가 무일푼의 상태에서 처음 회사를 설립했을 때는 모든 사람이 나를 돕고 지지해 주었다. 그러다 사업이 조금씩 성장하자 그때까지 나를 응원해 준 지지자 중에 적대적인 행보를 취하는 사람이 조금씩 늘어나기 시작했다. 어떤 사람들은 내 평판을 망가뜨릴 목적으로 거짓말까지 퍼뜨리며 비겁한 행동을 일삼았다. 하지만 나는 성공을 위해서라면 그런 일쯤이야 어쩔 수 없이 치러야 하는 대가라고 생각한다.

구글이나 옐프 같은 사이트에도 당신에 대한 부정적 평가가 올라올 수 있다. 심지어 당신이 아무 잘못을 하지 않았는데도 거래개선협회Better Business Bureau 같은 소비자보호단체에 당신을 신고하는 사람도 있을 것이다. 당신 탓에 직장을 잃었다고 허위로 신고해서 실업수당을 받아 챙기는 사람도 있을지 모른다. 그들의 공통점은 무엇인가? 오로지 당신의 과거 속에 머물러 있는 사람들이라는 것이다. 그들은 '적'이라는 표현조차 쓰기 아까운 성가신 존재에 불과하다.

에너지를 빼앗아 가는 적을 고르지 말고, 에너지를 공급하는 적을 택하라.

적으로 삼을 가치가 없는 대상 다섯 가지

1. 업계에서 당신보다 뒤처지는 회사

2. 사업 또는 경력에서 당신의 수준에 미치지 못하는 사람들

3. 당신의 성공을 질투해서 험담을 늘어놓는 사람들

4. 당신에게 싸움을 걸고 최악의 모습을 유도하기 위해 애쓰는 사람들

5. 자신이 희생자라는 피해의식에 사로잡힌 사람들

누가 나의 경쟁자인가

어떤 사람을 적으로 선택해야 하는지 또는 선택하지 말아야 하는지 알게 됐다면, 이제는 적에서 경쟁자로 초점을 바꿔 논리 블록을 채워 볼 차례다. 만일 코카콜라가 오직 펩시콜라와 닥터 페퍼만을 경쟁자로 생각한다면 그 말은 이 회사의 리더들이 너무 편협한 사고방식에 사로잡혀 있다는 뜻이다. 코카콜라는 무無알코올 음료업계에서 활동하는 기업이니만큼 이 분야에서 위협이 될 만한 세력은 빠짐없이 살펴봐야 한다. 50년 전만 해도 단백질 음료, 병에 담긴 생수, 에너지 드링크 같은 제품들은 음료 시장에서 거의 주목받지 못했다. 하지만 요즘은 이런 범주의 제품들이 시장에서 큰 몫을 차지하는 추세다.

특정한 시대적 아이디어도 위협으로 작용할 수 있다. 당뇨병에 대한 교육이 확대되고 이 병을 방지해야 한다는 의식이 퍼져 나가는 현상도 소프트드링크업계를 위협하는 요소 중 하나다. 지방자치단체에서 주민들에게 더 품질 좋은 물을 공급하고 이를 적절하게 홍보함으로써 소비자들이 수돗물에 대해 신뢰감을 쌓으면 생수의 판매가 줄어들 수도 있다. 위협과 경쟁은 떼려야 뗄 수 없는 관계다. 코카콜라는 경쟁자를 바라보는 시각을 펩시콜라와 닥터 페퍼를 넘어 대대적으로 확대해야 한다.

당신에게 경쟁자가 없다고 말하지 말라. 그렇게 말하는 사람은 고객들의 문제를 어떻게 해결해야 할지 전혀 생각하지 않는다는 뜻이다. 당신이 로스앤젤레스와 라스베이거스 사이를 오가는 유일무이한 파티 버스party bus(주로 위락 시설이나 관광지 사이를 운행하면서 각종 오락 장비를 갖추고 승객들에게 즐거움을 제공하는 버스-옮긴이) 회사를 설립했다고 해 보자. 당신은 먼저 수익성 측면에서 그 사업을 지속하는 일이 과연 가능할지 판단해야 하고, 다음으로 비행기와 자동차를 모두 당신의 경쟁자로 삼아 전략을 세워야 한다. 경쟁자의 범위를 넓게 확장하면 서비스를 차별화할 방법을 찾아낼 수 있을 것이다.

당신이 할 일은 먼저 소비자들의 고충을 파악하고, 자신을 그 고충을 해결해 주는 사람으로 스스로 자리매김하는 것이다. 그래서 당신의 파티 버스 광고 문구는 아래처럼 경쟁자들을 물리칠 전략을 반영한 것이어야 한다.

"공항에서 겪어야 하는 번거로운 보안 검색, 비행기 연착, 수하물 제한 때문에 불편하셨죠? 우리 회사는 무선 인터넷, 고급 텔레비전, 맛있는 음료 등을 제공하는 최고급 버스를 운행합니다. 이 버스를 이용하는 가격은 자동차에 기름을 한 번 채우는 비용보다 저렴합니다. 게다가 목적지까지 힘들여 운전하지 않으셔도 됩니다. 여러분이 버스에 오르자마자 파티가 시작됩니다. 여행에 필요한 모든 짐을 빠짐없이 챙겨 가실 수 있고, 라스베이거스까지 즐겁고 경제적인 여정을 즐기실 수 있습니다."

일론 머스크는 파티 버스보다 한술 더 뜨는 원대한 전략을 이미 실행에 옮겼다. 그가 설립한 보링 컴퍼니Boring Company는 라스베이거스의 컨벤션 센터와 주요 카지노들을 연결하는 지하 운송 시스템을 구축했다. 그의 궁극적인 계획은 라스베이거스에서 로스앤젤레스까지 이 노선을 확장하는 것이다. 그 사업 준비가 완료됐을 때 이 회사의 경쟁자는 항공사들이 될 것이므로 그는 자신이 제공하는 서비스의 가격을 항공료에 맞춰 적정하게 책정할 필요가 있다. 또 각종 규제 기관과 그의 사업에 반대하는 모든 사람도 머스크의 경쟁자다. 가령 이 운송 수단에 대항하기 위해 정치가들에게 로비하는 정유 회사들도 눈에 띄지 않는 조용한 경쟁자가 될 수 있을 것이다.

주위의 담보대출 중개인들에게 당신의 가장 큰 위협 요소가 무엇인지 물어보라. 그의 최대 경쟁자는 같은 업계에서 일하는 회사들이나 온라인 중개업체가 아니라 치솟는 금리다. 주택을 건설하는 건축업체들도 금리의 영향을 크게 받는다. 게다가 그들은 공급망이라는 또 다른 위협 요소를 상대해야 한다. 만일 주택 건설업체가 지역의 공급업체들을 적절히 활용해서 공급망을 능률화한다면 경쟁자들보다 한발 앞서갈 수 있을 것이다.

사립 중고등학교를 운영하는 사람이 다른 사립학교들만을 경쟁자라고 생각한다면 관점이 지나치게 좁은 것이다. 홈스쿨, 온라인 학습, 경기 침체 같은 사회적 현상도 경쟁 대상이 아닐까? 요즘에는 챗GPT 같은 대화형 인공지능들도 정보를 손쉽게 얻을 수 있는 도구를 제공하면서 교육 사업에 지각변동을 일으키고 있다.

비슷한 맥락에서 사립대학교의 경쟁자는 다른 사립대나 등록금이 저렴한 공립대학교뿐만이 아니다. 학자금 대출 정책의 변화나 경기 침체도 경쟁자가 될 수 있으며, 특히 사람들이 교육을 바라보는 관점의 변화도 중요한 경쟁 요소로 작용할 수 있다. 성공적인 경력을 쌓는 데 대학교 졸업장이 꼭 필요하다는 사회적 인식이 바뀌는 순간 사립대가 내세우는 가치 제안은 무너질 수밖에 없다.

경쟁자를 바라보는 시각을 폭넓게 확대하라는 말은 앞으로 잘못

될 가능성이 있는 상황들을 머릿속으로 상상하며 일일이 스트레스를 받으라는 게 아니라 경쟁자가 당신을 어떻게 공략할지, 그들이 당신의 비즈니스 모델을 어떻게 무너뜨릴지 주의 깊게 관찰하고 연구하라는 뜻이다. 이를 파악한 뒤에는 경쟁자들과 차별화할 수 있는 핵심 역량을 개발해서 고객의 욕구를 만족시켜야 한다. 최고의 대학교들은 이미 온라인 교육을 위협 요소로 간주하기 시작했다. 하지만 이들이 자체적인 온라인 교육과정과 학위 수여 정책을 개발하는 순간 이 사업을 추가적인 매출원으로 삼을 수도 있을 것이다.

경쟁자의 정보를 확보하기 위한 탐정이 돼라

경쟁자들에 관한 정보를 효과적으로 확보하는 능력을 쌓으면 위험 요소를 줄이고 수익을 증가시키는 방향으로 의사 결정을 개선할 수 있다. 당신이 회사의 소유주나 사내 기업가로서 조직의 수명을 증가시키기 위해 반드시 해야 할 일은 경쟁자를 제대로 파악하는 것이다. 물론 시장조사 기업이나 컨설턴트를 고용해서 경쟁자 정보를 얻어낼 수도 있겠지만 당신 스스로 경쟁자를 조사하는 것이 가장 좋은 방법이다.

20대 초반 시절에 발리 토탈 피트니스Bally Total Fitness라는 헬스클럽의 회원권을 판매하는 영업직원으로 잠시 일한 적이 있다. 나는 우리 회사의 경쟁자들이 어떤 멘트나 대본을 사용해서 고객들을 상대로 영업하는지 궁금했다. 그래서 LA 피트니스LA Fitness나 24시 피트니스24 Hour Fitness 같은 경쟁 헬스클럽에 전화를 걸어 상담을 원하는 고객인 척 가장하고 그들의 영업 멘트를 일일이 받아 적었다. 또 내가 아는 범위 내에서 그들의 제안에 최대한 반론을 제기하고, 그들이 잠재 고객의 질문이나 반대 의견에 어떻게 대응하는지 알아낸 뒤에 내가 작성한 영업 대본에 반영했다.

경쟁자들에 대해 알고 싶은 것을 모두 알게 되자 이제는 우리 회사의 영업 방법을 알고 싶어졌다. 그때부터 발리 토탈 피트니스의 여러 지점에 전화를 돌리기 시작했다. 사실 마케팅 회사들이 돈을 버는 방법이 바로 이런 활동 덕분이다. 하지만 당사자만큼 상세하고 주의 깊게 조사에 임하는 회사는 별로 없으니 당신이 직접 경쟁사를 조사하는 편이 가장 바람직하다. 나는 발리 피트니스의 다른 영업직원들이 어떤 대본을 사용해서 고객을 유도하는지 알아낸 다음 경쟁사에 전화를 걸어 이렇게 말했다. "제 여자 친구가 자꾸 발리 토탈 피트니스에 가입하자고 권하네요. 이 지역에서 제일 좋은 헬스클럽이라더군요."

그 질문은 경쟁자가 고객들 앞에서 우리 회사에 대해 어떤 식으로 이야기하며 영업하는지 알아낼 수 있는 완벽한 도구였다. 경쟁사의 영업직원들은 내 귀에 대고 발리의 온갖 단점을 늘어놓기 시작했다. "그곳에서는 반드시 계약서를 작성해야 합니다. 고객 중에는 계약을 해지하려고 소송을 거는 분들도 있어요. 게다가 운동 장비도 낡았고, 농구장도 없습니다. 우리보다 영업시간도 짧아요."

나는 다시 반박했다. "그건 그렇죠. 하지만 거긴 한증탕도 있고 거품 욕조도 있잖아요. 그리고 여자 친구 말로는 우수한 개인 트레이너들도 있다고 하네요."

이렇게 말한 뒤에 다시 입을 닫고 상대방이 대꾸하는 말에 귀를 기울였다. 그들은 다른 고객들을 상대로 말하는 것처럼 발리의 모든 단점을 줄줄이 읊어댔다.

그래서 어떻게 됐을까?

내가 잠재 고객들과 마주 앉아 영업을 시작했을 때는 경쟁자들에 비해 이미 다섯 걸음 이상 앞서 있는 상태였다. 고객에게 이런 식으로 말하는 일이 가능해졌기 때문이다. "아마도 24시 피트니스의 영업직원들은 손님께 이러저러한 이야기를 했을 겁니다." 그러면 상대방은 놀란 눈으로 나를 쳐다보며 그들이 정말로 그렇게 말했다고 털어놨다. 나는 경쟁자들의 영업 방식을 이미 알고 있었으므로 그들을 상대로 우리 헬스클럽의 회원권을 고객에게 판매하는 방법을 미리 연습한 셈이었다.

앞서 소개한 영화 〈에어〉에서는 소니 바카로가 마이클 조던의 어머니 들로리스에게 컨버스와 아디다스가 제안 설명회에서 어떤 말을 할 거라고 정확하게 알려 주는 장면이 나온다. 심지어 바카로는 발표자에게 어떤 질문을 던져야 두 회사의 약점을 파악할 수 있는지 들로리스에게 귀띔하기도 한다. 컨버스와 아디다스의 제안 설명회가 바카로의 예측대로 흘러가자, 그는 조던과의 계약에서 매우 유리한 위치를 점하게 된다. 이런 수준의 경쟁력을 확보하려면 거의 광적일 정도로 경쟁자를 연구해야 한다.

요즘에는 소셜 미디어만 검색해도 경쟁자를 쉽게 조사할 수 있다. 그 회사의 링크드인 페이지, 페이스북 페이지, 홈페이지 등에 접속해 보라. 가격뿐 아니라 제품이나 서비스의 내용도 온라인에서 간단하게 확인이 가능하다. 이런 작업조차 게을리한다면 승리의 수단을 스스로 포기하는 것과 다를 바가 없다.

경쟁자의 힘이 강할수록 더 많은 조사가 필요하다. 또 이 시장에서 적이 어떤 식으로 활동하는지 파악하는 일도 소홀히 해서는 안 된다. 적들에게 더 많은 공포와 경외감을 느낄수록 그들을 연구하고 조사하는 데 더 집중적인 노력을 쏟아야 한다. 당신이 조만간 텔레비전으로 스포츠 경기를 함께 시청하며 술을 마시는 스포츠 바를 개업할 예정이라면 그 동네에서 영업 중인 모든 스포츠 바를 빠짐없이 방문해 볼 필요가 있다. 한 번씩만 방문할 게 아니라 다른 날 다른 시간대에 여러 차례 방문해서 그들에게 많은 질문을 던져야 한다. 웨이터나 바텐더에게 두둑이 팁을 찔러 주고 주로 어느 날 저녁에 손님이 뜸한지 물어보라. 각 업소가 특별히 내세울 만한 장점들을 관심 있게 지켜보라. 굵직굵직한 스포츠 경기가 없는 날에는 어떤 식으로 영업하는지 확인하라. 가능한 만큼 당신이 직접 경쟁자들을 분석하고 예산이 허락한다면 시장조사 기관에도 조사를 의뢰하라.

나는 그동안 내가 거쳤던 모든 분야에서 이런 조사 업무를 직접 수행했다. 2001년 모건 스탠리Morgan Stanley와 계약을 맺고 그 회사의 금융 상품을 판매하기 시작했을 때, 스미스 바니Smith Barney나 TD 워터하우스TD Waterhouse 같은 경쟁사에 전화를 걸어 그럴듯한 이야기를 꾸며 댔다. 무슨 말을 하면 그들 눈에 내가 완벽한 잠재 투자자로 보일지 잘 알고 있었으므로 최근에 친척에게 돈을 상속받은 사람처럼 행세했다. "당신 회사의 차별점은 뭔가요? 당신 회사를 믿고 우리 이

모가 평생 힘들게 모은 돈을 맡겨야 할 이유가 뭐죠?" 그리고 잠자코 귀를 기울이며 상대방의 답변을 종이에 옮겨 적었다. "동생의 친구가 모건 스탠리에서 근무하는데 내가 자기 회사를 선택해야 한다고 하더군요."

상대방은 내 말에 다시 대답했고, 나는 그 말을 받아쓰기 시작했다. 나는 그 회사들이 우리를 경쟁자로 삼아 어떻게 고객 영업을 진행하는지 알고 싶었다. 그래서 어떻게 됐을까? 마치 탐정 활동을 방불케 하는 내 조사 덕분에 그 회사들은 나보다 높은 실적을 올린 적이 한 번도 없었다.

경쟁자에 대한 핵심 질문

1. 당신의 직접 경쟁자는 누군가?

2. 당신의 간접 경쟁자는 누군가?

3. 지금 당장은 눈에 띄지 않아도 주의 깊게 지켜봐야 할 경쟁자는 누군가?

4. 당신이 과소평가하는 경쟁자가 있나? 남들에게 가장 많이 과소평가당하는 사람은 주로 가장 경험이 부족한 사람이다. 그런 사람들은 잃을 게 없다.

5. 당신의 경쟁자가 가장 강한 분야는 어디인가? 그들이 잠식하리라고 예상하는 당신의 시장은 어디인가?

6. 당신의 경쟁자가 가장 약한 분야는 어디인가? 당신이 공략할 수 있는 그들의 시장은 어디인가?

7. 당신이 인수 합병할 수 있는 경쟁자가 있나? 가장 낮은 기업 가치로 그 회사를 인수하려면, 즉 그들의 약점을 공략해서 인수 가격을 낮추려면 어떤

전략을 세워야 하나?

8. 당신 회사를 인수 합병할 만한 적임자가 있나? 가장 높은 기업 가치를 인정받기 위해서는 어떤 전략을 세워야 하는가?

경쟁자를 파악한 뒤에는 그들에게 승리할 전략을 구상해야 한다. 당신이 파악할 수 있는 경쟁자의 목록을 최대한 폭넓게 작성하고 자신을 차별화할 방안을 생각해 보라. 내년을 준비하든 20년 뒤를 준비하든, 현재를 넘어 먼 곳을 바라보는 눈이 필요하다.

경쟁을 활용해서 비용을 절약하는 법

조금 다른 각도에서 경쟁이라는 개념을 생각해 보자. 다음 해를 위해 비즈니스 플랜을 수립할 때는 매출액을 늘리는 데 신경을 쓰는 것만큼이나 비용을 줄이는 일에도 관심을 쏟아야 한다. 돈을 절약하는 가장 좋은 방법의 하나는 당신 회사에 여러 공급업체가 경쟁적으로 가격을 응찰하도록 만드는 것이다. 나는 우리 직원들이 뭔가를 구매할 일이 생겼을 때(컴퓨터나 사무용 비품 구매, 변호사 선임, 행사 개최를 위한 호텔 선정 등) 항상 세 가지 이상의 선택지를 들고 오게 한다.

중고차 영업직원이 꼭 오늘 차를 계약해야 한다고 당신을 밀어붙이는 이유가 무엇인가? 당신이 경쟁업체들을 여기저기 알아보기 시작하면 더 저렴한 물건을 찾아낼 수 있기 때문이다. 당신은 여기서 한 걸음 더 나아가 여러 업체에 가격을 제시해 달라고 요청함으로써 딜러들이 서로 가격을 경쟁하게 만들 수 있다. 그러면 소비자로서 통제력을 확보하고 가장 좋은 가격으로 자동차를 구매하는 게 가능하다. 특히 변호사나 컨설턴트를 선임할 때 이런 방법을 사용하지 않으면 많은 돈을 낭비하게 될 것이다.

내가 기업의 리더들을 위해 주기적으로 개최하는 세미나에 참가한 어느 사업가는 최근 여러 사모펀드에서 자기 회사에 투자하겠다는 제안을 받고 있다고 했다. 알고 보니 그가 운영하는 태양광발전 회사는 7,000만 달러 정도의 연간 매출액에 1,000만 달러의 EBIT-DA(법인세, 금융 이자, 감가상각비를 차감하기 전의 영업이익을 의미하는 용어로, 모든 투자자가 궁금해하는 회사의 최종결산액을 말한다)를 올리는 우량 기업이었다. 투자자들이 그 회사의 지분을 확보하고 싶어 하는 것도 놀랄 일이 아니었다. 나는 이렇게 물었다. "예전에도 투자를 받은 적이 있나요?"

그는 그렇지 않다고 말했다. 그에게는 투자에 관련된 모든 일이 처음이었다. 나는 그 사업가에게 이렇게 경고했다.

"지금은 투자자들이 당신의 환심을 사려고 애쓸지도 모르지만 얼마 뒤에는 당신을 위협하며 불리한 조건을 내밀기 시작할 것이다. 투자자들은 더 많은 지분을 요구하거나 당신을 통제할 수단을 찾아내려 한다. 여기서 키워드는 '통제'라는 단어다. 끊임없이 뭔가를 요구하는 이사회가 됐든 눈앞에 복잡한 계약서를 들이미는 변호사들이 됐든 조만간 당신은 한때 협력자라고 주장하던 굶주린 독수리 떼에 둘러싸일 것이다. 그런 사람들에게 맞서 싸우기 위해서는 무엇보다 지식을 쌓아야 한다. 특히 이 분야의 경쟁자들에 대한 구체적인 조사가 필요하다."

　나는 그 사업가에게 인터넷을 검색해서 최근 시장에서 거래된 태양광 기업 10개의 매매 정보를 찾아보고, 어떤 투자 회사가 매각을 중개했고 어떤 회사가 그 기업들을 인수했는지 알아보라고 말했다.

　당신 회사가 이와 비슷한 상황에 놓여 있다면 그 기업들을 대리해서 거래를 중개한 투자은행을 찾아내기는 어렵지 않을 것이다. 아마도 골드만 삭스, UBS, JP 모건 체이스 같은 대형 기업일 가능성이 크다. 다음과 같은 대본을 들고 그 투자은행들에 전화를 걸어 보라.

　"아무개 님인가요? 당신이 XYZ라는 회사를 X달러라는 가격에 매각했다는 얘기를 듣고 전화했습니다. 나는 태양광발전 기업을 운영 중입니다. 우리 회사의 매출액은 X달러이고 EBITDA는 Y달러입니다. Inc. 5000(〈Inc. 매거진〉이 선정해서 발표하는 미국에서 가장 빠르게 성장하는 민간 기업 5,000개 명단-옮긴이)에도 포함되어 있죠. 요즘 우리 회사의 지분을 사고 싶어 하는 기업이나 투자자들에게 많은 연락을 받고 있습니다. 그들과 파트너 관계를 맺기 전에 요즘 시장의 투자 동향이 어떤지 알아보고 싶어서 연락드렸어요. 최근 투자자들이 가장 관심을 보이는 게 뭔가요? 어떤 것을 중요하게 생각하나요? 그들이 가장 높이 평가하는 항목은 무엇인가요? 그냥 EBITDA만 좋으면 되는 건가요? 기술이 뛰어나야 하나요? 시장에 경쟁자들이 적은 회사를 선호하나요? 앞으로의 시장 전망은 어떻습니까? 당신 회사도 이런 거래를 진행하나요? 수수료 구조는 어떤가요?"

　적어도 세 개의 투자은행에 전화해 보라. 내가 철저한 사전 조사 덕분에 헬스클럽 회원권을 경쟁자들보다 훨씬 많이 판매했듯이 당신도 비슷한 방법으로 혜택을 얻을 수 있을 것이다. "당신이 그렇게 말하니 흥미가 생기네요. 얼마 전에 골드만 삭스의 아무개라는 사람과 상담을 했는데 그들이 최근 어떤 회사를 매각하는 일에 관여했다고 하더군요. 그들의 수수료 구조는 이러저러하다고 말했습니다."

당신이 시장 조사를 완료했다는 사실을 알게 되는 순간 그들은 평소보다 더욱 '경쟁력 있는' 조건을 제시할 수밖에 없다. 다시 말해 당신이 경쟁사들을 세심하게 조사하고 있다는 인상만 심어 줘도 투자자들에게서 더 높은 가격과 유리한 조건을 끌어낼 수 있는 것이다.

다음 해를 위해 비즈니스 플랜을 수립할 때는 모든 비용에 대해 감사監査를 수행할 계획을 세우는 편이 좋다. 1,000달러가 넘는 비용을 집행할 때는 적어도 두 곳 이상의 공급업체에서 가격을 입찰받고, 5,000달러가 넘는 비용은 세 곳, 2만 5,000달러가 넘으면 네 곳에서 입찰을 받아야 한다는 규칙을 세우라. 특히 IT 컨설턴트, 보험회사, 변호사 같은 서비스 제공자를 선정할 때는 이런 과정이 매우 중요하다. 그들에게 당신이 어떤 방식으로 공급업체를 선택하는지 정확히 말하라. 당신이 업체들을 경쟁시켜서 제품이나 서비스를 결정할 예정이라는 사실을 알게 되면 그들은 재빨리 가격을 바꿀 것이다.

새로운 적을 끊임없이 찾아내라

여러분은 내가 지나치게 경쟁을 강조한다고 생각할 수도 있다. 하지만 적은 게으름이라는 이름의 병을 고치는 치료제가 될 수 있다. 앞서 말한 대로 올바른 적이 올바른 감정을 불러온다면 당신에게 게으름을 부릴 여유 따위는 없을 것이다. 어떤 사람이 눈앞에서 당신의 아내를 공격했다면 당신이 그 상황에 반응하기까지는 얼마나 오랜 시간이 걸릴까? 한 주나 한 달이 필요한가? 그 순간 당신이 피곤하다면 어떨까? 그 이유로 행동을 미루거나 중단할 것인가?

나는 지금도 나 자신에게 추진력을 제공하는 사람들을 끊임없이 찾아 나선다. 적어도 1년에 하나씩은 구체적인 적을 찾아내기 위해 노력한다. 그동안 내게 동기를 부여했던 적들에 대해 이야기한다면 며칠이라도 계속할 수 있을 정도다. 아버지가 심장마비로 병원에 실려 갔을 때 내게 면박을 주었던 병원의 직원이나 내 제안을 무시하고 "입 다물고 물건이나 파세요"라는 식으로 대응한 회사 모두 한때 내 삶의 적이었고, 주어진 역할을 훌륭하게 수행했다.

마음속에서 감정을 불러일으킬 목적으로 적을 이용하려는 사람은 그 감정을 생생하게 되살리기 위해 할 수 있는 모든 일을 해야 한다. 가령 스포츠팀은 항상 '라커룸 주제'를 찾아 나선다. 그들은 경쟁팀이 자신들을 향해 내뱉은 도발적인 말을 프린트해서 라커룸의 게시판에 부착하거나 칠판에 써놓는다. 그 글귀는 마치 다트판에 붙여 놓은 저주 인형이나 자기가 미워하는 사람의 사진 같은 역할을 한다. 그 행위의 목적은 적을 조롱거리로 삼는 게 아니라 마음속 가장 높은 곳에 올려 두고 항상 지켜보는 데 있다.

나는 사람들이 나를 향해 쏟아 낸 부정적인 말을 전부 목록으로 만들어 둔다. 그리고 마음속에 반복해서 되새긴다. 중국 춘추시대의 군사 전략가 손무孫武가 말했듯이 친구를 가까이하고 적은 더 가까이

해야 한다.

잠시 시간을 내어 지금까지 당신의 삶에 등장했던 적을 최소한 세 명 이상 생각해 보라. 이 프로세스의 주인공은 바로 당신이다. 결코 방관자가 되어서는 안 된다.

궁지에 몰렸을 때 더더욱 적이 필요하다

당신의 적은 한편으로 경쟁자이기도 하다. 하지만 경쟁자가 꼭 적인 것은 아니다. 사실 경쟁자에게 아무런 감정을 느끼지 않는 사람은 현실에 안주해 버릴 가능성이 크다. 경쟁자가 당신의 마음속에서 큰 감정적 에너지를 불러올 때 당신은 본인에게 존재하는지조차 몰랐던 놀라운 힘을 발휘할 수 있다.

2011년의 어느 날, 나는 아내 제니퍼 옆에 멍하니 누워 있었다. 회사를 설립한 지 2년 정도 지나면서 이제 절망적인 상태에서 벗어날 조짐이 희미하게 보이기 시작했다. 하지만 갑자기 날벼락 같은 소식 하나가 날아왔다. 내게 전화를 건 사람은 이렇게 말했다. "노스 아메리칸North American 보험은 귀사와 맺은 계약을 30일 안에 해지합니다." 노스 아메리칸은 우리 회사가 거래 중인 가장 큰 보험사로 자산 총액이 400억 달러에 달하는 대기업이었다. 보험사가 없다면 판매할 상품이 없고, 판매할 상품이 없는 회사는 문을 닫을 수밖에 없다. 우리의 앞길에 짙은 먹구름이 드리우는 순간이었다.

내 경쟁자들은 이 틈에 나를 무너뜨리고 싶어 안달이 났다. 그들은 다른 보험사들에 전화를 걸어 우리 회사가 곧 문을 닫을 것 같으니 나와 일해서는 안 된다고 입방아를 찧어 댔다. 업계에는 내가 파산을 앞두고 있다는 소문이 순식간에 퍼져 나갔다. 안타깝게도 그 소문은 모두 사실이었다. 지금에야 하는 말이지만 그때는 남들에게 우리의 약점을 공개하거나 회사의 자금이 달랑달랑하다는 사실을 털어놓을 수가 없었다.

노스 아메리칸 보험사가 우리와 맺은 대리점 계약을 해지하기로 했다고 해서 그들을 원망할 수는 없었다. 당시 우리 회사는 채우지 못한 블록이 너무 많았다. 기술도 부족했고 사업 기반도 갖춰지지 않은 데다 제대로 된 시스템도 없었다. 게다가 나는 CEO로 일하기에는 자격이 한참 모자랐다. 나는 노스 아메리칸 보험사의 대표 가스^{Garth}를 찾아가 계약을 해지하지 말아 달라고 사정했다. 우리 회사에는 다른 선택지가 없어서 노스 아메리칸과 함께 일하지 못하면 회사 문을 닫을 수밖에 없다고 솔직히 말했다. 가스는 내 말에 어느 정도 공감을 표시했지만, 나보다는 비즈니스가 먼저였으므로 내 부탁을 들어주지 않았다. 노스 아메리칸은 결국 우리 회사와 맺은 계약을 해지했다. 하지만 이런 혼란 속에서도 우리는 비즈니스를 지속할 수 있는 경쟁력을 보여 주어야 했다.

하지만 이제 내 계좌에 남은 돈은 1만 3,000달러가 전부였고 모든 상황이 나에게 불리한 방향으로 돌아갔다. 게다가 그 당시 아이를 유산해 아내와 나 두 사람은 큰 충격에 휩싸인 상태였다. 나는 이 모든 일이 결과적으로 나 때문이라는 죄책감에 시달렸다. 직장을 그만두고 회사를 설립하지 않았다면 우리의 삶이 훨씬 평화로웠으리라는 생각이 마음을 괴롭혔다.

새벽 1시 30분쯤 아내가 잠들자 나는 집 밖으로 걸어 나갔다. 발걸음을 옮기면서 신에게 기도했다. 그리고 이렇게 물었다. "왜 이런 일이 일어난 걸까요?" 내가 잘못한 일은 아무것도 없는 것 같았다. 일주일에 100시간을 일에 쏟아부었고, 성공에 필요한 책도 수없이 읽었다. 직원들도 열심히 독려했다. 조직을 운영하는 데도 최선을 다했다. 나는 신을 향해 거듭 질문했다. "왜 우리에게 이런 일이 일어났을까요?"

돌이켜 보면 나는 누군가에게 희생당한 사람처럼 행세했지만, 그건 아무런 쓸모없는 행동이었다. 큰 비전을 품은 사람에게는 이런 상황이 여러 차례 닥치기 마련이다. 삶과 죽음을 가르는 중요한 의사결정을 내려야 하는 순간도 한두 번이 아니다. 하지만 그런 경험은 위대한 일을 이루기 위해 치러야 하는 대가의 일부일 뿐이다. 거듭 말하지만 이 책은 신중한 다수가 아니라 대담한 소수를 위해 썼다.

그날 밤 나는 한숨도 눈을 붙이지 못했다. 그동안 나를 의심하고, 괴롭히고, 험담했던 모든 사람의 생각으로 머리가 가득했다. 그중에서도 몇 사람의 이름과 그들이 한 말은 지금도 기억이 생생하다. "너는 성공하지 못해. 보험회사 대리점을 운영한 경험이 전혀 없으니까", "너희는 실패하고 파산할 거야. 짝퉁 회사 같으니."

나는 침대에 누워 이 적들에 대해 곰곰이 생각했다. 그중 한 명, 에드가는 같은 업계에서 일하는 모든 사람에게 전화를 돌려 우리가 곧 망할 거라는 소문을 여기저기 퍼뜨렸다. 심지어 페이스북에 가짜 계정을 만들고 나에 대한 온갖 험담을 늘어놓다가 계정을 전환하는 일을 깜박하는 바람에 정체를 들키기도 했다. 나는 그런 일이 생겼을 때도 이는 비즈니스라는 게임의 한 부분에 불과하며 당사자가 스스로 나는 당신보다 약하다는 것을 인정하는 신호일 뿐이라고 생각했다. 골리앗이 다윗을 두려워한다는 사실을 알게 되면서 내 자신감은 오히려 커졌다. 이대로 항복을 선언한다면 에드가처럼 내 능력을 의심하는 사람들이 옳았음을 증명하게 될 뿐이었다. 그들에게 그런 만족감을 선사하기에는 내 자존심이 허락지 않았다.

아내가 일어났을 때, 나는 이렇게 물었다. "우리가 회사를 설립한 게 잘못된 결정이라고 생각해?"

아내는 나를 물끄러미 바라봤다. 내가 얼마나 큰 압박감에 시달리는지 눈치챈 듯싶었다. 몇 초 뒤에 제니퍼는 이렇게 말했다. "당신이 어떤 일을 하든, 나는 늘 당신 편이야."

나는 다시 정신을 차리고 내가 아는 모든 사람에게 닥치는 대로 전화를 돌려 조언을 구했다. 그 과정에서 내 곁에 존재하는지조차 알지 못했던 가능성 하나를 발견하게 됐다. 예전에는 AIG 보험사의 대리점이 되어 그 회사와 함께 일하는 것을 생각하지 못했다. 이 회사는 늘 3개월 치 보험료를 선수금으로 요구했기 때문이다.

하지만 더는 물러설 곳이 없던 나는 AIG에 전화를 걸었다. 내 부탁은 딱 하나였다. 우리의 요청을 거절할 때 하더라도 일단 한 번만 만나 달라는 것이었다. 그들이 동의하자 나는 곧바로 텍사스주 휴스턴으로 날아갔다. 2011년 당시에는 AIG에게도 적이 많았다. 2008년 금융 위기의 주범 중 하나로 불리며 미국인들이 가장 미워하는 기업으로 몇 손가락 안에 꼽히던 회사였기 때문이다.

나는 휴스턴의 사무실에서 20명이 넘는 사람들에 둘러싸여 대화를 나누던 순간을 지금도 잊지 못한다. 고등학교도 겨우 졸업한 내가 방 안을 가득 채운 변호사와 준법 담당 임원들 사이에서 모든 감정과 논리를 동원해서 우리 회사와의 비즈니스가 왜 안전한지 열변을 토한 것이다. 그들은 수많은 질문을 던지며 나를 이리저리 몰아붙였다. 몇몇 사람은 내 말에 조금 수긍하는 듯했고, 어떤 사람들은 내가 빨리 사무실을 떠나기만 기다리는 눈치였다. 하지만 나는 흔들리지 않았다. 쉽게 포기를 선언하기에는 상황이 너무 절박했다. 그들이 우리 회사와 계약하는 문제를 검토해 보겠다고 말하는 데만 3시간이 넘게 걸렸다.

그들에게는 우리가 필요했고, 우리에게도 그들이 필요했다. 두 회사는 적들이 틀렸음을 입증하고자 하는 욕구로 인해 한데 뭉쳤다. 나는 우리 회사의 가치를 끈질기게 설득했고, 그들은 결국 동의했다. 우리는 AIG와 계약을 맺고 회사를 살려 냈다. 이 과정의 숨겨진 주인공은 우리의 적이었던 에드가였다. 그는 단기적으로 우리에게 피해를 주었을지 모르지만 장기적으로는 우리를 쇠처럼 단단하게 결속시켜 주었다.

그로부터 9년 뒤에 노스 아메리칸 보험사는 우리에게 다시 대리점 계약을 맺자고 제안했다. 우리가 콧대를 세우고 그들의 제안을 거절했을까?

그건 바보 같은 에고이자 멍청한 자존심에 불과하다. 우리는 기꺼이 제안을 수락했다. 애초에 그들은 우리의 적이 아니라 회사의 이익을 우선시하는 현명한 기업이었을 뿐이다. 그 회사 덕에 나는 적을 활용할 수 있었고 내 안에 숨겨져 있는지조차 알지 못했던 강력한 무기를 찾아낼 수 있었다. 처음에는 그 회사와 관계가 좋지 않게 끝났지만 지금은 매우 돈독한 관계를 유지하고 있다.

경쟁하되 상대를 존중하는 법

이제 여러분은 자신의 적을 어떻게 선택해야 하는지, 그리고 새로운 적으로 옮겨 가는 일이 왜 중요한지 어느 정도 알게 됐으리라 믿는다. 에드가 같은 사람들은 처음에 내게 큰 동기부여를 제공했지만 그들의 임무가 끝난 순간 나는 마음속에서 그들이 차지하고 있던 공간을 없애 버렸다. 파블로가 자신의 경험을 통해 배운 것처럼 적을 만드는 일은 건강한 행위이지만 누군가에게 원한을 품는 일은 그렇지 못하다.

처음 사업을 시작할 때 내게 능력을 제공했던 수많은 적 중에 지금까지 그 역할을 담당하고 있는 사람은 아무도 없다. 자기가 속한 분야에서 여전히 싸우고 있는 그들을 경쟁자로서 존중할 뿐이다. 나는 비즈니스라는 이름의 거친 싸움판으로 자진해서 뛰어드는 누구에게나 깊은 존경의 뜻을 표한다. 그들의 경기 방식이 지저분하든 깨끗하든 이제 다 큰 어른으로 성장한 나는 그것이 게임의 한 부분이라는 사실을 잘 알고 있다.

나는 궁지에 몰린 상대를 공격해서는 안 된다고 생각한다. 물론 판매 대회에 참가한 영업직원이 최대한 점수를 쌓기 위해 애쓰고 동료들과 경쟁을 벌이는 것은 당연한 일이다. 그건 건강한 경쟁 문화의 일부다. 하지만 사람에게는 넘어서는 안 되는 선이 있다.

에드가는 계속해서 나에 대한 나쁜 소문을 사방에 퍼뜨리고 다녔다. 그때 나는 이미 새로운 적으로 옮겨 간 상태였지만 그의 가장 큰 적은 바로 나였던 것 같다. 그러던 어느 날, 자정이 가까워진 시간에 에드가에게 전화가 걸려 왔다. 목소리를 들어 보니 울고 있는 듯했다. 그는 돈을 다 날려 버렸다고 했다. 중개인도 열 명이나 잃었고 미국 증권거래위원회와도 복잡한 문제에 얽혀 있었다. 나는 잠자코 그의 말을 들어 주면서 그를 위로하기 위해 최선을 다했다. 늦은 밤이었지만 우리는 근처 카페에서 만났고, 나는 그에게 진심어린 위로를 건네며 상황을 반전시킬 방법이 있을지 함께 논의했다. 나는 그를 적이 아니라 한 명의 인간으로 대했다.

UFC 선수들은 경기가 시작되기 전 상대방을 향해 온갖 험한 말을 늘어놓는다. 하지만 경기장에서 서로를 죽일 듯이 싸우던 두 선수는 경기가 끝나면 서로를 포옹한다. 그것이 수백 만의 팬이 지켜보는 가운데 몸과 자존심을 극한까지 몰아붙인 사람들이 상대를 존중하는 방식이다. 내가 어려운 시기를 맞고 있는 창업가들을 기꺼이 돕는 이유도 여기에 있다. 과거에 있었던 일을 훌훌 털고 사람 대 사람으로 그들을 돕기 위해 최선을 다하는 것이다.

당신의 적이 되돌아와 화해의 손길을 내밀어도 놀라지 말라. "당신을 미워하던 사람들이 혹시 당신 회사에서 사람을 뽑느냐고 물어볼 때까지 열심히 일하라"라는 말을 들어 봤을 것이다. 나도 그런 상황을 여러 차례 겪었다. 게다가 그중 많은 사람을 실제로 채용하기도 했다. 과거의 적이었던 사람들이 내가 더 큰 적을 상대하는 과정에서 같은 편이 되어 나를 도운 때도 있었다. 그런 일을 가능케 하려면 필요한 시기에는 언제든 연민과 상호 존중의 마음으로 적을 대할 수 있어야 한다.

현명하게 선택하라

이 장에서는 참으로 많은 주제를 다룬 것 같다. 비즈니스를 처음 시작하는 사람들은 자신의 적이 누군지 쉽게 파악한다. 그들은 적에게 얻어 낸 에너지를 바탕으로 성공을 위한 논리적 도구를 찾아내고 이를 토대로 승리를 거두기 시작한다. 하지만 '신중한 다수'는 그 과정에서 종종 자기만족과 무사안일주의에 빠진다. 적에게 에너지를 얻어 내지 못하는 사람들은 정체기를 겪을 수밖에 없다. 그들의 앞길에는 몰락과 패배가 기다릴 뿐이다. 과거의 적을 새로운 적으로 대체하지 못하는 사람들에게는 그런 일이 흔히 벌어진다. 권투 선수가 점점 강한 상대를 찾아 경기를 벌이듯, 당신도 항상 새로운 적을 찾아내야 한다.

당신의 적은 감정 블록을 대표하는 존재다. 반면 경쟁자를 연구하는 작업은 성공에 중요한 역할을 담당하는 논리 블록의 한 부분이다. 이 장에서는 경쟁자를 조사하는 방법, 그리고 수면 아래에 놓인 정보를 끄집어내는 법을 배웠다. 시야를 넓혀 당신의 경쟁자들을 바라보라. 그들은 매일 아침 당신을 무너뜨린다는 목표를 품고 자리에서 일어날 것이다.

당신이 비즈니스를 계속하는 한 경쟁자를 조사하고 올바른 적을 고르는 작업은 끊임없이 지속되어야 한다. 현명하게 선택하라.

당신의 블록을 채우기 위한 질문들

─────────────── 적 ───────────────

1. 지나온 삶을 돌이켜 보고 당신의 적이 누군지 파악하라. 당신에게
   가장 격렬한 감정을 유발한 사람이 바로 가장 큰 적이다.

2. 당신이 적에게서 들은 가장 뼈아픈 말이 무엇인지 자세히 적어 보
   라. 비웃는 표정과 히죽거리는 웃음까지 기억나는 것은 모두 기록
   하라. 구체적일수록 더 바람직하다.

3. 올해, 올 시즌, 이번 캠페인에서 가장 큰 적이 누구였는지 구체적으
   로 지목하라. 개인적 삶과 비즈니스에서 당신의 적을 각각 한 사람

이상 적어 보라.

4. 싸울 가치가 없는 적을 목록에서 제거하라. 본인의 에고를 돌이켜 보고 개인적으로 원한을 품은 사람 중에 당신보다 뒤처진 사람이 있다면 미련 없이 떠나보내라.

5. 나중에 적에게 승리했을 때 어떻게 축하할지 지금 결정하라.

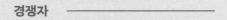

경쟁자

1. 당신의 직접적인 경쟁자는 누군가? 간접적인 경쟁자는 누군가?

2. 경쟁자들에게 맞서 기존 고객 및 잠재 고객의 욕구를 만족시키려 면 어떤 해결책이 필요한지 목록을 작성해 보라.

3. 아직 시장에 등장하지 않은 잠재적 경쟁자들을 파악하라.

4. 스스로 경쟁자들을 연구하는 탐정이 되어 그들이 당신 회사에 맞 서 자신의 위상을 어떤 식으로 설정하는지 관찰하라. 경쟁자들이 고객의 전화나 이메일에 어떻게 응대하는지, 소셜 미디어 계정이 나 홈페이지는 어떤지 조사하라. 그들이 당신의 약점을 어떻게 파 악하는지 분석해 보고, 당신을 차별화할 방법을 생각해 보라.

5. 당신 회사의 비용 지출 프로세스를 검토해 보고, 제품이나 서비스를 구매할 때는 반드시 여러 업체에서 복수 입찰을 받는다는 원칙을 세우라.

5장.
의지와 기술:
성공을 원하는 마음만으로는 부족하다

 의지: 성공해야 하는 이유, 강한 열망

 기술: 지식, 전문성

감정보다 정신을 더 강하게 단련하라.
그래야만 패배하지 않을 것이다.

_ 마이크 타이슨, 미국의 권투 선수

나는 감동적인 이야기를 좋아한다. 늘 수많은 책을 읽고 영화를 보는 이유도 그 때문이다. 내가 가장 좋아하는 영화 장면의 하나는 2012년 크리스토퍼 놀란 감독이 메가폰을 잡고 크리스찬 베일이 배트맨 역할을 맡은 〈다크 나이트 라이즈 The Dark Knight Rises〉에 나오는 대목이다.

감옥에 갇힌 배트맨은 수없이 탈출을 시도한다. 밧줄을 이용해서 지하 감옥을 벗어나기 위해 안간힘을 쓰지만, 그때마다 번번이 실패한다. 좌절에 빠져 탈출을 포기하려는 순간에 앞을 보지 못하는 죄

수 한 사람이 이렇게 말한다. "죽음의 공포라는 가장 강력한 힘 없이 어떻게 가능성의 한계를 넘어 더 빨리 움직이고, 더 오래 싸우려 하는가?"

배트맨은 이렇게 대답한다. "나도 죽음이 두렵습니다. 여기서 죽는 게 두려워요. 내 도시가 불타고 있는데도 그곳에는 아무도 구할 사람이 없어요."

"그렇다면 기어오르게." 눈먼 죄수가 말한다.

"어떻게요?"

"아이처럼 기어오르는 거야. 밧줄 없이. 그러면 공포가 자네를 다시 찾아낼 것이네."

워낙 유명한 대목이라 그다음 이야기가 어떻게 펼쳐지는지는 더 말할 필요도 없다. 비록 영화의 한 장면이기는 해도 나는 이 영상을 볼 때마다 용기를 얻는다. 내게는 우리 삶의 본모습을 그대로 보여 주는 한 편의 예술 작품처럼 생각된다. 그 죄수는 논리적으로 말했을까? 배트맨에게 용기를 불어넣기 위해 파워포인트 자료나 스프레드시트를 사용해서 그 행위의 장단점을 나열했을까?

물론 그렇지 않다. 그렇다면 왜 논리적 사고가 비즈니스를 수행하는 유일한 길이라고 생각하는가? 우리를 움직이는 동력은 감정인데도 불구하고 왜 이사회나 영업 회의에서는 그토록 쉽게 감정을 포기하는가? 눈먼 죄수의 이야기를 교훈으로 삼아 당신과 주위 사람들의 의지를 활용할 방법을 생각해 보라. 사람들은 한 발짝도 더 물러설 데가 없이 최악의 상황에 놓였을 때나 극심한 공포에 빠졌을 때 불가능한 일을 이뤄 내는 법이다.

공포라는 말은 사람들에게 부당한 대우를 받는 단어다. 공포는 어떤 수단을 동원해서라도 반드시 목표를 달성하게 해 주는 동력을 제공한다. 당신이 이번 분기의 실적 목표를 달성하기 위해 두 건의 판매를 더 성사시켜야 한다고? 물론 그것도 훌륭한 동기일 수 있다. 하지만 병에 걸려 생명이 위태로운 아이의 수술비를 마련하기 위해 두 건의 판매를 더 성사시켜야 하는 상황이라면 어떨까?

공포가 의지를 불러내는 수단으로 종종 활용되기는 하지만, 우리가 '의지'라고 부르는 모든 힘의 바탕이 곧 공포는 아니다. 세간에서는 의지를 "일련의 행위를 의도적으로 선택하거나 결정하는 정신적 능력"이라고 정의한다.[1]

의지는 감정이다. 말로 확실히 표현할 수는 없지만 뭔가를 강렬하게 추구하는 마음이다. 반면 기술은 논리다. 당신이 승리할 수 있는 방향으로 의지를 움직이고 활용하게 해 주는 도구다. 모든 성공 블록이 마찬가지지만 훌륭한 비즈니스 플랜을 수립하기 위해서는 의지와 기술을 적절히 통합하는 작업이 필요하다.

성공을 간절히 염원하는 일은 대단히 중요하다, 하지만 그것만으로는 충분치 않다. 예를 들어 영업직원은 고객과 친분을 쌓고, 필요한 때에 적절한 질문을 던지고, 고객의 욕구를 파악하고, 반론을 극복하고, 조건을 협상하고, 계약을 마무리하는 법을 잘 알아야 한다. 이런 기술을 갖추지 못했다면 아무리 의지가 강해도 소용이 없다. 나는 작가 로버트 그린Robert Greene이 쓴 《전쟁의 기술》을 읽은 뒤에 이 책의 오디오북을 구매해서 2년 동안 운전할 때마다 들었다. 아마도 처음부터 끝까지 100번은 넘게 들은 것 같다. 승리를 향한 의지가 승리에 필요한 기술을 익히도록 나를 이끈 것이다.

영화 〈다크 나이트 라이즈〉에서 배트맨이 탈출의 가능성을 높이려면 어떤 기술을 개발해야 했을까? 아마도 힘, 균형 감각, 체력 등이었을 것이다. 그렇다면 다음번 질문은 이렇다. 어떻게 해야 그 기술을 개발할 수 있을까?

이 장에서 이야기할 성공 블록을 쌓기 위해서는 두 가지 질문에 답해야 한다. 당신이 그토록 성공을 열망하는 이유는 무엇인가? 그런 종류의 성공을 달성하려면 어떤 기술이 필요한가?

돈이 사람을 움직이는 데는 한계가 있다. 당신의 동기부여가 온통 돈으로 채워져 있다면 어느 순간 목표로 향하는 발걸음을 멈추고 말 것이다. 얼마 되지 않아 게을러지거나 안일함에 빠질 가능성이 크기 때문이다. 삶에서 뭔가 원대한 것을 이루고자 하는 사람은 부富 이상의 강력한 목표를 찾아내야 한다.

끊임없이 도전에 맞서 싸우는 사람들에게는 마음에 동력을 제공하는 커다란 힘이 있다. 이를 불굴의 정신, 결단력, 단호한 행동 같은 말로도 표현할 수 있겠지만 이 장에서는 '의지'라는 단어를 사용하기로 한다. 적은 당신의 마음에 불을 지피는 불쏘시개 역할을 하고, 의지는 그 불이 계속 타오르게 해 준다.

이야기를 계속 이어 가기 전에 당신 자신에게 몇 가지 질문을 던져 보라.

- 의지는 어디서 오는가?
- 당신은 왜 성공해야만 하는가?

- '뜨거운 가슴'을 소유한다는 말은 무슨 뜻인가?
- 나의 한계를 넘어서려면 어떻게 해야 하는가?

여러분은 성공의 동력을 얻는다는 말의 의미를 이해했을 것이다. 하지만 그와 동시에 성공하는 방법도 알아야 한다. 앞으로 함께 살펴보겠지만 의지와 기술 사이에는 밀접한 관계가 있다. 유명 천체 물리학자 겸 작가 닐 디그래스 타이슨Neil deGrasse Tyson이 내 팟캐스트 방송에 출연했을 때, 나는 성공의 조짐을 보여 주는 표시가 무어냐고 질문했다. 그는 이렇게 대답했다. "당신을 수학적으로 설명한다면 한 명의 인간을 구성하는 여러 요소를 하이퍼큐브hypercube(다수의 정사각형과 정육면체 등을 다차원으로 확장한 초입방체-옮긴이)의 각 단면으로 생각할 수 있을 겁니다."[2] 그리고 다음과 같은 네 가지 측면을 나열했다.

1. 실적
2. 사회적 기술
3. 야망
4. 실패를 딛고 회복하는 능력

1, 2번은 기술의 영역에 해당하며 3, 4번은 의지의 영역에 속한다. 처음 두 가지는 열심히 공부하고 기술을 닦으면 충분히 얻어 낼 수 있다. 그렇다고 뒤의 두 가지를 절대 개선할 수 없다는 말은 아니다. 내 경우에는 지금까지 살아오면서 '야망'과 '실패를 딛고 회복하는 능력'이 부족한 때가 많았다. 지금부터 이 성공 블록들을 함께 채

위 가며 기술과 의지를 구축하는 법을 살펴보자.

원하는 마음만으로는 부족하다

더들리 러더포드 목사가 LA에서 '언덕의 목자Shepherd of the Hills' 교회
를 세운 이야기는 지금도 나를 감동에 빠뜨린다. 러더포드 목사는 처
음 교회 문을 열었을 때 새로운 신도들을 대상으로 신앙 기초반 과정
을 개설했다. 새로운 신도들이 신앙 기초반 교육에 참석한 뒤에는 그
다음 주에 누군가 어김없이 그들의 현관문을 두드렸다. 교구의 다른
주민이나 신도환영위원회가 그들을 방문한 게 아니었다. 신도들의
현관문 앞에 서 있던 사람은 바로 러더포드 목사였다.

러더포드 목사는 '모든 신입 신도'의 집을 직접 방문해서 자신을
소개했다. 교회의 신도 수가 1만 명에 달할 때까지 그 일을 계속했다.

믿어지는가? 신도가 1만 명이 될 때까지 모든 사람의 집을 일일
이 방문했다는 말이다. 처음에는 나 역시 그 말을 믿기가 어려웠다.
나는 러더포드 목사에게 만일 그 주의 신입 신도 수가 40명쯤 된다면
어떻게 그들을 모두 방문하느냐고 물었다. 그는 일정을 잘 조율해서
방문 계획을 세운 다음 선물 바구니를 들고 모든 신입 신도의 집을 직
접 찾는다고 말했다.

그는 이런 일을 10년 동안이나 계속했다. 그가 LA에서 가장 규
모가 큰 교회를 세우게 된 것이 우연이었을까?

러더포드 목사의 사전에 없는 단어가 무엇이라고 생각하는가?

그의 사전에는 뭔가를 '원한다want'는 단어가 없다.

그가 자리에 가만히 앉아 뭔가를 원하기만 했다면, 소기의 성과를 달성한 뒤에도 10년 동안이나 신도들의 현관문을 두드리지 못했을 것이다.

반면 '의지will'라는 단어는 절대 멈추지 않는 힘을 뜻한다.

의지가 강한 사람에게는 동기부여가 필요 없다. 내가 우리 아이들이나 회사 직원들에게 의지를 기르는 법을 열심히 가르치는 이유가 그 때문이다. 어떤 사람들은 의지가 원래부터 타고난 천성이라 이를 가르치거나 배우는 일이 불가능하다고 말한다. 그렇다면 성적이 바닥을 헤매던 운동선수나 영업직원이 팀을 바꾼 뒤에 갑자기 물 만난 고기처럼 놀라운 성과를 거두는 현상을 어떻게 설명해야 할까? 앞에서 쉬나 새폴라와 매트 새폴라 부부를 소개한 바 있다. 해병대 출신의 매트는 카리스마와 철저한 직업의식, 그리고 고소득자가 되는 데 필요한 리더십 기술을 고루 갖춘 인물이었다. 금융 서비스라는 산업은 그가 활동하기에 이상적인 분야처럼 보였다. 하지만 매트는 15년 동안이나 부진한 실적에 시달렸다. 그러다가 우리 회사와 연을 맺으면서 날개를 달고 날아가기 시작했다. 매트는 아내 쉬나와 더불어 큰 사업체를 세웠을 뿐 아니라 머니스마트가이MoneySmartGuy라는 자신의 독자적인 브랜드를 출범시켰고,《믿음이 만든 백만장자Faith-Made Millionaire》라는 책을 펴내기도 했다.

매트에게는 자신의 잠재력을 발휘하고자 하는 의지가 늘 그 자리에 있었다. 다만 그에게서 최선의 능력을 끌어내는 올바른 문화와 올바른 적이 부족했을 따름이다. 그동안 나는 새로운 리더를 만난 사

2부. 열두 개의 성공 블록으로 숨겨져 있던 불꽃을 일으켜라

람들이 뛰어난 능력을 발휘하는 모습을 수없이 지켜봤다. 따라서 사람들 내면에 잠재된 의지를 끌어내기 위해 노력할 가치가 충분하다고 믿는다. 이는 사업을 할 때뿐만이 아니라 아이를 키울 때도 마찬가지다.

내 아들 딜런Dylan은 여덟 살 때 주짓수라는 이종격투기를 배우는 데 푹 빠진 적이 있다. 연습을 거듭할수록 실력도 나아졌고 자신감도 늘었다. 어느 날 딜런은 나와 함께 연습을 마친 뒤에 이렇게 말했다. "아빠, 나는 세상에서 제일가는 파이터가 될 테야."

나는 아들의 눈을 똑바로 바라보고 이렇게 물었다. "지금 뭐라고 말했니?" 내가 부추기지도 않았는데 아이의 입에서 그런 말이 나오자 가슴이 뜨거워졌다. 특히 내 아이들에게서 처음 듣는 말이라 더욱 그랬던 것 같다.

딜런이 다시 말했다. "아빠, 나는 세상에서 제일가는 파이터가 될 테야."

내가 말했다. "한 번만 더 말해 봐. 세상에서 제일가는 파이터가 되겠다고 한 번 더 이야기해 봐."

"꼭 되고 말 거야. 아빠, 나는 세상에서 제일가는 파이터가 될 거야."

나는 이 순간을 낭비하고 싶지 않았다. 잠시 뒤 우리가 산책하러 나갔을 때도 아이는 그 말을 여러 번 되풀이했다. 우리는 파이터가 되려면 무엇이 필요하고, 어떤 훈련을 해야 하고, 그렇게 다짐한 사람은 앞으로 어떻게 행동해야 하는지를 두고 한참 동안 대화를 나누었다. 아이는 다시 말했다. "나는 세상에서 제일가는 파이터가 될 테야."

딜런이 그렇게 말하고 2주 정도 지났을 때 주짓수 연습장으로 아이를 데리러 갔다. 훈련 강사는 딜런이 운동에 흥미를 잃어버린 것 같다고 말했다. 예전과 같은 열정이 보이지 않는다는 것이었다. 그날 저녁을 먹는 자리에서 나는 아이에게 이렇게 물었다. "딜런, 주짓수 연습은 어떻게 된 거니? 세상에서 제일가는 파이터가 될 거라고 말하지 않았어?"

아이의 입에서 처음으로 나온 말은 이랬다. "나는 그렇게 말 안 했어."

이와 비슷한 장면은 살면서 수없이 경험했다. 나는 딜런이 요즘 어떤 일을 하며 지내는지 정확히 알고 있었다. 이 순간을 헛되게 보내고 싶지는 않았다. "딜런, 너는 세상에서 제일가는 파이터가 '될 거라고' 분명히 말했어."

"아니야 아빠, 나는 세상에서 제일가는 파이터가 '되고 싶다고' 말했어."

아내가 눈짓을 보냈다. "여보, 그만해요"라고 말하는 듯한 표정이었다. 하지만 딜런의 형제들이 대화에 끼어들었다. 아이들의 의견도 나와 비슷했다.

"우리 모두 네가 세상에서 제일가는 파이터가 '될 거야'라고 말한 것을 똑똑히 들었어." 내가 다시 말했다. "너는 파이터가 '되고 싶다고' 말하지 않았어. 그 둘은 아주 달라. 아빠는 네가 그런 식으로 거짓말을 하도록 놓아두지 않을 거야."

딜런이 계속 우겼다. "나는 세상에서 제일가는 파이터가 '되고 싶다'라고 했어. '될 거라고' 말하지 않았어."

2부. 열두 개의 성공 블록으로 숨겨져 있던 불꽃을 일으켜라

당신은 조직의 리더이자 부모로서 어떨 때 직원과 아이들을 공개적으로 칭찬하거나 나무라야 하고, 어떨 때 개인적으로 이야기를 나눠야 하는지 판단할 필요가 있다. 우리가 식탁에 앉아 이야기를 나눌수록 딜런은 자기가 판 함정 속으로 점점 깊이 빠져드는 모습이었다. 나는 딜런의 손을 잡고 개와 함께 저녁 산책에 나섰다.

나는 딜런에게 이렇게 말했다. "딜런, 아빠도 예전에 그렇게 거짓말을 한 적이 있어. 그때는 무서워서 그랬지. 너도 지금 무섭니?"

딜런은 마침내 경계 태세를 풀고 자신도 무섭다고 말했다. 나는 목소리를 낮추고 조용한 말투로 물었다. "세상에서 제일가는 파이터가 '될 거야'에서 '되고 싶어'로 말을 바꾼 이유가 뭔지 알려 줄 수 있겠니?"

아이는 이렇게 말했다. "아빠, 왜냐하면 '될 거야'라고 말하면 그일을 반드시 해야 하잖아. '되고 싶다'라고 말하면 꼭 하지 않아도 되니까."

여덟 살 난 아들은 이렇게 무너져 내렸다. 아이는 길에서 울음을 터뜨렸고, 나도 속이 부글부글 끓었다. 하지만 나는 아이가 자랑스러웠다. 내가 깨닫는 데 40년이나 걸린 '될 거야will'와 '되고 싶어want'라는 단어의 차이를 내 아들은 불과 여덟 살 때 알아낸 것이다. 단순히 뭔가를 원하기만 해서는 아무것도 성취할 수 없다.

얼마나 많은 사람이 "나는 죽을 때까지 사람들에게 보살핌을 받고 싶어"라고 말하는가? 그렇게 말해 봐야 아무도 알아주지 않는다. "부자가 되어 부모님을 일에서 벗어나게 해드리고 싶어." 그것만으로는 부족하다. "전 세계를 여행했으면 좋겠어." 모두가 그러기를 원한다. "길모퉁이에 있는 큰 집을 갖고 싶어." 그 집을 원하는 사람은 한 둘이 아니다. 뭔가를 '원한다'라는 말은 아무런 힘을 발휘할 수 없다.

'want'와 'will'이라는 두 영어 단어는 같은 글자로 시작되고 글자 수도 똑같다. 하지만 둘 중 하나는 어마어마한 힘을 발휘하고, 다른 하나는 아무런 힘이 없다.

레이 크록Ray Kroc이 58세가 되어서야 맥도날드라는 식당을 처음 방문했다는 사실을 잊는 사람이 많다. 내가 가장 좋아하는 영화 〈파운 더The Founders〉에는 수많은 사람이 크록의 사업 아이디어를 비웃는 장면이 나온다. 하지만 크록은 거듭되는 실패에도 불구하고 이 식당을 세계적인 기업으로 키우고 말겠다는 원대한 선언을 한 뒤에 이를 현실로 만들기 위해 노력을 쏟는다. 나는 그 시대에 태어나지 않아서 크록이 한 말을 녹음하지는 못했지만, 그가 "나는 미국 비즈니스의 아이콘 같은 기업을 세우고 싶어"라고 말하지 않았다는 것은 장담할 수 있다. 그는 분명 그런 기업을 "세울 거야"라고 선언했을 것이다.

당신이 '원하는' 뭔가가 발 디딜 곳은 세상에 없다. 이 순간 당신이 어떤 아이디어를 떠올렸다고 상상해 보자. 그것이 얼마나 대담한 생각이든 당신은 그 아이디어가 절대 실패하지 않을 거라는 사실을 알고 있다. 게다가 본인 이외에는 그 말을 아무도 듣지 못한다. 당신은 어떤 목표를 선언할 생각인가?

당신이 비전을 이루는 데 전념할 결심이라면 어떤 일을 "하고 싶다"라고 말하는 대신 "하고 말 것이다"라고 말하라.

2부. 열두 개의 성공 블록으로 숨겨져 있던 불꽃을 일으켜라

당신은 어떤 사람으로 평가받고 싶은가

언젠가 내가 주최하는 세미나에서 매튜 스탠필드Matthew Stanfield와 헹가메Hengameh 스탠필드라는 부부의 멘토가 되어 두 사람에게 조언을 제공한 적이 있다. 몇 년 전 피자 체인 사업을 시작했던 부부는 코로나-19 팬데믹을 겪으면서 비즈니스를 접기 직전의 상황까지 몰려 있었다. 게다가 다른 회사와 마찬가지로 직원 채용 문제에 골머리를 앓아야 했다. 매튜는 이렇게 말했다. "패트릭, 아무래도 학교로 돌아가서 부동산 사업이나 배워야 할까 봐요. 피자 사업은 점점 어려워지네요. 뭔가 다른 일을 해 보고 싶어요."

"그게 무슨 말이죠?" 내가 물었다. "내가 제대로 들은 게 맞나요? 두 분에게는 훌륭한 피자 레시피가 있습니다. 자기 제품이 최고라는 자신감도 있고요. 단골손님도 꽤 많죠. 두 분은 지난 3~4년 동안 피자 사업을 해 왔습니다. 그런데도 이제 사업을 그만두고 다른 일을 배우고 싶다고 말하는 겁니까?"

그들은 그렇다고 말했다. 나는 그 말을 듣고 감정이 조금 격해졌다. "그렇다면 다음번 사업이 어려워지면 또 그만둘 겁니까? 상황이 어렵다고 포기하는 건 겁쟁이나 하는 짓입니다."

스탠필드 부부는 뚝심 있는 사람들이었다. 그들은 좋은 명성을 쌓았고 이를 지키고 싶어 했다. 내가 그들의 자존심을 자극하자 부부는 그 말에 맞서 싸웠다. 자신들은 겁쟁이가 아니라고 항변했다. 나는 사업을 그만두는 일이 두 사람의 명성에 어떤 긍정적인 결과를 가져다주는지 생각해 보라고 말했다.

이는 '의지'라는 단어를 향해 중대한 질문을 던지는 순간이었다. 어떤 이들은 남에게 의지를 가르치거나 이를 인위적으로 만들어 내는 일이 불가능하다고 말한다지만 여러분은 내 의견이 어떤지 이미 알고 있다. 내가 사람들의 의지를 '끌어내는' 최고의 방법을 찾기 위해 항상 노력하는 이유도 여기에 있다. 우리는 타인을 적절히 자극하는 법을 알아야 한다. 때로 그들의 아픈 곳을 찌르면 더 큰 효과를 거둘 수 있다. 최고의 리더는 사람들을 깨우는 법을 안다. 이 부부에게는 강력한 삶의 원칙과 가치가 있었다. 두 사람이 "그렇다면 우리는 뭘 해야 좋을까요?"라고 내게 질문했고 그 순간 대화의 방향이 바뀌었다.

'겁쟁이'라는 단어가 그들의 의지를 자극한 걸까?

내 아버지는 나를 자극해서 본인이 원하는 방향으로 행동을 유도하는 데 재능이 뛰어난 분이다. 내가 '조니 아저씨'라고 부르는 아버지의 동생은 키가 2미터 가까이 되는 데다 수학을 매우 좋아했다. 예전에 물리학을 전공했던 조니 아저씨는 항상 물리학에 관한 책을 손에 들고 다녔다. 45세가 되어서도 물리학 서적을 열심히 읽는 사람이 누가 있을까? 나 역시 키가 크고 수학에 재능이 있는 편이었다. 그래서인지 주위 사람들은 자연스럽게 나를 조니 아저씨와 비교했다. "너는 꼭 조니 2세 같아." 나는 그 말을 칭찬이라고 생각했다.

그러던 어느 날 아버지가 이렇게 말했다. "조니의 평판이 어떤지 알려 줄까? 걔 별명은 '70퍼센트의 사나이'야. 너는 조니 같은 평판을 얻으면 안 돼. 조니는 무슨 일을 시작하면 끝까지 해내는 법이 없고 딱 70퍼센트까지만 해. 그리고 손을 놓아 버리지. 일이 어려워지면 금세 달아나서 또 다른 일을 시작하는 거야."

나는 아버지의 말을 듣고 소스라치게 놀랐다. 조니 아저씨 같은 평판을 얻고 싶지는 않았다. 고등학교 시절 아버지는 늘 이렇게 말했다. "아들아, 그렇게 게으름을 부리면 안 된다." 평균 성적이 1.8에 불과한 내가 아버지의 말을 반박할 여지는 없었다.

나는 20대 초가 되어서도 여전히 제자리를 찾지 못하고 방황했다. 내 열정은 일관성을 보이지 못하고 들쭉날쭉했다. 간혹 판매 대회에서 우승하거나 월별 실적을 달성할 목적으로 열심히 노력할 때도 있었지만 친구들과 파티를 벌이는 데 더 정신이 팔렸다. 바야흐로 또 한 명의 조니 아저씨가 탄생하려는 순간이었다.

스물네 살 때 그 모욕적인 크리스마스 파티를 경험하고 얼마 뒤, 나는 스스로를 되돌아보기 시작했다. 그 분노가 어디서 왔는지 알고 싶었다. 그런 성찰의 과정을 거치며 내가 세운 목표를 달성하지 못한 좌절감이 곧 분노의 원천이라는 사실을 깨달았다. 세상에 대해 분노한다고 생각했지만 사실은 나 자신을 향해 울화통을 터뜨린 것이다. 저녁마다 시간에 맞춰 클럽에 꼬박꼬박 도착한다거나 1년에 라스베이거스를 스물여섯 번이나 갔다는 사실을 제외하면 주위 사람들 사이에는 딱히 나에 대한 평판이라고 할 만한 게 없었다. 그런 현실을 책임질 사람은 오직 나 혼자뿐이었다.

나는 스스로 다짐했다. 자신의 말을 반드시 지키는 사람이라는 평판을 얻겠다고 마음먹은 것이다. 그날 이후로 이 결심은 내 사업 철학의 중요한 부분으로 자리 잡았다. 내가 뭔가를 하겠다고 선언하는 순간 그 말이 한 치의 오차도 없이 그대로 실현되리라는 사실을 남들이 인정하기를 바랐다. 패트릭이 한 번 하겠다고 했으면 그대로 되는 거야. 그걸로 끝이야.

시장에서, 친구들 사이에서, 집안에서 당신의 평판이 어떤지 돌아보라. 주위 사람들이 당신의 의지력에 물음표를 표시하면 더 분발하는 편인가? 당신을 움직이는 언어는 무엇인가? '겁쟁이', '중도 포기자', '도피자' 같은 단어인가? 뭔가를 너무 빨리 그만두는 경향이 있나? 이런 질문들을 곰곰이 생각하면 자기가 얼마나 의지가 강한 사람인지 되돌아볼 수 있을 것이다. 내가 항상 하는 말대로 의지는 고정된 물체가 아니다. 누군가 마음의 버튼을 누르면 우리는 다르게 행동한다. 당신이 해야 할 일은 자신의 내면에 자리 잡은 버튼을 누르는 방법을 알아내는 것이다.

무엇이 당신의 의지를 불러일으키는가? 어떤 말이 당신을 자극하는가? 그 말에는 얼마나 많은 진실이 담겨 있나?

당신이 이 책을 읽는 시기가 1월 1일이든 7월 14일이든 바로 지금이 새로운 출발을 통해 본인의 평판을 새롭게 쌓아 올릴 좋은 기회다. 당신에 대한 친구들과 동료들의 평판은 어떤가? 가족들은 당신을 어떻게 평가하나? 배우자는 뭐라고 말하는가? 사람들이 당신에 대해 내심 뭔가를 생각하면서도 입에 올리지 않는 게 있다면 그게 무엇인가? 만약 세 사람, 네 사람, 다섯 사람의 말이 모두 똑같다면 그건 그들의 말이 옳다는 뜻이다.

당신은 그런 현실에 아무런 문제를 느끼지 않는가? 당장 집으로 돌아가서 왜 그런 말을 했느냐고 가족들과 싸우라는 게 아니라 당신이 원하는 평판을 '얻어 내기' 위해 노력하라는 말이다.

2부. 열두 개의 성공 블록으로 숨겨져 있던 불꽃을 일으켜라

만일 우리 회사의 직원들에게 내가 어떤 사람이냐고 묻는다면 그들 대부분은 내가 너무 극성스럽다고 말할 것이다. 나는 사람에 대한 기대치가 높고 한번 목표를 정하면 절대 멈추지 않는다. 끊임없이 움직이려고 노력하며 특정한 벽을 쌓거나 경계선을 세워 두고 일하지 않는다. 우리 직원들이 나를 두고 그렇게 말한다면 그들은 거짓말을 하는 게 아니다. 그것이 바로 내 진정한 평판이다.

당신에 대해 말하는 사람들에게서 듣고 싶지 않은 세 단어는 무엇인가?

당신에 대해 말하는 사람들에게서 듣고 싶은 세 단어는 무엇인가?

이 단어들을 생각해 낸 뒤에는 자신이 원하는 평판을 얻기 위해 어떤 기술을 갈고닦아야 하는지 알아내야 한다. 마음속에서 충분한 의지를 불러냈다면 이를 현실화할 수 있는 기술을 익힐 수 있을 것이다.

또 이 질문들을 당신이 선택한 적과 연결해서 생각해 볼 수도 있다. 누군가 당신에 대한 험담을 주위 사람들에게 늘어놓고 다닌다고 상상해 보라. 그 말이 당신의 심장에 얼마나 강렬한 불을 지필까?

내 경우에는 아버지가 조니 아저씨의 평판을 귀띔해 준 일이 나는 결코 그런 평판을 얻지 않겠다는 의지를 불태운 계기가 됐다. 나는 자신을 향해 선언했다. "나는 변할 것이다. 뭔가를 입 밖에 내놓는 순간 반드시 그대로 실천함으로써 나와 비즈니스를 하는 모든 사람이 내 말을 철석같이 믿게 할 것이다."

아버지가 내 마음속 아픈 구석을 정확히 건드리는 법을 알지 못했다면 나는 그렇게 선언하지 못했을 것이고 내 삶도 변하지 않았을 것이다. 70퍼센트의 사나이, 실적 미달자, 겁쟁이 같은 평판을 얻고 싶은 사람은 아무도 없다. 세상 사람들이 당신을 두고 어떤 말을 하기를 바라는가?

의지와 기술의 관계

어떤 사람들은 목표를 세우는 일은 잘해도 목표를 향해 가는 과정에서 항상 정체기에 빠진다. 발전은 철저한 투명성과 책임감의 산물이다. 지금 당신이 벽에 부딪혔거나 정체 상태에 빠져 있다면, 그 이유는 자신에 대한 믿음이 부족하거나 아니면 목표 달성의 책임을 전적으로 감당하지 않기 때문이다. 자기 자신을 향한 믿음의 한계를 혼자만의 힘으로 벗어날 수 있는 사람은 드물다. 다시 말해 이를 일깨워줄 만한 특별한 리더, 상담자, 치료 전문가가 필요하다. 나 역시 삶을 살아가며 이 한계를 극복하는 데 도움을 줄 사람을 필요로 했고, 다행히 더들리 러더포드 목사를 찾아냈다. 나는 그와 함께 매우 개인적이고 심오한 자아 개선의 여정을 거쳤다.

핵심은 에고를 억누르고 열린 마음으로 사물을 받아들이는 능력을 기르는 것이다. 자신을 향한 믿음의 한계를 벗어난 사람은 기하급수적으로 증가하는 의지력에 힘입어 본인과 후손들의 삶을 송두리째 바꿀 수 있다.

이 문제의 본질 역시 의지라는 말로 귀결된다. 당신이 "다시는 그런 실패를 반복하지 않겠다"라고 단호하게 선언하는 순간 삶의 모

2부. 열두 개의 성공 블록으로 숨겨져 있던 불꽃을 일으켜라

든 측면이 바뀔 것이다. 하지만 말로만 의지를 표명하는 것으로는 부족하고, 목표를 달성하는 데 필요한 기술도 함께 쌓아 올려야 한다. 기술 개발을 위한 노력은 특정 분야에 대한 당신의 취약성을 인정하고 도움이 필요하다는 사실을 받아들이는 데서 출발한다. 효과적인 비즈니스 플랜을 수립하기 위해서는 문제의 뿌리를 파헤쳐야 한다. 다시 말해 문제의 본질을 파악해서 해결해야 한다. 기술을 익힌다는 말은 당신의 삶에 도움이 되는 능력을 기른다는 뜻이다. 그것이 헬스클럽에 나가 운동하는 일이든 결혼 생활에 대해 상담을 받는 일이든 어떤 분야든 관계없다. '기술'이라는 이름의 성공 블록을 채우려면 개인적 삶이든 비즈니스든 먼저 자신의 약점을 극복하는 데 필요한 행동을 파악해서 이를 종이 위에 낱낱이 적어 내려가야 한다. 당신이 개선되면 비즈니스도 개선된다.

기술을 쌓는다는 말은 의지를 행동으로 옮긴다는 뜻이다. 다시 말해 열린 마음으로 자아 개선의 노력을 쏟는다는 의미다. 사람들은 돈이 많이 든다느니, 시간이 없다느니, 갈 길이 너무 멀다느니 하는 수많은 이유를 내세우며 기술 개발에 투자하지 않을 핑계를 댄다. 물론 당신이 현재 상태에 머물기를 바란다면 그 이유는 모두 타당하다. 예전에 마를렌 게이탄Marlene Gaytan이라는 창업가 겸 영업 담당 임원의 멘토가 되어 조언을 제공한 적이 있다. 노동자 계층의 가난한 가정에서 자라난 그녀는 대학에 진학할 형편이 안 되었던 탓에 열아홉 살 때부터 영업직원으로 일하기 시작했다. 마를렌과 동료 직원들은 고정급이 아니라 영업 수당을 받고 근무했다. 따라서 자신들의 상사가 동기부여 전문가 토니 로빈스Tony Robbins의 세미나에 개인 비용을 들여 참석하라고 말했을 때, 그들은 어찌해야 할지 몰랐다. 마를렌도 처음에는 난감했지만 남들과 다르게 현명한 결정을 내렸다. 모든 수단을 동원해서 세미나에 참석할 방법을 찾아낸 것이다. 상사의 지시에 불만을 품은 사람들이 등 뒤에서 끝없이 불평을 늘어놓고 있을 때 승자는 티켓을 끊었다. 마를렌은 자신의 목표가 무엇인지 정확히 알았으므로 어떻게든 돈을 마련해서 세미나에 참석하는 길을 택했다. 그리고 그해에 10만 달러를 벌어들였다.

나는 최근 마를렌에게 그 세미나에서 무엇을 배웠느냐고 물어보았다. 그녀는 이렇게 대답했다. "솔직히 말해서 토니 로빈스가 뭐라고 말했는지는 한마디도 기억이 안 나요. 단지 내가 돈을 마련해서 그 행사에 참석했다는 사실 자체가 자랑스러웠던 거죠. 내가 생전 처음으로 성공을 진지하게 생각했다는 사실을 입증한 셈이니까요. 그 일을 계기로 내 정체성은 완전히 바뀌었습니다."

여러분은 이 이야기의 핵심 메시지를 파악했는가? 그녀는 기술을 익히는 데 투자함으로써 정체성을 바꾼 것이다.

마를렌은 서른 살이 되기도 전에 백만장자가 됐다. 현재 그녀는 남편 호세Jose와 함께 연간 4,000만 달러의 매출을 올리는 사업체를 운영 중이다. 그녀의 성공 덕분에 꿈도 희망도 없이 소박한 삶의 방식을 지향하던 가족의 전통은 완전히 뒤바뀌었다. 마를렌은 의지와 기술을 적절히 조합해서 성공을 이뤄 냈다. 처음에는 성공을 향한 열망을 품는 것으로 여정을 시작했고, 그 열망을 바탕으로 기술 개발의 노력을 계속 이어 간 것이다. 그 덕에 예전에는 가능하리라 생각지도 못했던 새로운 삶을 설계할 수 있었다.

계속 배워야 하는 이유: 영원한 기술은 없다

〈하버드 비즈니스 리뷰Harvard Business Review〉에 따르면 기업체에 입사하는 신입 사원 중 현재의 역할에 필요한 기술을 소유한 사람은 전체의 29퍼센트에 불과하다고 한다.[3] 올해를 당신의 한 해로 만들려면 어떤 기술이 필요할까? 특히 첨단 기술 분야에서 일하거나 엔지니어로 근무하는 사람들은 기술이 시대에 뒤떨어지면 금방 눈에 띈다. 기술이 발전할수록 본인의 기술도 계속 개발해야 한다. 그렇지 않으면 순식간에 쓸모없는 사람이 되어 버린다. 당신이 오직 C언어와 파스칼만 다룰 줄 아는 프로그래머라고 상상해 보라. 주위 사람들은 당신을 낡아빠진 베이비부머라고 부르며 1995년도에 걸맞은 월급이나 받아야 한다고 조롱할 것이다.

기술 없이는 아무것도 약속하거나 선언할 수 없다. 당신이 특정한 주제에 마음이 사로잡혔다면 이와 관련된 기술을 새로 개발하는 데 전념하라. 책을 탐독하거나 다른 인재들과 함께 세미나에 참석하고 계속 공부하라.

1994년, 39세의 스티브 잡스는 이렇게 말했다. "내가 50세가 되면 지금까지 쌓아 올린 모든 지식이 쓸모없어질 것이다. 이 산업 분야는 어떤 선구자가 하나의 원칙을 세운 뒤에 그 원칙이 200년쯤 지속되는 그런 곳이 아니다."[4]

요즘에는 누구나 당연한 듯이 인터넷을 사용하고 있지만 가까운 미래에는 이것조차 한물간 기술이 되어 버릴 공산이 크다. 인공지능 기술이 계속 개발되면서, 그리고 당신 생각보다 훨씬 빠르게 발전하면서 이제 모든 사람이 인공지능을 활용하는 법을 배워야 하는 시대가 됐다. 미래학자이자 X 프라이즈 재단X Prize Foundation의 설립자 피터 H. 디아만디스Peter H. Diamandis는 자신의 블로그에 이렇게 썼다. "2020년대 말에는 오직 두 종류의 기업, 즉 인공지능을 완벽하게 활용하는 회사와 파산하는 회사만 남게 될 것이다."[5] 또 배우 애쉬튼 커쳐Ashton Kutcher는 2023년 5월 2억 4,000만 달러 규모의 인공지능 관련 펀드를 출범시키면서 이렇게 말했다. "당신 회사가 이 주제를 소홀히 한다면 아마도 조만간 문을 닫게 될 것이다. (…) 인공지능은 활용도 측면에서 매우 훌륭하고 강력한 기술이다."[6] 이 사람들의 말은 1990년 중반 빌 게이츠가 했던 말과도 일맥상통한다. "당신의 비즈니스가 인터넷을 기반으로 하지 않는다면 조만간 회사가 망할지도 모른다."[7] 빠르게 기술을 갈고닦지 않으면 당신의 열정은 순식간에 헛수고가 되어 버릴 것이다.

대부분의 기업은 직원들을 위해 훈련을 제공한다. 어떤 회사는 직원들이 자체적으로 기술을 익히는 데 사용한 비용을 보조해 주기도 한다. 또 수많은 사람이 직장이나 자기 집 차고에서 비공식적으로 중요한 기술을 익힌다. 새로운 기술을 익히는 것은 기회의 문제라기보다 욕구와 열정의 문제다. 당신이 뭔가 새로운 것을 배우고 싶다면 그 방법을 찾아내기는 그리 어려운 일이 아니다.

이력서에 새로운 기술을 꾸준히 추가하지 않는 사람은 시장에서 경쟁할 수 없다. 당신의 '기술' 블록을 채우려면 다음 세 가지 질문을 던져야 한다.

1. 다음 해의 실적 목표를 달성하려면 어떤 기술을 갖춰야 하는가?

2. 내게 필요한 핵심 기술 3~5가지는 무엇인가?

3. 개인적·직업적 기술을 개발하기 위해서는 어떤 훈련이 필요한가?

지금이야 고백할 수 있지만, 나는 몇 년 전만 해도 인간관계의 갈등을 해결하는 능력이 대단히 부족했다. 그래서 지금부터 여러분에게 조언할 방법을 사용해서 그 기술을 개선했다. 내가 가장 집중적으로 개발해야 할 세 가지 기술을 선택하고, 갈등 해결 기술을 그중 하나로 포함한 뒤에 향후 1년 안에 이 주제에 관한 책을 최소한 여섯 권 읽겠다고 다짐한 것이다. 그렇게 읽은 책이 《팀장 감정 수업》, 《우주인들이 인간관계로 스트레스받을 때 우주정거장에서 가장 많이 읽은 대화책》, 《하드씽》 같은 저서들이었다. 그중에서도 내게 가장 큰 감명을 준 책은 지금까지 500만 부도 넘게 팔려 나간 베스트셀러 《결정적 순간의 대화》였다. 물론 그 과정은 쉽지 않았으나 이런 노력 덕분에 기술적 약점을 강점으로 바꿀 수 있었다.

당신이 해야 할 일은 몇 권의 책을 읽겠다고 목표를 세우는 것이 아니라 먼저 내년도에 어떤 기술을 개발하겠다고 결정하는 것이다.

당신이 선택한 세 가지 기술이 갈등 해결, 협상, 인공지능이라고 해 보자. 각 주제에 관한 책을 여섯 권 읽고 한 번의 교육 과정에 참가할 계획을 세우라. 교육의 형태는 세미나, 개인 코치, 온라인 강좌, 회원제 교육 프로그램 등 무엇이든 상관없다.

가끔은 그렇지 않을 때도 있겠지만, 그해에 당신이 평소에 읽는 책과 참가하는 교육 과정은 대부분 이 세 가지 기술과 관련된 것이어야 한다. 넓은 상식을 쌓기보다는 깊은 전문성을 기르는 편이 바람직하다. 그래야만 시장의 흐름을 포착할 수 있기 때문이다. 또한 자신의 관점에 모순되거나 반대되는 의견들도 눈여겨봐야 자체적으로 전략을 개발하는 데 도움이 된다. 이렇게 기술 개발에 전념한다면 단지 개인적 단점을 보완하는 데서 한 걸음 더 나아가 과거의 약점을 미래의 강점으로 바꿔 놓을 수 있을 것이다.

기술 개발은 당신 자신을 들여다보는 일부터 시작되어야 한다. 만일 당신의 비즈니스가 '책임감'이라는 가치를 중요시해야 하는 사업이라면, 당신 자신부터 자기 분야에 책임을 지는 능력을 개발해서 조직 구성원들에게 모범을 보이고 각자의 업무 결과를 좀 더 효율적으로 책임지는 법을 가르쳐야 한다. 만일 직원들을 위해 좀 더 많은 훈련이 필요하다고 생각한다면 전문가를 초빙해서 워크숍을 개최하거나 당신이 직접 워크숍을 진행하는 방법도 있다.

현재의 당신은 미래의 원대한 계획을 실행에 옮기는 데 필요한 기술이 부족할 수밖에 없다. 모든 기술을 빠짐없이 갖춘 사람에게는 개선이 필요치 않다. 하지만 이 세상에 그런 사람은 없다. 당신이 자신의 발전에 가장 중요한 세 가지 기술을 파악해서 이를 개발하는 데 전념한다면 다가올 미래를 위해 바위처럼 튼튼한 기반을 구축할 수 있을 것이다.

팀의 기술 향상은 리더의 의무다

비즈니스 플랜의 '기술' 블록을 채울 때 본인의 기술을 개발하는 데 중점을 두고 계획을 세워야 하는지, 혹은 조직 구성원의 기술을 개발하는 데 초점을 맞춰야 하는지 궁금해 하는 사람이 있을 것이다. 분명히 말하면 양쪽이 다 필요하다. 당신 회사의 최고재무책임자CFO가 숫자를 다루는 데는 뛰어나도 회의에서 사람들을 지루하게 만든다면 그 영향이 회사 전체에 미칠지도 모른다. 인사 담당 임원의 소통력이 부족하면 조직 구성원들을 녹초로 만들고, 퇴사율을 높인다. 심지어 직원들이 회사에 마음이 떠난 채로 최소한의 일만 하는 조용한 퇴직을 유도할 수도 있다.

1인 기업을 운영하는 사업가나 막 회사를 설립하려는 사람은 본인의 기술을 개발하는 계획만 세워도 무방하다. 반면 여러 사람이 근무하는 회사를 운영 중인 사업가는 다른 직원들의 기술을 성장시킬 방안을 찾아야 한다. 개중에는 연례 인사고과의 일부로서 이미 직원들과 마주 앉아 기술 개발 계획을 세우는 사람도 있을 것이다. 당신이 수립할 비즈니스 플랜에도 직원들 개인과 각자 진행하는 기술 개발 회의가 주요 일정으로 포함되어야 한다. 그래야만 당신과 해당 직원이 모두 혜택을 얻을 수 있다. 모든 직원과 개별적으로 회의를 진행하기가 어렵다면 최소한 직속 부하들에게 다음과 같이 물어보라.

1. 당신이 올해 가장 뛰어난 역량을 발휘한 분야는 무엇인가?
2. 당신이 개선해야 할 분야는 무엇인가?

3. 그 분야를 개선하고 부족한 기술을 보강하기 위해 어떻게 해야 하는가?

2022년 초, 내가 운영하던 PHP 에이전시는 댈러스 카우보이 Dallas Cowboy 팀 구장에 회사의 부사장들을 초대해서 시무식을 개최했다. 그 자리에서 참석자들이 가장 필요로 하는 기술이 무엇인지 조사했더니 많은 사람이 갈등 해결 기술을 꼽았다. 내가 운영하던 또 다른 회사 밸류테인먼트에서도 콘텐츠 크리에이터, 편집자, 사업 담당 인력 사이에 소통을 개선해야 한다는 의견이 많았다. 이 산업 분야에서는 업무의 특성상 직원들 사이에 갈등이 벌어질 수밖에 없다. 우리는 회사를 그럭저럭 운영하고 있었지만 조직을 더욱 개선할 여지가 있다는 사실만은 분명했다.

나는 2022년 초 양쪽 회사의 직원들을 위해《결정적 순간의 대화》를 그달의 필독 도서로 선정했다. 최고 임원들은 책에서 얻은 핵심 통찰을 내게 정리해서 보냈고 그 뒤에 함께 만나 토론을 진행했다. 그뿐 아니라 나는 크루셜 러닝Crucial Learning이라는 리더십 회사의 컨설팅팀에게 이틀간 진행되는 워크숍을 열어 달라고 요청했다. 양쪽 회사를 위해 두 번의 워크숍을 개최하는 데 한 번에 3만 달러씩 모두 6만 달러가 들었다.

워크숍을 마치고 몇 주가 지나자 흥미로운 현상이 생겼다. 회사 내에 더 많은 갈등이 발생한 것이다! 언뜻 보기에는 걱정스러운 일일수도 있었겠지만, 이는 직원들이 예전처럼 갈등을 마음속에 꽁꽁 감추기보다 이를 솔직히 드러내고 해결해 가는 과정임을 알게 됐다. 직원들 사이에 감돌았던 냉전의 분위기는 새로운 소통의 기술을 활용한 진정성 있는 대화로 바뀌었다. 양쪽 회사 모두에 그만한 돈을 투자할 가치는 충분했다.

당신의 비즈니스 플랜에는 비즈니스에 영향을 미치는 모든 사람의 기술 개발 방안을 담아야 한다. 직원들의 승리를 도우면 당신도 승리한다. 당신이 직원들에게 해 줄 수 있는 최고의 일은 각자의 기술 개발에 시간과 노력을 투자하도록 독려하는 것이다.

누구에게 투자해야 하는가

나는 마랄 캐시시언Maral Keshishian이 워싱턴 뮤추얼 은행의 창구 담당 직원이었을 때 그녀를 처음 만났다. 당시 20대 후반이었던 나는 영업 부서의 리더로 일하고 있었고, 18세였던 마랄은 UCLA에 재학 중인 학생이었다. 나는 그 은행이 고객을 대하는 정책이 영 마음에 들지 않아 계좌를 해지하려던 참이었다. 마랄에게 그렇게 이야기했더니 그녀는 내 말을 차분하게 들은 뒤에 내가 계좌를 해지하지 말아야 할 이유를 공손한 태도로 조목조목 설명하며 결국 내 마음을 바꿔 놓았다. 나는 그 모습을 보고 언젠가 그녀가 우리 회사에서 일했으면 좋겠다고 생각했다. 그리고 2011년에 회사를 설립하자마자 마랄을 우리 회사의 재무 책임자로 영입했다.

마랄은 대학을 졸업한 뒤에 MBA 과정에 진학했다. 동시에 내가 운영하는 회사에서도 초고속 승진을 거듭했다. 그녀의 장점은 책 한 권을 써도 모자랄 정도로 넘쳐 나지만 여기서 중점적으로 이야기하고 싶은 것은 기술을 익히는 능력, 특히 상사를 움직여서 자신의 기술 개발에 투자하게 만드는 능력이다! 곧 소개하겠지만 당신이 회사에 근무하는 직원이나 사내 기업가라면 마랄 같은 리더를 따르라고 권하고 싶다. 또는 회사의 CEO나 소유주라면 마랄처럼 우수한 직원에게 투자할 것을 추천한다.

누군가 당신에게 시간과 돈을 투자하게 하려면 맡은 바 업무에서 뛰어난 능력을 보여 주어야 하고 항상 정직해야 한다. 일은 게으르게 하면서 훈련만 요구하는 직원처럼 최악의 투자 대상은 없다. 상사 앞에서 자신의 능력을 입증하기 위해 노력하는 직원들은 아래에 정리해 둔 마랄의 방법을 따를 필요가 있다.

회사가 내 기술 개발에 투자하도록 유도하는 법

1. 기술 개발 기회(콘퍼런스, 교육 과정, 행사 등)를 파악한다.

2. 당신이 훈련에 참석했을 때 회사가 얻을 수 있는 투자 수익을 간략하게 서술한다. 당신의 기술이 개선되면 회사에 어떤 가시적 이익이 돌아가는지에 초점을 맞춘다.
   - 고객 계약 체결이나 매출 기회
   - 그 기술이 회사에 제공할 장·단기적 혜택
   - 당신이 기술을 개발함으로써 회사의 소중한 인적 자산이 될 수 있는 이유

3. 당신이 참석하고자 하는 훈련 과정과 똑같은 내용의 훈련을 제공하는 몇몇

대안을 제시한다. 당신의 고용주는 그 훈련이 직원 본인의 개인적 욕구를 충족시키기 위해 꾸며 낸 계획이 아닌지 의심할 수 있다. 특히 훈련 장소가 하와이나 라스베이거스 같은 휴양지라면 더욱 그럴 것이다. 따라서 하나의 훈련 과정이나 행사에 집착하기보다 같은 훈련을 제공하는 복수의 선택지를 제시하면 상사의 신뢰를 얻을 수 있다.

4. 당신이 훈련 참석으로 자리를 비울 때 차질 없이 업무를 지속할 방안을 설명한다. 그 계획을 통해 당신이 직원들에게 업무를 적절히 위임하는 리더라는 사실을 입증할 수 있다.

5. 훈련에 참석하는 도중 뭔가를 크게 깨닫거나 중요한 정보를 얻으면 이를 요약해서 상사에게 보낸다. 교육 자료의 사진을 찍어 이 교육이 회사에 어떻게 도움이 된다고 생각하는지 설명한다.

6. 훈련 과정을 마치고 업무에 복귀한 뒤에는 당신이 배운 바를 요약하고 이를 업무에 어떻게 적용하고 있는지, 그리고 이 행사에서 어떤 사람들과 인적 네트워크를 맺었는지 보고한다. 그 교육이 회사에 제공한 혜택을 입증하는 데 초점을 맞추고, 가능하다면 구체적인 숫자를 사용해서 당신에 대한 투자가 성공적이었음을 입증한다. 그 훈련 덕분에 성사된 특정한 거래를 지목하는 것이 가장 이상적이지만 그렇지 못하더라도 훈련으로 인해 창출된 기회를 가능한 구체적으로 밝힌다.

나는 마랄이 우리 회사의 재무 책임자로 근무할 때 1만 6,000달러를 투자해서 그녀를 하버드 경영대학원의 경영자 과정에 보냈다. 그 결정이 별로 어렵지 않았던 이유는 마랄이 그전에 있었던 훈련 과정에 참석할 때마다 위와 같은 절차를 빠짐없이 밟았고 회사에 도움이 되는 기술을 개발했기 때문이다. 또 마랄은 자신이 보완해야 할 점이 무엇인지, 이를 어떻게 개선해야 할지, 내가 추천하는 책이 무엇인지 끊임없이 물었다. 그녀는 내 조언을 마음속 깊이 받아들이고 개선했기 때문에 나는 그녀의 훈련 계획에 계속 동의했다.

마랄은 서른한 살에 최고평판책임자chief reputation officer로 승진하며 최고 경영진 대열에 합류했다. 서른네 살에는 회사의 대표 자리에 올랐다. 그녀가 종사하는 업계에서 역사상 최연소 여성 대표가 된 것이다. 항상 열정과 의지에 넘쳤고 더 많은 기술을 축적하고자 하는 욕구로 충만했던 마랄은 결국 대담한 소수의 일원이 됐다.

채용으로 당신의 부족한 기술을 메우라

당신이 직접 기술을 익혀 모든 일을 직접 처리해야 하는 때도 있지만 상황에 따라서는 적절한 인력을 채용해서 그 사람에게 업무를 위임하거나 파트너와 함께 일할 수도 있다.

나는 스탠필드 부부와 함께 그들의 피자 가게를 프랜차이즈 사업으로 확대하는 문제를 논의하기 시작했다. 두 사람 모두 그 분야에는 전혀 경험이 없었다. 하지만 맛있는 피자를 만들고 가게를 운영하는 데는 재능이 뛰어났다. 따라서 그들 앞에는 두 가지 선택지가 놓여 있었다. 프랜차이즈 사업을 직접 공부해서 모든 일을 직접 처리할 것인가, 아니면 돈을 지불하고 법적 조언을 받거나 프랜차이즈 사업에 경험 있는 사람을 고용할 것인가.

이 부부는 두 번째 선택지를 고르기로 했다. 피자 가게를 운영하면서 프랜차이즈 사업에 시간을 쏟을 여력이 없었기 때문이다. 남은 문제는 자신들에게 필요한 기술을 지닌 사람을 채용하는 일이었다. 그들은 나와 우수한 헤드헌터를 찾아내 채용 업무를 시작했다. 당신도 필요한 인력을 직접 채용하거나 회사의 규모가 클 때는 인사부를 통해 채용 업무를 진행할 수 있겠지만, 어느 경우가 됐든 본질은 똑같다. 당신 스스로 기술을 쌓든지, 아니면 그 기술을 소유한 사람을 채용하라는 것이다.

이 부부는 도미노피자의 임원을 지낸 두 명의 직원을 채용했다. 그로부터 1년도 채 되지 않아 두 사람은 내가 주최하는 비즈니스 콘퍼런스의 초청 연사로 나와 2,000여 명의 관객 앞에서 '사업 확장'에 관한 자신들의 경험담을 이야기하기에 이르렀다. 그들은 그동안 가맹점 수를 네 개에서 여덟 개로 늘렸으며 다음 해에는 지금보다 두 배로 확장할 계획이라고 말했다. 스탠필드 부부는 사업을 접겠다고 마음먹은 뒤 12개월 만에 200만 달러가 넘는 수익을 올렸다.

어떻게 그런 일이 가능했을까? 의지와 기술을 적절히 통합했기 때문이다. 그들의 사례를 보면 앨버트 아인슈타인의 말이 생각난다. "나는 똑똑한 사람이 아닙니다. 그저 문제를 조금 더 오래 붙들고 늘어질 뿐이죠."[8]

그들은 자신들의 평판이 도전을 받자 강한 의지를 바탕으로 이를 극복해 냈다. 만일 두 사람이 나와 대화를 나눈 뒤에 곧바로 사업을 접었다면 그들은 '겁쟁이'라고 불리는 사람들의 무리에 합류했을 것이다. 겁쟁이라는 단어가 이 부부의 분노를 불러일으킨 탓에 나는 잠시나마 그들의 적이 되었다. 그 일을 계기로 그들은 프랜차이즈 사업 기술 획득에 필요한 감정적 에너지를 생산할 수 있었다. 이들에게 기술을 획득한다는 말은 그런 기술을 지닌 사람을 외부에서 채용한다는 것을 뜻했다. 결과적으로 이 부부는 수백만 달러를 벌어들였고 사업적 기반도 든든하게 구축했다.

기술을 축적하고자 하는 사람은 누구를 채용해야 하고 누구에게 그 일을 위임해야 하는지 신중하게 고려해야 한다. 만일 당신이 요리에는 영 소질이 없지만 늘 건강한 음식이 먹고 싶다고 해 보자. 그렇다고 요리 학교에 등록하거나 개인 요리사를 둘 수는 없는 노릇이다. 당신이 할 수 있는 일은 배달 서비스를 이용하든지, 또는 누군가를 몇 시간만 고용해서 음식 준비를 맡기는 것이다.

부족한 기술을 메우라는 말은 당신이 직접 기술을 배우고 익혀야 한다는 뜻이 아니다. 사람들이 저지르는 가장 흔한 실수 중 하나가 "모 아니면 도" 같은 사고방식에 빠지는 것이다. 예를 들어 회사의 규모가 점점 커지다 보면 어느 순간 재무 관리자가 필요해질 수밖에 없다. 이분법적 사고방식을 지닌 사람들은 그럴 때 이렇게 말할 것이다. "내가 고를 수 있는 선택지는 두 가지야. 내가 그 업무를 직접 맡거나 아니면 30만 달러쯤 되는 연봉을 지불하고 최고재무책임자를 고용하는 거지." 당신의 해결책은 회계 담당 직원이나 재무 책임자를 시간제로 채용하거나, 외부 업체에 회계 업무를 맡기는 것일 수도 있다.

당신의 최고운영책임자^{COO}가 고용한 영리한 인턴 한 명도 기본적인 회계 업무쯤은 너끈히 해낼 것이다. 우리는 인적 자원이 무한정 넘쳐 나는 세상에서 살아가지 않는다. 따라서 당신이 모든 일을 직접 하지 않으면서도 업무의 공백을 메울 방법을 찾아야 한다.

성공에 매우 중요하지만 당신이 직접 배울 만한 시간이 없고 그럴 능력도 부족한 기술은 무엇인가? 그 기술을 당신의 삶과 비즈니스에 도입할 전략은 무엇인가?

실적이 중요할까, 신뢰가 중요할까?

전략 커뮤니케이션 전문가이자 베스트셀러 작가 사이먼 사이넥^{Simon} ^{Sinek}은 소프트 스킬$^{soft\ skill}$(커뮤니케이션, 협상, 팀워크, 리더십 등 대인관계에 관련된 기술–옮긴이)을 '인간 기술$^{human\ skill}$'이라고 불러야 한다고 주장한다. 나도 그의 의견에 동의한다. 사이넥은 미 해군 특수부대 네이비실$^{Navy\ SEAL}$이 전쟁에 참전할 때 동료 부대원들을 어떤 식으로 평가하는지 보여 주는 동영상을 한 편 제작했다.[9]

사이넥은 이 동영상에서 '신뢰^{trust}'와 '실적^{performance}'을 비교해서 이야기한다. 둘 사이의 차이는 앞에서 말한 의지와 기술의 차이와 비슷하다. 군대에서 말하는 실적이란 당신이 전투에서 올린 성과를 의미하며, 신뢰는 당신이 전투라는 상황을 떠나 근본적으로 어떤 됨됨이를 지닌 사람인지를 뜻한다. 비즈니스에서의 실적이란 매출, 핵심성과지표^{KPI}, 기타 측정 가능한 성과처럼 당신이 거둔 가시적인 결과물을 말하고, 신뢰는 동료들의 지지를 받고 자기가 한 말을 지키는 것처럼 정직함과 진실성의 가치를 실천하는 일을 의미한다.

당신은 신뢰도가 높은 사람과 숙련된 기술을 지닌 사람 중에 누구를 더 높이 평가하는가? 어떤 사람이 특정 분야의 전문가지만 영 믿음이 가지 않거나 반대로 어떤 사람이 착실하고 믿음직하지만 자기가 하는 일에 서툴다면 어떻게 해야 할까?

2011년, 나는 우리 회사에서 신뢰도는 높지만 기술이 다소 부족한 네 사람의 목록을 작성했다. 그들의 이름은 패트릭, 마랄, 마리오Mario, 티그란Tigran이었다. 패트릭은 바로 나 자신이었다. 내가 그 목록의 맨 꼭대기에 올라 있었던 것이다! 나는 리더십 기술을 익히고 더 나은 CEO가 되는 법을 알아야 했으므로 하버드대학교에서 운영하는 리더십 개발 과정에 등록했다. 이 교육에 참석하느라 거의 한 달간 자리를 비워야 했지만 지금 생각해 보면 내가 내린 최고의 의사 결정이었다. 앞에서 말한 바와 같이 마랄이 우리 회사의 임원진에 합류했을 때도 나는 그녀를 같은 교육 과정에 보내 훈련을 받게 했다.

마리오와 티그란은 비슷한 부류의 사람들이었다. 나는 두 사람을 전적으로 신뢰했고 그들도 성공을 향한 의지가 하늘을 찌를 듯했다. 마리오는 앞에서 소개한 어니와 비슷한 상황에서 사회생활을 시작했다. 그는 어떤 일이든 해내고 말겠다는 의지로 충만했으나 부족한 기술로 인해 업무를 수행하는 데 한계를 느꼈다. 그의 자존감과 업무 실적은 모두 하강 곡선을 그렸다. 티그란은 내가 리더의 재목으로 점찍은 뛰어난 그래픽 디자이너였다. 그의 하드 스킬hard skill(담당 업무를 수행하는 데 필요한 실질적 기술-옮긴이)은 매우 강했지만, 조직 내에서 더 큰 역할을 맡기 위해서는 리더십 기술이 필요했다. 내가 와튼 경영대학원의 마케팅 과정 수업료가 1만 2,000달러라는 말에도 주저하지 않은 이유가 그 때문이었다. 나는 3만 달러 가까운 비용을 들여 마리오와 티그란을 와튼 경영대학원에서 한 주간 교육받게 했다.

두 사람에게 그렇게 큰 비용을 투자한 이유를 논리적으로 대자면 수도 없이 많다. 그들은 맡은 바 업무를 수행하는 데 도움이 되는 실질적 기술을 배웠다. 회사에도 새로운 아이디어를 들여왔다. 고급 인력들과 네트워크를 구축함으로써 자신들이 참가한 게임의 수준을 높였다. 하지만 내가 보기에 그 교육의 가장 큰 수확은 두 사람이 회사로 돌아온 뒤에 생각하고 행동하는 방식이 달라졌다는 점이었다. 다시 말해 정체성이 바뀐 것이다. 물론 내 투자 덕분에 회사에 대한 두 사람의 충성심이 높아진 측면도 있겠지만 그 이상의 뭔가가 변했다. 마리오와 티그란을 사무실에서 가르칠 수 있는 수준을 넘어 한 단계 더 성장시킨 것은 그들을 향한 믿음, 즉 과감한 금전적 투자를 통해 입증한 믿음이었다. 오늘날 두 사람은 강력한 리더로서 조직의 수준을 높이고 긍정적인 기업 문화를 확립하는 데 앞장서고 있다.

나는 앞날을 예상하는 비즈니스에 종사하고 있으므로 여러분이 뭐라고 말할지 잘 알고 있다. 직원들을 그런 식으로 교육하려면 돈이 엄청나게 들잖아! 만일 그들이 와튼 경영대학원의 자격증을 내걸고 다른 데로 이직하면 어떻게 하지? 내가 그런 위험부담을 기꺼이 떠안은 이유를 직접 설명할 수도 있겠지만 여기서는 다른 사람들에게 설명을 맡기려 한다.

헨리 포드는 이런 말을 남겼다. "직원들을 훈련해서 다른 회사로 옮기게 하는 것보다 그들을 훈련하지 않고 회사에 머물게 하는 것이 더 나쁘다."10 또 버진 그룹의 회장 리처드 브랜슨Richard Branson은 이렇게 말했다. "직원들을 잘 훈련해서 다른 회사로 옮겨 갈 만한 능력을 심어 주고, 그들을 잘 대우해서 다른 회사로 옮겨 갈 마음을 먹지 않도록 해야 한다."11

어떤 직원이 기술은 출중한데 신뢰가 가지 않는다면 어떻게 해야 할까? 당신이 보기에 직원의 장점과 약점을 함께 받아들이는 것밖에는 도리가 없다고 생각한다면 그건 당신에게 리더십 개발이 필요하다는 표시일 수 있다. 당신이 그 직원을 계속 채용할 수밖에 없다고 믿는다면 정작 자기가 신뢰하는 직원들의 기술 개발을 돕지 않았다는 뜻이다. 당신은 마랄, 마리오, 티그란 같은 직원들이 어떤 종류의 사람을 대신해서 채용됐다고 생각하는가?

나는 믿지 못하는 사람들을 이끌고 전쟁에 나갈 수 없다. 물론 그런 직원들을 타 부서와 교류가 적은 독립 부서에서 일하게 할 수는 있다. 예를 들어 소프트웨어 개발자에게 독립적인 프로젝트를 맡길 수 있을 것이다. 하지만 그런 경우라고 해도 나는 매우 신중하게 직원을 찾는 편이다. 그리고 내게 선택권이 주어진 상황에서는 기술은 부족해도 최대한 신뢰할 만한 사람을 고른다.

신뢰와 인성은 다르다. 가령 당신 회사의 최고 프로그래머가 동료들과의 관계가 형편없다고 가정해 보자. 또는 CFO가 업무적인 능력은 뛰어나도 회의만 했다 하면 참석자들을 지루하게 한다고 해 보자. 이런 사람들을 어떻게 해야 할까?

그건 그 사람들에게 교육이 얼마만큼 효과가 있느냐에 달렸다.

다시 말해 그들에게 개선을 향한 의지가 있는지를 확인해야 한다. 만일 그 대답이 예스라면 그들에게 돈을 투자해서 기술 블록을 채워 넣어야 한다. 그러면 그들은 당신이 가장 신뢰하는 직원이 될 수 있을 것이다. 물론 당신 회사의 모든 직원이 신뢰와 기술 양쪽 측면에서 최고 수준에 올라 있다면 가장 이상적인 상황일 것이다. 하지만 우리는 그렇게 완벽한 세상에서 살지 못하므로 직원 개발을 위해 어느 정도의 투자는 감수해야 한다. 아마 당신이 가장 신뢰하는 직원은 자아 개선을 향한 의지도 가장 강할 것이다. 그들 중에 기술이 부족한 사람이 있다면 이들을 눈여겨보고 투자를 집중해야 한다. 기술은 충분히 배울 수 있다. 의지가 강하고 신뢰도가 높은 직원에 대한 투자는 당신이 할 수 있는 최고의 투자다.

하드 스킬이 뛰어나고 인성이 좋은 사람들은 성실한 시민으로

직원에게 제대로 투자하면 얻는 결과

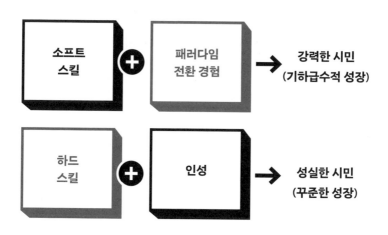

성장해 당신의 조직을 꾸준히 발전시킨다. 소프트 스킬이 강한 인재 중 획기적인 패러다임의 전환을 경험한 사람들은 기하급수적인 성장을 이뤄 내는 강력한 시민으로 커 나간다. 당신의 목표는 그런 소수의 직원을 위해 긍정적인 패러다임의 전환을 창조하는 것이다. 그 직원들은 당신 회사의 수준을 전혀 새로운 차원으로 높여 줄 것이다.

당신이 본인의 의지를 마음껏 활용할 수 있게 됐다면, 이제 세상을 바꿀 준비를 마친 것이다. 감정적 에너지에 충만한 사람들은 헬스클럽에서 운동할 때나, 발표 자료를 작성할 때나, 영업 목표를 달성하기 위해 노력할 때나 세상의 그 어떤 일도 문제없이 해낼 수 있다는 느낌을 받는다. 하지만 그런 능력을 쌓으려면 기술이 필요하다.

의지는 한 곳에만 조용히 머물러 있는 감정이 아니다. 당신은 자신의 내면에서, 그리고 다른 사람들의 마음속에서 의지를 충분히 끌어낼 수 있다. 그러기 위해서는 스스로 올바른 질문을 던져야 하고, 질문의 답을 찾는 순간 이를 실천하기 위해 신속히 행동하겠다고 다짐해야 한다. 그 행동이란 당신이 원하는 사람, 즉 지금과는 전혀 다른 새로운 사람이 되는 데 필요한 기술을 쌓는 일을 뜻한다.

당신의 블록을 채우기 위한 질문들

──────────── 의지 ────────────

1. 당신이 성공을 그토록 열망하는 이유는 무엇인가? 뭔가를 수동적으로 원하는 마음을 강력한 의지로 바꾸기 위한 계획은 무엇인가?

2. 당신은 무엇을 가장 두려워하는가? 어떤 생각이나 느낌이 당신의 감정을 가장 크게 자극하고, 그 감정을 피할 수만 있다면 어떤 일이라도 하고 싶게 만드는가?

3. 당신에 대해 말하는 사람들에게 듣고 싶지 않은 세 단어는 무엇인가?

4. 당신에 대해 말하는 사람들에게 듣고 싶은 세 단어는 무엇인가?

5. 직원들의 마음속에서 의지를 소환하려면 그들을 어떻게 이끌어야
   하는가?

6. 당신의 발목을 잡는 패턴이나 믿음은 무엇인가? 이를 멈추려면 어
   떻게 해야 하는가? 또는 어떤 사람에게 조언이나 도움을 받아야 하
   는가?

기술

1. 당신이 내년도의 실적 목표를 달성하려면 어떤 사람이 필요한가?
   당신에게 필요한 3~5가지의 기술은 무엇인가?

2. 당신의 정체성을 바꿔 줄 잠재력을 지닌 기술은 무엇인가? 그 기술
   을 익히기 위해 어떤 훈련을 어떤 방법으로 받을 것인가?

3. 당신 회사의 리더나 직원들은 어떤 기술이 부족한가? 그 문제를 어
   떻게 해결할 계획인가?

4 당신이 직접 배워서 해결할 수 없는 기술이 있다면, 이를 누구에게
   위임하고 어떤 사람을 채용할 것인가?

5. 당신 회사의 어떤 직원을 개발하는 데 비용을 투자하고, 어떤 기술을 강조할 것인가?

6. 빈칸을 채우라. 나는 ＿＿＿＿＿＿＿＿라는 단어로 내 평판이 정의되기를 바란다.

7. 빈칸을 채우라. 내가 사람들에게 ＿＿＿＿＿＿＿라는 평판(나의 가장 큰 약점)을 계속 얻는다면, 더 높은 단계로 올라서지 못할 것이며 그동안 쏟았던 힘겨운 노력도 물거품이 될 것이다. 나는 ＿＿＿＿＿＿＿를 통해 그 결점을 보완할 것이다.

6장.

사명과 계획:

수백만 달러를 벌었어도 공허함에 시달렸던 이유

 사명: 대의, 바로잡아야 할 문제,
성스러운 투쟁

 계획: 구체적인 행동, 예측 가능한 미
래에 대한 준비

자신의 사명에 무한한 믿음을 지닌
확고한 영혼은 역사를 바꿀 수 있다.

_마하트마 간디[1], 인도의 정치가

어느 CEO가 연례 시무식에서 파
워포인트 슬라이드와 스프레드시트를 직원들에게 보여 주며 지루한
이야기를 늘어놓는다고 가정해 보자. 그의 발표 자료는 준비가 잘 되
어 있고, 체계적이고, 명확하다. 성공적인 한 해를 만들기 위한 처방
도 구체적으로 제시하고 있으며, 매출을 늘리고 시장을 확대할 방안
에 대한 근거도 충분히 갖추고 있다. 그런데 왜 아무도 그의 말에 귀
를 기울이지 않는 걸까?

이제 스티브 잡스가 자신의 트레이드 마크인 검은색 터틀넥 티

셔츠와 청바지를 입고 애플의 직원들 앞에 서서 세상을 어떻게 바꿀 것인지 열변을 토하는 장면을 상상해 보라. 파워포인트 슬라이드 따위는 없다. 잡스의 영혼 속에는 회사의 사명이 깊이 스며들어 있다. 그는 청중을 향해 대담하게 선언한다. "우리의 사명은 인류의 진보를 이끄는 도구를 개발해서 세계에 공헌하는 것입니다."

관객석에서 우레와 같은 함성이 터진다! 직원들은 열광의 도가니에 빠진다. 그들은 세상을 손에 넣을 준비를 마쳤다.

왜 그럴까? 자신들의 사명을 잘 알고 있기 때문이다. 그들을 고무시키고 용기를 불어넣는 것은 바로 사명이다.

잡스는 여기에서 멈추지 않는다. 청중을 향해 어떤 일을 해야 하는 '이유'를 이야기했으니 이제 '방법'을 설명할 차례다. 직원들은 그의 입에서 어떤 계획이 흘러나오든 이를 따를 준비가 되어 있다.

이에 반해 논리적이기만 한 CEO는 아무 데도 설 곳이 없다. 그가 잃어버린 청중의 관심은 다시 돌아오지 않는다.

우리는 감정과 논리가 항상 불가분의 관계를 맺어야 한다는 사실을 잘 알고 있다. 분기별 회의뿐 아니라, 영업 활동, 팀워크 구축, 줌 화상회의 등을 진행할 때도 감정과 논리를 적절히 통합하는 작업이 필요하다. 특히 이 장에서 다룰 두 가지 성공 블록에서는 그 필요성이 절실하다. 사명은 매우 감정적이고 계획은 매우 논리적인 구성 요소다. 그러나 두 가지 중 어느 것도 취사선택의 대상이 아니다.

사명은 인내를 불러온다. 목표로 향하는 여정에 동반되는 고통을 참아 낼 힘을 준다. 사명감에 불타는 사람들과 경쟁해서는 안 된다. 오히려 그들의 사명에 '동참해야' 한다. 강력한 사명 없이는 사람들을 유인할 수 없다. 그런 조직은 다른 사람들의 눈에 그저 돈을 받고 일해야 할 또 하나의 회사나 오직 돈에 의해 좌지우지되는 장사꾼들로 보일 뿐이다. 회사에 확실한 사명이 존재하지 않는다면 당신은 직원들이 언제든 조직을 등지고 떠날 수 있는 위협에 끝없이 노출되어 있는 것이다.

이 장에서는 조직의 사명을 확립하고, 표현하고, 이를 바탕으로 조직 구성원들에게 끊임없이 용기와 영감을 제공하는 법을 이야기할 것이다. 내가 여기서 '동기부여'라는 단어를 사용하지 않았다는 사실에 주목하라. 사명감에 불타는 사람에게는 굳이 동기부여가 필요 없다. 뒤에서 다시 이야기할 '꿈'이나 '목표' 성공 블록과는 달리 사명에는 시간표가 없다. 왜 그런지는 차차 이야기하겠지만 당신의 개인적 삶과 비즈니스를 뒷받침하는 사명은 '목표'를 넘어 존재한다.

또 이 장에서는 당신의 사명을 구체적인 계획으로 바꾸는 법을 이야기할 예정이다. 여기에는 SWOT(강점, 약점, 기회, 위협) 분석을 통해 당신이 어느 곳에 노력을 쏟아야 할지를 정확히 파악하는 작업이 포함된다. 또한 위기를 예측하고 남들보다 세 걸음에서 다섯 걸음 먼저 대비하는 법도 배우게 될 것이다.

당신의 사명을 '채용'하라

우리가 사명을 이야기할 때 사용하는 '채용recruiting'이라는 말은 자신의 내면이나 조직의 내부를 들여다보는 일과 관련이 깊다. 나는 '채용'이라는 단어를 남들과 사뭇 다른 의미로 사용한다. 내게는 회사에 인재를 영입하거나 조직의 사명에 선명함을 부여하는 등 특정한 목적을 이루기 위해 수행하는 모든 일이 다 채용이다. 우리 앞에 올바른 사명이 항상 준비되어 있는 것은 아니기 때문에 당신은 사명을 '채용' 해서 눈앞에 가져다 놓아야 한다.

좀 더 구체적으로 이야기하자면 아래 네 가지 행동을 실천에 옮기는 순간 당신의 사명을 더욱 생생하게 창조할 수 있다.

사명을 '채용'하는 네 가지 방법

1. 무엇이 당신의 마음을 움직이는지 파악한다.
2. 신물이 나거나 지루한 대상을 파악한다.
3. "무엇이 내게 행동을 유도하는가"라고 질문한다.
4. 뭔가 해결하지 않으면 도서히 살아길 수 없는 문제를 찾아낸다.

사명은 감정과 깊은 관련이 있다. 따라서 사명을 파악하는 일은 적을 선택하는 일과 비슷하다. 당신이 패배자처럼 느꼈거나 누군가에게 모욕을 당했을 때를 생각하면 사명을 찾아내는 데 도움이 될 것이다. 당신의 일생을 걸고 바로잡거나 개선하고 싶은 중요한 일은 무엇인가?

내가 운영하는 회사 밸류테인먼트에서는 조직의 사명을 찾아내어 이를 정확히 표현하기 위한 언어를 고르기까지 몇 년이라는 시간이 걸렸다. 우리의 사명은 현재와 미래를 살아가는 온 세상의 리더들을 계몽하고, 격려하고, 위로하는 것이다.

아래와 같이 각자 성격이 다른 세 기업의 사명 선언문을 살펴보면 여러분에게도 좋은 참고가 될 것이다.

- TED: 아이디어를 전파합니다.
- 테슬라: 세계가 지속 가능한 에너지로 옮겨 가는 속도를 높입니다.
- 파타고니아: 우리의 비즈니스는 인류의 터전인 지구를 구합니다.

또 아래의 세 사람은 자신의 개인적 사명 선언문을 다음과 같이 작성했다.

- 오프라 윈프리: 스승이 되기. 내 학생들에게 자기 생각보다 더 나은 사람이 되도록 용기를 불어넣은 스승으로 세상에 알려지기.
- 월트 디즈니: 사람들을 행복하게 하기.
- 데니스 모리슨(캠벨 수프 컴퍼니의 전 CEO): 리더로서 봉사하고, 균형 잡힌 삶을 살고, 도덕적 원칙을 지킴으로써 세상에 큰 변화를 가져오기.

이 기업과 개인들의 사명은 영원히 지속된다. 그들의 계획은 모두 사명에서 나온다. 계획에는 생명 주기가 있어도 사명은 결코 끝나는 법이 없다.

회사의 웹사이트에 게시할 목적으로 억지로 꾸며 낸 사명 선언문은 모두 헛소리에 불과하다. 그렇게 형식적으로 만들어진 사명은 사람을 고무시키지 못하고 용기를 안겨 주지도 않는다. 사실 그런 식으로 조직의 사명을 대충 둘러대는 사람들이야말로 끊임없이 동기부여를 찾아 헤매는 이들이다. 사명 선언문을 작성하는 방법을 알려 주는 책은 수도 없이 많다. 하지만 그 책들의 내용을 들여다보면 비즈니스 플랜을 작성하는 법보다 훨씬 따분하고 지루한 이야기를 늘어놓는 경우가 많다. 당신은 사명 선언문을 작성하는 방법을 머리로 '생각하기'보다 본인을 실제로 움직이는 것이 무엇인지를 마음으로 '느껴야' 한다.

이제 당신이 삶에서 진정으로 원하는 것이 무엇인지 솔직하게 생각해 보라.

당신에게 삶의 지침을 제공할 몇 가지 질문을 소개한다.

1. 당신은 어떤 대의大義를 위해 싸우려 하는가?
2. 당신은 어떤 부당함을 바로잡으려 하는가?
3. 당신은 어떤 성스러운 투쟁을 이끌려 하는가?

사명을 채용하려면 조용한 시간이 필요하다. 일단 조직 구성원들과 상의하기 전에 당신 스스로 이를 고민하는 과정을 거쳐야 한다. 휴대전화를 끄고 당신의 내면을 들여다보라. 위의 질문들을 생각해보고 답을 찾아내는 데 진지하게 시간을 투자하라. 답을 얻어 내기까지 몇 시간이 걸릴 수도 있고, 몇 달이 걸릴 수도 있다. 이 질문들의 답은 '찾아내는' 게 아니라 저절로 모습을 드러내도록 '놓아두는' 것이다. 가령 당신의 숨겨진 내면이나 그동안 줄곧 부인해 왔던 어떤 대상에서 문득 답이 떠오를 수도 있다.

당신을 필생의 사명으로 안내하는 과정에서 내가 할 수 있는 일은 계속 질문을 던지고 연습의 기회를 제공함으로써 본인의 내면을 들여다보도록 돕는 것뿐이다. 내가 이를 연습할 때 참조한 책 중 하나가 이란 주재 영국 외교관 출신의 칸 로스Carne Ross가 쓴《리더 없는 혁명The Leaderless Revolution》이었다. 로스에 따르면 개인적 삶에 혁명적 변화를 도입하고자 하는 사람, 그리고 원대하고 파괴적인 혁신을 향해 나아가는 사람은 다음 세 가지 질문을 바탕으로 행동한다고 한다.

1. 나는 무엇을 좋아하는가?
2. 나는 무엇을 싫어하는가?
3. 무엇이 나를 괴롭히는가?

내 어린 시절은 몹시 고통스러운 기억으로 얼룩져 있다. 어린 나이에 부모님의 이혼을 겪었고 가족과 함께 이란을 탈출하기 전까지 공산주의의 압제를 경험하기도 했다. 하지만 남들의 동정을 바라거나 나 자신을 희생자로 부르고 싶어서 이런 이야기를 늘어놓는 게 아니다. 내게 이념적인 적을 선택할 기회를 제공함으로써 필생의 사명을 발견하도록 이끈 요인은 권력자들의 교묘한 조작, 힘없는 사람들을 상대로 한 게임, 강제적 침묵, 공산주의 등에서 얻은 상처였다.

나는 어린 시절의 아픈 경험에 분노를 터뜨리는 일을 멈추고 이를 차분히 되돌아보는 시간을 보낸 덕분에 필생의 사명을 발견한다는 목표에 한 걸음 다가설 수 있었다. 이 장에서는 그 과정에서 있었던 이야기를 잠시 들려줄 예정이다. 하지만 그전에 당신의 마음을 조금 불편하게 할 질문들을 던져 보려 한다. 당신은 무엇을 싫어하는가? 절대 참아내지 못하는 일은 무엇인가? 당신이 응원하는 사람 중에 누가 남들에게 괴롭힘을 당하나? 만일 그런 사람이 자신과 가까운 주변 인물이라면 당신은 뭔가를 향해 나아갈 방향을 제대로 잡은 것이다. 당신이 사랑하는 사람 중에 누가 도움을 필요로 하는가? 당신을 괴롭히는 뭔가가 마음속에서 에너지를 불러일으키고 행동에 필요한 감정을 창조할 것이다.

자신을 괴롭히고 불편하게 만드는 대상을 찾아내는 작업에 꼭 이렇게 심오하고 개인적인 감정을 동원할 필요는 없다. 가령 당신이 깨끗한 욕실에서 풍기는 향기를 좋아하거나, 지저분한 화장실의 악취를 유난히 견디지 못한다고 가정해 보자. 그런 아이디어만으로도 수익성 높은 사업 기회를 발견할 수도 있다.

화장실용 방향제 제조 기업 푸리Pourri의 사명 선언문은 이렇다. "인류가 늘 해 오던 일을 쾌적하게 바꾸기." 〈Inc. 매거진〉에 따르면 현재 이 회사의 기업 가치는 4억 달러가 넘는다.[2] 푸리라는 회사가 설립된 계기가 창업자 수지 바티즈Suzy Batiz의 깨끗한 화장실을 향한 열정이든, 냄새나는 화장실에 대한 혐오든, 인공 합성 방향제를 거부하는 취향 때문이든 이 여성은 자신의 사명과 비즈니스를 연결하기까지 두 차례의 사업에서 모두 파산하는 시련을 겪었다. 이는 그녀가 이미 엄청난 성공을 거뒀음에도 결코 속도를 늦추지 않는 이유이기도 하다. 바티즈는 푸푸리Poo-Pourri라는 독창적인 제품으로 큰돈을 번 뒤에도 새로운 친환경 청소 제품들을 줄줄이 출시해서 성공적으로 사업을 이어 가고 있다. 인류가 늘 해 왔던 일을 쾌적하게 바꾼다는 사명감에 불타고 있기 때문이다.

이런 사례들은 당신에게 본인의 사명을 거듭 생각해 볼 기회를 제공할 것이다. 당신 자신을 향해 끊임없이 질문하라. 나는 무엇을 좋아하는가? 무엇을 싫어하는가? 무엇이 나를 괴롭히는가?

큰 성공을 거두고도 공허함에 시달렸던 이유

지금까지 다른 사람들이 사명을 찾아내는 과정을 살펴봤으니, 이제 당신의 머릿속에서도 아이디어가 조금씩 모양새를 갖추기 시작했을 것이다. 20대 때의 나는 오로지 적들이 틀렸다는 사실을 증명하고, 큰돈을 벌고, 사람들에게 존중받고 싶다는 마음만 가득했다. 돌이켜 생각해 보면 20대의 젊은이가 자신만을 위해 앞날의 목표를 설정하는 것은 지극히 정상적인 일일지도 모른다.

내 적들이 크리스마스 파티에서 아버지를 모욕하고 6년이라는 시간이 흐른 2008년 12월, 그동안 쏟아부은 노력이 조금씩 열매를 맺기 시작했다. 나는 서른 살 젊은이치고는 꽤 큰 성공을 거뒀다. 전 세계를 돌아다녔고 1만 명이 넘는 청중 앞에서 연설할 기회도 얻었다. 내가 졸업한 고등학교에 초청받아 빈털터리에서 일약 부자가 된 성공담을 이야기하며 후배들의 용기를 북돋기도 했다. 게다가 부모님 입에서도 마침내 마법 같은 말이 흘러나왔다. 두 분은 뭐라고 말했을까? "내가 자랑스럽다"는 것이었다. 나는 그 말을 믿었으므로 당연히 마음의 평화를 얻어야 했다. 그런데 왜 만족하지 못했을까? 왜 성취감을 느끼지 못했을까? 왜 뭔가가 빠져 있는 듯한 느낌을 받았을까?

2008년 말, 나는 새해의 계획을 세우며 나 자신에게 이렇게 물었다. "이것이 전부일까? 지금까지 이 모든 일을 겪은 이유는 그저 돈을 벌기 위해서였을까? 그게 다일까? 내가 꿈꾸던 것보다 훨씬 많은 돈을 벌었는데도 여전히 아침에 침대를 박차고 일어나야 할 이유는 무엇인가?" 나는 현재의 삶보다 더 크고 의미 있는 뭔가가 있다는 사실을 어렴풋이 느끼고 있었다. 돌이켜 보면 삶의 진정한 의미를 향한 질문 앞에서 방황하던 시기였다고 생각된다. 내 사명은 대체 무엇인가?

나는 자아를 개선하는 데 다시 몰두하기 시작했다. 동기부여 관련 서적들을 읽고 워크숍에도 참석했다. 하지만 아무것도 바뀌지 않았다. 나를 계속 움직이게 할 동력을 찾아내지 못했다. 그때를 돌이켜 봤을 때 나 자신을 칭찬할 만한 유일한 대목은 사명을 '채용하기' 위해 열심히 노력했다는 것뿐이다. 나는 주위 사람들에게 수많은 질문을 던졌고, 멘토들과 마주 앉아 대화를 나눴다. 더들리 러더포드 목사에게 조언을 구하기도 했다. 친구들에게도 내 약점이 무엇인지 적극적으로 묻고 다녔다.

그러던 어느 날, 클레어몬트 연구소Claremont Institute라는 싱크 탱크가 개최하는 행사에 친구 빌 보겔Bill Vogel이 나를 초대했다. 그때가 2009년 3월이었다. 새해가 시작된 뒤로 내 영업 실적은 그럭저럭 괜찮았지만 특출나게 좋지는 않았다. 나는 설렁설렁 일하면서도 괜찮은 수입을 거두는 법을 알았다. 그런 과정을 거치며 우리의 삶에서 긴

박감을 빼앗는 가장 큰 요인이 안일함이라는 사실을 깨달았다. 내게
는 이렇다 할 적도 없었고 사명도 없었다. 뭔가 방향을 잃어버린 느낌
에서 벗어나지 못했던 이유도 그 때문이었다.

나는 휴고 보스의 세로줄 무늬 정장을 입고 노란색 콜벳 Z06 스
포츠카에 올라 행사장으로 향했다. 행사장에서 내 옆자리에 앉은 사
람은 유명한 가수 겸 배우 팻 분Pat Boone이었다. 그밖에도 여러 굵직굵
직한 인물이 무대를 장식했다. 그러나 그 누구의 연설도 내게 감동을
안겨 주지 못했다. 뭔가 해답을 얻기 위해 이곳에 왔지만 결국 빈손으
로 떠나게 될 것 같다는 느낌이 들었다.

그러다 퓰리처상을 받은 정치 평론가 겸 작가 조지 윌George Will
이 연설을 위해 무대에 올랐다. 1986년 〈월스트리트 저널〉은 그를
두고 "미국에서 가장 영향력 있는 언론인"이라고 논평한 바 있다.[3]

조지는 변호사들이 이 나라를 망친다고 전제하며 연설을 시작했
다. 그리고 그 말을 뒷받침하는 세 가지의 설득력 있는 사례를 제시했
다. 첫 번째는 어느 아이가 실수로 낚싯바늘을 삼킨 뒤에 제조업체를
상대로 소송을 건 이야기를 들려주었다. 두 번째로 비만이라는 질병
이 확대되는 현상과 미국에서 문을 닫는 공원의 수가 점점 증가하는
현상이 무관하지 않다는 주장을 펼쳤다. 마지막으로 그는 공원에 앉
아 아이들이 넘어지기를 기다렸다가 그 부모를 부추겨서 정부를 상
대로 소송을 제기하는 변호사들을 맹렬하게 비난했다.

돌이켜 보면 나는 조지 윌에게 감정과 논리를 달인처럼 조합해
내는 능력이 있다는 사실을 깨달았던 듯하다. 그는 평범한 정장을 입
고 두꺼운 안경을 쓴 보수적인 외모의 사내였지만 매우 설득력 있는

사례를 활용해서 자신의 주장을 펼쳐 나갔다. 뉴스 진행자 빌 오라일리Bill O'Reilly처럼 자신만만하거나 코미디언 존 스튜어트Jon Stewart처럼 남을 웃기는 재주는 없어도 모든 청중에게 자신의 감정적 에너지를 생생하게 전달했다. 그는 사람의 마음을 움직이는 방법을 알고 있었다. 그가 미국이 겪고 있는 온갖 문제에 관해 한 시간가량 연설하는 동안 나는 어느 때보다 크게 감동했다! 마치 누군가 당장이라도 밖으로 뛰쳐나가 그 문제들을 해결해 주기를 온 세상이 기다리고 있는 듯이 느껴졌다. 게다가 신이 그들 중 하나로 나를 선택해서 소명을 부여했다는 생각이 들었다.

행사가 끝나고 빌은 나를 조지에게 소개하며 이렇게 말했다. "패트릭에게 뭔가 조언해 주실 게 없나요? 이 친구는 올해 서른 살입니다. 나이는 젊어도 영업 일을 곧잘 하고 있죠. 하지만 자신을 다음 단계로 오르게 해 줄 사명이 필요하다고 느끼는 것 같아요."

조지가 내게 물었다. "어디에서 왔고 배경이나 경력은 어떤가요?"

나는 이란에서 왔다고 대답했다. 조지는 내 가족에 대해 좀 더 질문했다. 나는 어머니의 가족이 모두 공산주의자고 아버지는 왕정주의자였다고 말했다. 그리고 우리 가족이 전쟁을 피해 1989년 이란을 떠났고 독일의 난민 캠프에서 2년이라는 시간을 보냈으며, 내가 열두 살 되던 해에 캘리포니아로 이주했다는 사연을 있는 그대로 이야기했다.

조지는 남의 말을 잘 들어 주는 재주가 있었다. 그가 내 말에 귀기울일 때는 나를 진정으로 생각하고 관심을 보이는 듯이 느껴졌다.

그는 이렇게 말했다. "미국이 왜 세계에서 가장 이민자가 많은 나라인지, 그리고 자본주의가 왜 역사상 최고의 시스템인지를 연구해 보세요. 전 세계 사람들이 무엇보다 원하는 것은 자유입니다. 그런데도 왜 그토록 많은 사람이 자본주의를 적대시하는지를 알아내면 우리와 다른 쪽에서 살아가는 사람들도 이해할 수 있을 겁니다." 또 조지는 나라 이름 뒤에 '드림dream'이라는 단어가 붙는 국가는 세상에서 미국밖에 없다고 말했다. 러시안 드림이나 차이니스 드림 같은 말은 없다. 오직 아메리칸 드림이 있을 뿐이다.

나는 그의 조언을 가슴 깊이 새기고, 그에게 시간을 내주어서 고맙다고 말했다. 그리고 행사장을 떠나자마자 공부를 시작했다. 나는 사람들에게 항상 이렇게 말한다. "어떤 사람이 타인의 조언이나 가르침에 얼마나 빨리 반응하는지를 보면 그가 얼마나 크게 성공할지를 알 수 있다. 다시 말해 당신이 멘토에게서 피드백을 얻거나 친구에게 책을 추천받았을 때 그들의 조언에 얼마나 신속히 반응하느냐를 지켜보면 당신 자신에 대해 많은 단서를 얻을 수 있을 것이다." 나는 조지 월을 만난 뒤에 이민, 자본주의, 정치학 등에 관련된 책을 능력이 닿는 대로 샅샅이 탐독했다. 공부에 동기부여 따위는 필요 없었다. 아메리칸 드림과 그 뒤에 놓인 역사에 대해 속속들이 알고자 하는 마음 이외에는 아무런 생각이 들지 않았다.

모든 공부를 마친 다음 날, 매주 토요일 10시에 열리는 영업 회의에 참석했다. 나는 이 회의를 매우 좋아했다. 참석자들에게 전달할 새로운 메시지를 생각해서 그들에게 영감을 선사하는 것이 그 주의 하이라이트 중 하나였기 때문이다. 하지만 지난 몇 개월은 뭔가 양상

2부. 열두 개의 성공 블록으로 숨겨져 있던 불꽃을 일으켜라

이 달랐다. 지금 생각하면 나는 삶의 진정한 사명을 발견하고 자아를 재구축해 가는 과정에 놓여 있었던 것 같다.

그날의 회의는 이전과 사뭇 다른 분위기로 진행됐다. 조지 월의 연설이 내 사명감에 불을 지핀 것이다. 나는 미국의 미래에 대해 19분 동안 열변을 토했다. 그전까지 내가 애국자라고 생각해 본 적은 없었지만 그날의 열정은 하늘을 찌를 듯했다. 회의 참석자 중 많은 사람이 1세대 미국 이민자였다. 나는 스스로 놀랄 만큼 격렬한 어조로 그들에게 물었다. "여러분의 부모님은 왜 이 나라에 왔습니까?"

그 순간만큼 내가 살아있다는 것을 생생하게 느낀 적은 없었다.

모든 참석자가 흥미롭다는 표정으로 나를 바라보며 내 메시지가 왜 그렇게 갑자기 변했는지 물었다. 평소의 나는 우리가 추구해야 할 '꿈'에 대해서만 말하는 편이었다. 하지만 이번의 연설은 달랐다. 내 입에서 나오는 모든 이야기가 미국의 자유를 수호해야 한다는 쪽으로 집중됐다. 왜 그토록 많은 사람이 이란을 떠났나? 왜 그렇게 많은 사람이 러시아를 등졌나? 왜 전 세계의 모든 사람이 아메리칸 드림을 이야기하나? 내 머릿속에 한 줄기 빛이 밝혀졌다. 참된 사명에 연결된 순간부터 나는 불타오르기 시작했다. 수백만 달러를 벌었어도 삶의 방향을 찾지 못하고 방황하던 사람으로부터 필생의 사명을 찾아낸 사람으로 변신한 것이다.

그때 이후로 지금까지 내 사명은 창업가 정신을 바탕으로 세계의 문제를 해결하고 사람들에게 자유와 희망, 자본주의의 중요성을 가르치는 것으로 굳어졌다. 왜냐하면 세계의 운명이 바로 이 시스템에 달려 있다고 믿기 때문이다.

그리고 조지 윌의 연설을 듣고 몇 달이 지나자, 어느 회사의 영업 리더로 일해서는 내 사명을 충분히 펼칠 수가 없다는 생각이 들었다. 나는 진정한 영향력을 갖춰야 했다. 그래서 내 첫 번째 행보는 우리 회사와 협력 관계를 맺은 대형 금융 기업들 앞에서 비전을 발표하는 것이었다. 하지만 반응은 신통치 않았다. 그들이 내게 원한 것은 이상적인 개념이나 아이디어가 아니라 큰 매출 목표와 그에 상응하는 탁월한 실적이었다. 하지만 입을 꾹 닫고 돈 버는 일에만 몰두하는 것만으로는 나 자신을 만족시킬 수 없었다. 내가 가진 모든 것을 걸어야만 원하는 목표를 달성할 수 있겠다는 생각이 들었다. 그러려면 더 많은 일을 해내야 했고 결론적으로는 창업가의 길을 걸을 수밖에 없었다.

꿈을 꾸는 일은 중요하다. 하지만 우리에게는 꿈 이전에 사명이 필요하다. 만일 내가 사명을 찾아내지 못했다면 지금도 '꿈과 같은 삶'이라는 이름의 함정에 빠져 뭔지 모를 공허함에 시달리고 있을지도 모른다. 조지 윌의 연설을 들은 뒤부터는 모든 게 변했다. 나는 세상의 부당함을 바로잡겠다는 필생의 사명을 찾아냈다.

당신이 아직 자신만의 사명을 정하지 못했다면 이제 사명을 찾기 위한 질문들에 스스로 대답해야 할 시간이 됐다.

'그냥'을 '왜냐하면'으로 바꾸라

여러분 중 일부는 이 이야기를 듣고 벌써 자신의 사명을 적어 내려가기 시작했을 수도 있다. 어떤 사람들은 사명을 어떤 언어로 정의해야 할지 진지하게 고민하고 있을지도 모른다. 반면 자신에게 사명이 필요치 않은 이유를 제시하며 본인을 방어할 준비를 마친 사람도 있을 수 있다. 그런 사람들에게 삶에서 무엇을 원하느냐고 물으면 하나같이 입에 올리는 단어가 있다. '그냥just'이라는 말이다.

- 그냥 돈 걱정 없이 품위 있게 살고 싶다.
- 그냥 돈을 많이 벌어 세계를 여행했으면 좋겠다.
- 그냥 교회에 봉사하고 평화를 누리며 단순하게 살고 싶다.
- 그냥 꼬박꼬박 월급 받고, 은퇴 자금을 모으고, 오후 6시에 귀가해서 가족들과 저녁을 먹을 수 있는 삶을 원한다.
- 그냥 사업체를 잘 일으켜서 나중에 내 아이들이 운영하게 했으면 좋겠다.

여러분은 내가 이런 소탈한 삶의 방식을 원하는 사람들을 무시한다고 생각할지 모르지만, 그 생각은 전적으로 틀렸다. 내가 문제로 삼는 대목은 이 사람들이 자신의 훌륭한 사명을 자진해서 깎아내리고 있다는 것이다. 그들이 '그냥'이라는 단어를 사용했다는 말은 자신의 능력을 스스로 제한했거나 본인의 사명을 '채용'하기 위해 노력하지 않았다는 뜻일 수 있다.

당신이 '그냥'이라고 말한 이유가 무엇인지 자신에게 물어보라. 실패에 대한 두려움 때문인가? 목표를 달성하려면 현실적으로 얼마나 큰 노력을 쏟아야 하는지 잘 알기에 솔직한 마음을 털어놓은 것인가? 아니면 자기가 어떤 사람인지 충분히 돌아보지 않아 진정한 사명을 발견하지 못한 탓인가?

당신이 마음의 수면 아래를 힘들여 탐사하지 않더라도 사명을 찾아내는 데 도움이 되는 간단한 도구를 하나 소개한다. 당신이 한 말에서 '그냥'이라는 단어를 제거하는 것이다. 아래 두 문장을 예로 들어 보자.

- 그냥 돈을 많이 벌어 세계를 여행했으면 좋겠다.
- 그냥 교회에 봉사하고 평화를 누리며 단순하게 살고 싶다.

이제 '그냥'이라는 단어를 문장에서 제거해 보자.

- 나는 돈을 많이 벌어 세계를 여행하고 싶다.
- 나는 교회에 봉사하고 평화를 누리는 단순한 삶을 살고 싶다.

당신은 이미 좀 더 강력한 메시지를 담은 문장을 작성했다. 다음 차례는 "나는 ~을 하고 싶다"라는 문장을 "내 사명은 ~이다"로 바꾸는 것이다.

- 내 사명은 돈을 많이 벌어 세계를 여행하는 것이다.
- 내 사명은 교회에 봉사하고 평화를 누리는 단순한 삶을 살아가는 것이다.

여러분은 이렇게 물을지 모른다. "팻, 그만하면 벌써 훌륭한 사명 아닌가요?" 이 질문에 정확히 답할 수 있는 사람은 오직 당신 자신뿐이다. 이 문장을 큰 소리로 읽으며 당신의 마음속에서 어떤 감정이 생겨나는지 살펴보라. 거울을 들여다볼 때마다 자신을 향해 이 문장을 반복하고 당신의 몸짓 언어에 어떤 변화가 일어나는지 확인하라. 만일 뿌듯한 기분이 든다면 사명으로서 충분히 가치가 있는 것이다. 다른 사람들 앞에서 이 사명을 말했을 때 어떤 느낌이 드는지 스스로 관찰하라. 왠지 어색하고 멋쩍게 느껴진다면 뭔가를 바꿔야 한다는 신호다. 반대로 자랑스럽고 당당한 기분이 든다면 그 또한 귀중한 정보다. 이런 식으로 실험을 거듭해 보라. 당신의 사명이 제대로 효과를 발휘하지 못한다고 생각되면 이를 계속 다듬고 수정해 나가야 한다.

또 하나의 방법은 당신이 작성한 사명 선언문에 '왜냐하면 because'이라는 단어를 추가하고 문장의 나머지 부분을 채우는 것이다. 하버드대학의 심리학자 엘렌 랭어Ellen Langer 교수는 '왜냐하면'이라는 단어가 우리의 삶에 얼마나 큰 효과를 발휘하는지 실험하기도 했다.[4] 그의 요점은 '왜냐하면' 뒤에 어떤 말을 덧붙여도 사명 선언문의 효과가 한결 강력해진다는 것이다.

- 내 사명은 많은 돈을 벌어 세계를 여행하는 것이다.
  '왜냐하면' 사람은 오직 한 번밖에 살지 못하고 나는 부모님이 하지 못했던 일을 할 만한 능력이 있기 때문이다.
- 내 사명은 교회에 봉사하고 평화를 누리는 단순한 삶을 살아가는 것이다.
  '왜냐하면' 나는 신앙에 헌신하고 있으며 삶에서 진정으로 중요한 대상에 가까워지기 위해서는 단순함이 필요하기 때문이다.

지금까지 이야기한 내용을 한데 모아 앞에서 예를 든 "그냥 사업체를 잘 일으켜 세워 나중에 내 아이들이 운영하게 했으면 좋겠다"라는 마지막 문장에 적용해서 수정해 보자.

내가 느끼기에는 이렇게 말하는 사람은 자기가 진정으로 원하는 바를 분명하게 선언하기를 두려워하는 듯하다. 다시 말해 그가 선택한 단어가 자신의 사명을 허약하게 만든다. 이 문장에서 '그냥'이라는 단어를 걷어내고 '왜냐하면'을 추가한 다음 나머지 부분을 다듬으면 훨씬 솔직하고 단호한 선언문을 작성할 수 있을 것이다.

"나는 사업체를 잘 일으켜 세워 나중에 아이들에게 물려주기를 바란다. 왜냐하면 내게 그럴 만한 능력이 충분한 데다 가족들을 사랑하기 때문이다."

방금 어떤 일이 생겼는지 목격했나? 사명 선언문의 내용은 많이 변하지 않았어도 문장이 발휘하는 효과는 매우 강력해졌다. '그냥'이라는 단어를 사용해서 문장의 힘을 빼 버린 것과는 전혀 다른 결과가 나온 것이다.

이 장을 다 읽고 난 뒤에도, 심지어 이번 달이 지나간 뒤에도 당신의 사명에는 그렇게 큰 변화가 없을지도 모른다. 하지만 '그냥'이라는 단어를 들어내고 '왜냐하면'을 추가했을 때 어떤 기분이 드는지 지켜보기만 해도 당신의 사명을 파악하는 작업에 큰 진전을 이뤄 낼 수 있을 것이다.

SWOT 분석해 보기

감정적 에너지를 느끼는가? 혈관에서 피가 용솟음치는가? 매우 바람직한 현상이다. 이제는 감정을 논리로 바꿔 주는 근육을 강화할 차례다. '계획' 블록을 채워 넣으려면 더욱 강력한 논리를 갖춰야 한다.

어떤 계획이든 처음 세우기 시작할 때는 먼저 자신의 위치를 파악해야 한다. 지도를 보고 방향을 찾을 때 처음 찾아야 할 것은 '현재 당신의 위치'라는 화살표다. 당신이 지금 있는 곳이 어딘지 알아야 그곳에서부터 차근차근 계획을 세워갈 수 있다.

SWOT이란 강점strength, 약점weakness, 기회opportunity, 위협threat의 머리글자를 따서 만든 약어다. 본인의 사회 경력에 따라 SWOT 분석을 이미 여러 차례 경험한 사람도 있을 것이고 이번이 처음인 사람도 있을 것이다. 어느 경우든 '감정'과 '완전한 솔직함'이라는 두 가지 요소를 갖춰야 좋은 분석을 수행할 수 있다. 앞에서 당신의 사명을 돌아볼 때 활용했던 질문은 마음속에서 '자신감'과 '고통스러운 진실'을 동시에 소환했을 것이다.

예를 들어 당신은 이렇게 말했을 수도 있다. "나는 부모님을 은퇴시켜 일에서 손을 떼게 해드리고 싶다. 문제는 내가 몇십만 달러의 소득을 올릴 만큼 체계적이고 유능한 사람이 아니라는 것이다." 이 문장을 보면 현재 당신의 '약점'이 무엇인지 명확하게 드러난다.

또 당신은 이런 희망을 드러낼 수도 있다. "나는 의료 산업의 효율성을 강화하는 데 일조하고 싶다. 왜냐하면 아직 제대로 된 해결책이 발견되지 않았고 나는 그 목표를 달성할 자신이 있기 때문이다."

그것이 바로 당신의 '기회'다. 동시에 그 목표를 이루는 데 방해가 되는 공공 정책이나 자본력이 풍부한 경쟁자들 같은 '위협' 요소를 생각할 수 있을 것이다. 또 기술적 지식이나 분석력의 부족처럼 당신의 발목을 잡는 요인들은 '약점'이라고 부를 수도 있다.

당신이 본인의 사명을 찾아내기 위해 수행했던 작업은 비즈니스 플랜과 직접적으로 연관된다. 그 연습에서 어떤 결과가 나왔든 그 정보는 SWOT 분석에 곧바로 반영할 수 있다. 나는 당신 자신을 위한 개인 SWOT 분석과 비즈니스를 위한 SWOT 분석을 동시에 수행하기를 권한다. 두 가지 종류의 분석에는 당연히 서로 겹치는 부분이 있을 것이다. 비즈니스를 위한 SWOT 분석은 조직 구성원들과 함께 진행할 수도 있다. 여기서는 개인의 SWOT 분석에 초점을 맞춰 이야기할 예정이다.

아래 표는 예를 들어 작성한 것으로, 당신은 당신의 상황에 맞는

강점	약점
· 직업윤리 · 기술 및 지식 습득력 · 산업 지식 · 집중력	· 리더십 · 복수의 프로젝트를 관리하는 능력 · 체계성 · 남의 말을 귀담아듣는 태도
기회	위협
· 비즈니스 확장 · 신규 시장 개방 · 생산성 증대 · 새로운 리더 개발	· 부실한 건강, 낮은 에너지 수준 · 경쟁사로 이직하는 직원들 · 자본금 부족 · 금리 등 시장 상황 변동

2부. 열두 개의 성공 블록으로 숨겨져 있던 불꽃을 일으켜라

목록을 구체적으로 작성해야 한다. 기술 개발 계획에 SWOT 분석이 포함되어 있지 않다면 계획을 처음부터 재검토해야 한다. 가령 당신이 남의 말을 경청하는 능력이 부족하고 그로 인해 우수한 직원들이 퇴사할 가능성이 있다면 그 분야의 기술을 집중적으로 개발할 필요가 있다.

이제 네 개의 사분면을 하나씩 살펴보자.

1. 강점: 가장 잘하는 일을 하라

자신의 강점을 돌아보는 것은 기회를 발견하기 위한 가장 좋은 방법이다. 가령 당신이 영업을 마무리하거나 영업직원들을 훈련하는 능력이 탁월하지만 매일 회사를 운영하기에 바빠 그런 활동을 수행할 시간이 없다면 이는 너무도 좋은 기회다! 가장 좋은 해결책은 그런 활동을 한 주의 일정에 담아 미리 계획하는 것이다. 당신은 현장으로 돌아가 영업 회의를 진두지휘하거나 한 달에 한 번 영업 교육을 진행할 수 있을 것이다. 또 대형 고객들을 대상으로 당신이 직접 제안 발표를 하는 방법도 있다.

당신이 능력이 출중한 연구원인데도 투자자들에게 연구 자금을 유치하는 업무에만 매달리고 있다면 어떻게든 연구소로 돌아갈 방법을 찾아야 한다. 예를 들어 일론 머스크는 기업가이기 이전에 실험을 즐기고 동료와 협업하기를 좋아하는 엔지니어다. 대기업의 리더로서 어쩔 수 없이 규정 준수나 투자 업무 등으로 많은 시간을 보내야 하지만 그의 영혼은 뭔가를 직접 뚝딱거리며 만들어 낼 시간을 원한다고 한다. 결론은 이렇다. 당신이 본인의 강점을 제대로 활용하지 못하고 자신을 처음 성공으로 이끌었던 그 일을 계속하지 않는다면 언젠가 그 성공을 모두 날려 버릴지도 모른다.

2. 약점: 직접 기술을 익히거나, 위임하거나, 충격을 줄여라

나는 사회생활을 시작하면서부터 나 자신이 체계적이지 못한 사람이라는 사실을 알고 있었다. 하지만 내게는 창의성이라는 또 다른 강점이 있었으므로 그런 사람이 체계적이지 못한 것은 어쩌면 당연한 일이라고 생각했다. 내가 찾아낸 해결책은 그 약점을 굳이 고치려고 애쓰기보다 이를 보완할 수 있는 시스템을 만드는 것이었다. 그 말은 체계성에 강점을 보이는 사람들을 내 이너서클inner circle에 영입하고 그들에게 업무를 위임한다는 뜻이었다. 여기서 이너서클은 나와 같은 사명을 가지고 동등한 수준으로 책임을 나눠 가질 수 있는 매우 가까운 소수 인원을 의미한다. 나는 연 수입이 수십만 달러가 되기도 전에 이미 개인 비서를 고용했다. 비서가 없이는 수십만 달러의 수입을 올리기가 불가능하다는 사실을 알았기 때문이다. 개인적 삶에서는 아이들의 활동이나 가족의 일정을 관리하는 일을 아내에게 일임하는 편이다. 아내는 내가 언제 어떤 행사에 모습을 드러내야 하는지 미리 알려 준다. 내게는 그 방법이 꽤 효과가 있다.

사람들 대부분은 자신의 강점은 정확히 알아도 약점은 잘 모른다. 본인의 약점을 제대로 파악하는 일은 쉽지 않다. 그래서 나는 사람들의 약점을 가리켜 종종 '누수 현상'이라고 부른다. 남들에게 뭔가를 감추고 싶다는 말은 이를 인정하거나 글로 옮기기를 두려워한다는 뜻이다. 가령 당신에게 도박장에 드나드는 습관이 있지만 그 사실을 아무도 알지 못할 수도 있다. 또 소셜 미디어에 중독이 됐거나, 온라인 축구게임으로 몇 시간씩 시간을 보내거나, 귀갓길에 맥도날드에 꼬박꼬박 들르거나, 이성의 관심을 끌기 위해 추파를 던지는 버릇이 있을 수 있다. 이는 사람들 대부분이 인정하려 들지 않는 약점이다. 그런 행동은 에너지, 돈, 시간을 소모하게 만든다. 이를 제때 해결하지 않으면 누수 현상으로 인해 비즈니스가 망가지고 삶의 행복이 사라질 수 있다.

3. 기회: 무엇이 가능한지 계속 질문하고, '어떻게'라는 말은 생각하지 말라

기회는 우리를 흥분시킨다. 우리가 '만약'으로 시작되는 질문을 수없이 던지는 때가 바로 기회를 꿈꾸는 순간이다.

- 만약 우리가 시장점유율을 잃지 않고도 가격을 15퍼센트 인상할 수 있다면?
- 만약 우리가 팀의 실적을 높이고 내게 리더십 개발에 전념할 시간을 선사하는 영업 리더를 찾아낸다면?
- 만약 우리 회사의 몇몇 임원이 개인 비서를 고용해서 생산성을 크게 높인다면?
- 만약 우리 회사의 제품라인에 신제품을 추가한다면?
- 만약 우리 사이트의 조회 수를 세 배쯤 늘려 줄 프로듀서를 고용한다면?

4. 위협: 편집광적인 사고방식을 개발하라

당신에게 다음 한 해, 또는 다음 10년 동안 닥칠 가능성이 있는 위협은 무엇인가? 예를 들어 당신의 가족 구성원들을 사업에 참여시켰을 때 그들이 서로 다투기 시작하면 어떤 일이 생길까? 약점을 해결할 때와 마찬가지로 미래의 위협에 맞설 때도 당신이 문제를 직접 해결하거나 이를 해결하는 작업을 타인에게 위임해야 한다. 특정한 비즈니스 주제에 관한 연구 조사가 필요한가? 그 작업을 당신이 직접 수행하는 편이 나은가, 아니면 누군가에게 비용을 지급하고 조사를 맡겨야 하는가? 가령 당신이 전 세계의 신흥 시장을 대상으로 투자를 검토하는 헤지펀드 투자자라면 어느 지역이든 분명히 지정학적 위협 요소가 존재할 것이다. 하지만 당신이 이를 직접 조사하기에는 시간과 자원이 부족하므로 외부에 연구 용역을 주는 편이 더 유리할 수 있다.

당신의 건강이 조금씩 나빠지고, 극도의 피로감을 느끼고, 에너지 수준이 낮아지는 것이 위협 요소라면 이를 해결하기 위한 행동을 비즈니스 플랜에 포함할 수 있다. 가령 개인 트레이너를 고용하거나 회사에 운동 시설을 설치하거나 전문가를 고용해서 일주일에 두 번씩 요가를 배우는 방법도 있다. 당신은 그런 조치를 통해 개인적 위협과 조직적 위협을 모두 완화하는 셈이다.

여러분도 눈치챘겠지만, SWOT 분석에는 감정과 논리가 긴밀하게 결부되어 있어야 한다. 만일 당신을 위협하는 요소가 직원들의 이직이라면 이 문제를 해결하기 위한 가장 논리적인 방안은 인사팀과 마주 앉아 직원들의 보상 계획이나 고용 계약을 개선하는 것이다. 이와 동시에 당신이 직원들에게 얼마나 관심이 많고 그들을 아끼는지 보여 줌으로써 충성심을 끌어낼 방법을 찾아야 한다. 만일 그런 섬세함이 부족한 것이 당신의 약점이라면(사실 많은 리더의 약점이다) SWOT 분석의 약점 항목에 "직원들에게 애정을 표현하지 못함"이라는 구절을 추가하고 그 문제를 개선할 방안을 연구하라.

여러분이 보다시피 비즈니스 플랜에는 논리와 감정이 완벽하게 통합되어야 한다. 그리고 '사람' 없이는 '계획'을 세울 수 없다. 물론 여기서 말하는 사람이란 당신이 남은 삶의 매 순간을 함께 보내게 될 그 사람, 바로 당신이다!

절대 놓치지 말아야 할 것들

당신의 비즈니스 플랜을 조금 더 구체적으로 들여다보자. 당신은 매년 가장 큰 뉴스거리가 될 만한 사회적 주제들의 목록을 만들고 이를 중심으로 계획을 수립해야 한다. 어떤 해에는 선거가 가장 큰 이슈일 수 있고, 어떤 해에는 정부의 조세 정책이 주요 관심사로 떠오를 수 있다. 이 주제들과 관련된 일정은 당신의 전략과 비즈니스 플랜에 큰 영향을 미칠 것이다. 게다가 당신을 둘러싼 세계를 좀 더 큰 그림으로 바라보면 하루하루 업무 속에 허덕이기보다 비즈니스라는 숲을 보다 넓은 관점에서 조망할 수 있다.

내가 콘퍼런스 참석자들에게 〈월스트리트 저널〉을 읽는 사람이 있느냐고 질문하면 손을 드는 사람이 깜짝 놀랄 만큼 적다. 모든 사람이 경제 신문을 읽어야 한다. 아무리 특수한 산업 분야에 종사하는 사람이라도 비즈니스나 지정학적 상황에 관한 뉴스는 정확히 숙지할 필요가 있다.

지금 코로나-19에 대해 언급하면 마치 옛날 이야기를 하는 것처럼 들릴지 모르지만, 2021년에 접어들 때만 해도 이는 모든 사람에게 가장 시급하고 중요한 문제였다. 모든 기업은 정부의 방역 지침을 따라 비즈니스 플랜을 세워야 했고 직원들이 재택근무에 돌입하는 시대적 상황에도 적응해 나가야 했다. 사회적 서사가 시시각각으로 변하고 실업률도 나날이 바뀌는 현실 속에서 당신은 직원이나 고객들의 요구에 맞춰 비즈니스 플랜을 계속 변경해 나갈 필요가 있다. 그러기 위해서는 먼저 주변에서 어떤 일이 벌어지고 있는지 정확히 파악해야 한다. 물론 공급망 같은 주제는 누구에게나 초미의 관심사이지만 당신은 그 주제와 관련된 소식을 남들보다 훨씬 구체적으로 파악할 필요가 있다. 가령 운송업계에 종사하는 사람은 철도 파업, 파이프라인 관련 법안, 친환경 에너지 기업을 위한 세금 혜택 같은 사회적 움직임에 늘 촉각을 곤두세워야 한다. 또 금융업계에서 일하는 사람들은 인플레이션, 실업률, 금리, 새로운 법안 등을 꾸준히 관찰할 필요가 있다.

당신이 예측하지 못한 충격적인 사건은 늘 발생하기 마련이다. 따라서 언젠가 반드시 일어날 거라는 사실을 미리 알고 있는 일만큼은 사전에 철저히 대비해야 한다. 직원들이 파업에 나서리라고 예상하지 못했다는 핑계는 대지 말라. 노사 분규의 가능성은 언제나 존재한다. 당신은 노사 단체협약의 만료 날짜가 언제인지 알고 있다. 핵심 직원의 계약 만료일도 잘 알고 있으며, 연방 정부·주·지방 선거가 언제 치러지는지도 이미 알고 있다.

뉴스 주제에 관심을 기울이는 만큼 주요 인물들의 동향도 주의 깊게 관찰해야 한다. 가령 경쟁사의 핵심 임원이 퇴사할 거라는 소문이 당신의 귀에 들어올 수도 있다. 이는 당신에게 기회와 위협을 동시에 안겨 주는 소식이니만큼 그 사람의 행보를 유심히 지켜볼 필요가 있다. 기업의 임원진이 교체된다는 말은 그들이 자유 신분이 되어 회사를 떠난다는 뜻이다. 어쩌면 그 경쟁사가 좀 더 공격적인 CEO를 영입해서 당신 회사의 직원들을 빼 갈지도 모른다. 그러므로 모든 가능성을 염두에 두고 만반의 계획을 세워야 한다.

당신이 눈여겨봐야 할 사회적 주제나 인물들의 목록을 만들 때 참고해야 할 사항은 다음과 같다.

1. 산업 동향
2. 정치적 상황
3. 경제 상황, 인플레이션
4. 정부의 규제
5. 근로 계약에 포함된 주요 날짜
6. 업계 리더들의 교체 현황

한 해 전체의 일정은 미리 세워 두라

당신은 하필 아이의 연주회가 있는 날 이사회에 참석해야 할 수도 있다. 또는 사촌 형제의 졸업식 날에 회사 야유회가 잡힐지도 모른다.

그런 상황은 불가피하게 생기기 마련이다. 코비 브라이언트가 LA 레이커스에서 선수 생활을 할 때는 해마다 크리스마스 날에 경기를 치러야 했다. 내가 브라이언트를 인터뷰했을 때, 그는 갑작스러운 상황 앞에서 당황하지 않기 위해 늘 한 해 전체의 일정을 미리 세워 둔다고 말했다.[5] 당신도 일이 벌어진 뒤에야 수습하려고 허둥대지 말고 미리 계획하는 습관을 들여야 한다.

당신이 중요한 행사나 기념일에 참석하지 못할 거라는 사실을 미리 알고 있다면 관련된 사람들과 다른 날 시간을 보낼 수 있도록 별도로 일정을 세워야 한다. 그들을 따로 만날 형편이 되지 않는다면 특별한 선물 같은 마음의 표시를 통해 당신의 사랑을 입증하라. 당신의 달력에는 다음 12개월의 주요 일정이 모두 담겨 있어야 한다. 캠페인, 야유회, 전략 회의, 이사회, 분기별 리뷰 같은 일정도 매달 고르게 배치할 필요가 있다.

대부분의 일정 관리 도구에는 휴일이나 명절을 알려 주는 기능이 있으므로 일단 그 기능부터 활용해 보는 편이 좋다. 그리고 과거의 실수를 통해 배우라. 당신이 밸런타인데이를 제대로 기념하지 못한다고 배우자에게 줄곧 핀잔을 듣는다면 한 달 전인 1월 14일에 알람을 맞춰 둬라. 당신이 해야 할 일은 달력에 그 날짜를 메모해 뒀다가 미리 쇼핑을 시작하거나 여행을 준비하는 것이다.

다음 장에서는 '시스템' 블록을 이야기하며 일정 관리를 효과적으로 활용하는 방법을 몇 가지 더 살펴볼 예정이다. 나는 최소한 한 분기 전에는 모든 일정을 미리 세워 두는 편이다. 당신 회사의 영업 실적이 주로 여름철에 주춤한 경향이 있다면, 적어도 3월 1일쯤에는

2부. 열두 개의 성공 블록으로 숨겨져 있던 불꽃을 일으켜라

집중 전략 회의를 열어 10주 전에 이에 대한 대책을 수립할 필요가 있다. 당신이 작성한 SWOT 분석을 되돌아보고 활용 가능한 기술을 검토해서 이를 개발하기 위한 일정을 채우는 작업에 돌입하라. 그 기술에 관련된 세 가지 세미나를 찾아내어 일정에 포함하라. 세미나 등록을 완료하고 참가비를 내는 순간 당신은 본인의 약점을 보강하는 중요한 여정을 시작하는 셈이다.

당신은 몇 수 앞을 내다볼 수 있는가

체스의 그랜드마스터들은 무려 열다섯 수 앞을 내다본다고 한다. 우리도 마찬가지다. 비즈니스 플랜을 세울 때 앞날을 미리 내다보고 수동적인 삶의 자세를 상황 주도적인 태도로 바꾸는 노력이 필요하다. 위기가 닥치기 전에 불의의 상황에 대한 계획을 미리미리 세워 두어야 한다.

《트라이브즈》와 《의미의 시대》를 포함한 수많은 베스트셀러를 내놓은 비즈니스 전략가 겸 작가 세스 고딘Seth Godin은 이렇게 말했다. "전문적인 프로젝트 관리에서 가장 흥미로운 대목은 프로젝트 관리자들이 체계적인 사고와 의도적인 행동을 통해 흥미진진한 상황의 발생 가능성을 사전에 방지한다는 것이다. 우리는 마지막 순간에 혜성처럼 나타나 프로젝트를 위기에서 구해 내는 영웅들을 만들어 내지만 제대로 일하는 사람은 그런 극적인 순간의 필요성 자체를 없애 버린다."[6]

뉴올리언스, 필리핀, 플로리다 같은 곳에 거주하는 사람이 허리케인이나 태풍을 염두에 두지 않는다면 그건 그가 너무 순진무구하다는 뜻이다. 재난은 닥치기 전에 미리 준비해야 하고, 그러기 위해서는 지난날을 철저히 공부해야 한다. 어떤 패턴을 따라 재난이 찾아왔는가? 어떤 대비가 필요한가?

내가 설립한 금융 서비스 회사는 본사가 텍사스주 댈러스에 있다. 그동안 우리는 토네이도도 여러 차례 겪었고, 겨울이 되어 모든 게 꽁꽁 얼어 버리는 상황도 경험했다. 배관은 부풀어 오르고, 전기는 끊기고, 노면이 얼어붙어 학교가 문을 닫고, 우리 회사의 IT 시스템도 가동을 멈췄다. 우리는 이런 일을 숱하게 겪는 과정에서 늘 최악의 시나리오를 염두에 두고 앞날에 대한 대비책을 마련해야 했다. 예를 들어 노트북을 미리 구매하고 핫스팟hotspot 같은 무선 인터넷 장비를 설치하는 등 사무실이나 직원들의 집에서 인터넷이 연결되지 않을 때를 대비해 항상 긴급 대책을 세워 두었다.

당신에게 자연재해든 비즈니스에 관련된 재난이든 위기가 닥쳤을 때, 위기가 지속되는 기간을 줄이거나 늘이는 결정적인 요인은 무엇일까? 바로 계획이 있는지 여부다.

처음부터 위기가 생기지 않도록 막을 방법은 없다. 하지만 위기에 적절히 대처함으로써 충격을 최소화할 수는 있다. 드와이트 D. 아이젠하워 대통령은 이렇게 말했다. "그동안 전투를 아무리 잘 준비해도 싸움터에 나간 뒤에는 항상 계획이 쓸모없다는 사실을 깨달았다. 그래도 계획은 필수다."[7] 아이젠하워는 이른바 '7P'(Proper Planning and Preparation Prevents Piss Poor Performance, 적절히 계획하고 준비하면 부실한

성과를 방지할 수 있다는 뜻-옮긴이)라는 구호를 만들어 낸 영국 육군만큼 창의적이지 못했던 것 같다.[8]

훌륭한 리더는 늘 계획을 세운다. 누구나 실패의 가능성을 안고 있지만, 만일의 사태에 대비한 시나리오를 미리 작성해 둔 사람은 평정심을 잃지 않는다. 위기가 닥치면 어떤 사람들은 너무 과하게 반응하고, 어떤 사람들은 너무 무덤덤하게 행동한다. 위기의 정도를 1부터 10까지 숫자로 표시해 보라. 충격이 9라는 말은 대단히 긴급한 상황이라는 뜻이다. 강도가 9인 위기를 2로 판단하는 사람은 큰 문제에 빠질 수 있다.

비즈니스를 다섯 수나 열 수쯤 미리 내다보는 능력을 갖춘 사람은 미래의 위기를 예측할 수 있다. 당신의 비즈니스 플랜에 위기관리 전략이 담겨 있다면 더욱 정밀한 예측이 가능할 것이다. 나는 좋은 일이든 나쁜 일이든 모든 시나리오에 대비한 계획을 미리 세워 두려고 노력한다. 어떤 사람들은 내가 너무 부정적이고 비관적인 관섬의 소유자라고 말하지만, 나는 그런 관점을 '논리적 계획'이라고 부른다. 실제로 위기가 닥쳤을 때 '감정'이라는 딱지가 붙은 온갖 부정적 언어를 내 입으로 쏟아 내고 싶지 않다. 상황이 어렵게 돌아갈 때 내가 가장 하고 싶지 않은 일은 충동적이고, 비이성적이고, 감정적이고, 신경질적이고, 다혈질적인 모습을 드러내는 것이다.

나는 늘 사전에 계획된 행동을 하는 사람이 되기를 원한다. 좋지 못한 일이 생길 만한 상황을 처음부터 방지하기 위해 할 수 있는 모든 일을 하고, 나쁜 일이 실제로 닥쳤을 때 가장 먼저 취해야 할 조치를 세 가지에서 다섯 가지 정도 미리 계획해 둔다.

내가 '체스'라는 게임을 비유로 들어 비즈니스를 설명하는 것도 그 때문이다. 계획 전문가란 일이 터지기 전에 미리 앞날을 내다보는 사람을 뜻한다. 같은 이유로 내가 이끄는 조직을 제대로 파악하기 위해 마피아의 조직 운영 방식도 참고한다. 어쩌면 지금 조직 내부의 누군가가 세력을 얻으려고 파워 게임을 벌이는 중일 수도 있다. 그런 사람이 득세하기 전에 움직임을 파악해야 한다. 조직의 핵심 멤버들과 관계를 강화해야 할 필요도 있다. 그러기 위해서는 당신이 먼저 조직원들에게 다가서야 한다. 그들이 당신에게 겁을 집어먹으면 중요한 정보를 은폐할지도 모른다. 당신이 분노하는 모습에 두려움을 느끼는 부하는 나쁜 소식을 전하지 않을 것이고, 그 때문에 비즈니스를 지속하는 데 위기가 닥칠 수 있다. 조직원들과 교류를 강화하고 그들을 좀 더 세심하게 파악하기 위해 노력하라. 그들을 아낀다는 사실을 보여 줌으로써 당신에 대한 충성심을 쌓게 하라. 부하들과 두터운 인간관계를 구축할 때 가장 먼저 해야 할 일은 그들의 적이 누군지 물어보는 것이다!

당신을 위협하는 요소는 언제 어디에나 도사리고 있다. 그러므로 사무실에서 방문을 꼭꼭 닫아걸고 일하는 사람은 많은 정보를 놓칠 수밖에 없다. 직원들이 일하는 공간을 수시로 돌아다니며 대화를 나누라. 업무 시간 대부분을 가상 공간에서 보내는 조직에서는 직원들에게 더 자주 전화를 걸고 문자를 보내야 한다. 사전 예고 없이 사무실을 방문하라. 직원들 사이에서 동요가 발생할 조짐은 없는지 주의 깊게 관찰하라.

그런 다음 '만약' 게임을 시작하라.

만약 내가 가장 큰 고객을 잃는다면 어떤 일이 생길까?

나는 자신을 향해 이 질문을 던지는 순간 먼저 그런 일이 벌어지지 않도록 방지하는 작업부터 시작한다. 어쩌면 요즘 이 고객을 너무 소홀히 대했는지도 모른다. 새로운 고객을 유치하는 데만 신경을 쓰고 기존 고객을 도외시하는 것은 수많은 사람이 저지르는 치명적인 실수다. 게다가 내가 그런 습관을 들이면 직원들도 똑같은 방식으로 기존 고객을 대할 수 있다. 이제부터는 고객들에게 더 자주 전화를 걸고, 직접 방문해서 얼굴을 맞대고, 선물도 보내야 할 것 같다.

여러분은 내가 일하는 패턴을 짐작했을 것이다. 나는 먼저 위협 요소나 잠재적 위기를 파악한 뒤에 그런 상황이 발생하기 전에 미리 해결할 계획을 세운다. 당신 자신에게 '만약'이라는 질문을 계속 던져 보라. 예를 들어 "만약 실적이 가장 뛰어난 영업직원이나 매출을 가장 많이 올리는 직원이 회사를 떠나면 어떻게 해야 할까?"라고 스스로 묻는 것이다.

이 질문에 대응하는 방법도 앞서 설명한 것과 비슷하다. 스타 직원이 회사를 옮기는 일을 사전에 방지하기 위해서는 어떻게 해야 하나? 당신과 그 직원의 관계를 0부터 10까지의 숫자로 표현한다면 현재 어느 정도인가? 예를 들어 5라고 해 보자. 지금부터는 당신이 참석하는 행사에 자주 그 직원을 동반하고 직원에게 당신이 그를 얼마나 아끼는지 보여 줌으로써 진심을 전할 필요가 있다. 그런 행동을 비즈니스 플랜과 일정에 모두 담아야 한다. 당신이 고려해야 할 '만약'의 상황을 몇 가지 소개한다.

1. 만약 현재의 사무실에 문제가 생겨 다른 곳으로 이전해야 한다면 어떻게 해야 할까?

2. 만약 회사의 현금이 고갈된다면 어떤 일이 생길까?

3. 만약 내가 갑자기 몸을 다쳐서 석 달간 꼼짝달싹하지 못하는 처지가 됐다면, 어떤 사람에게 일을 맡겨야 할까?

4. 만약 인건비나 자재비가 갑자기 급등한다면 어떤 일이 생길까?

5. 만약 우리가 누군가에게 고소당한다면 어떻게 해야 할까?

6. 만약 우리가 더 많은 직원을 뽑아 회사의 규모를 빠르게 키워야 하는 상황이라면 채용 프로세스를 어떻게 진행해야 할까? 인사팀의 규모를 늘리는 편이 나을까, 아니면 헤드헌팅 회사를 고용해야 할까?

이 질문을 던지는 더 효과적인 방법은 질문 안에 해결책을 녹여넣는 것이다. 그렇게 질문을 구성하면 문제가 터지자마자 행동에 돌입하는 데 도움이 된다. 예를 들어 "만약 직원들이 노조를 조직해서 파업에 돌입한다면 우리가 가장 먼저 취해야 할 세 가지 조치는 무엇인가?"라고 물어보자. 이것이 훨씬 효과적인 질문 아닐까?

당신이 처음으로 취해야 할 세 가지 조치를 묻는 방식으로 질문을 구성하면 구체적인 계획에 돌입하기가 훨씬 쉽다. 앞서 예를 든 문장 중에 "만약 우리가 누군가에게 고소당한다면 어떻게 해야 할까?"라는 질문을 생각해 보자. 이 질문은 아무런 해결의 실마리를 제시하지 못한다. 대신 "만약 우리가 누군가에게 고소당한다면 우리가 가장 먼저 취해야 할 세 가지 조치는 무엇인가?"로 질문을 바꿔 보라. 만일 당신이 취해야 할 첫 번째 행동이 변호사를 찾는 것인데 아직도 고정적으로 거래하는 변호사가 없다면 당신은 약점에 노출되어 있는 것이다. 따라서 지금 바로 필요한 행동을 취해 언제라도 변호사에게 법적 자문을 얻을 수 있도록 준비해야 한다.

개방형 질문의 효과는 그렇게 크지 않다. "만약 회사의 현금이 고갈된다면 어떤 일이 생길까?"라는 질문에는 "우리가 공황 상태에 빠질 것이다"라는 말도 대답이 될 수 있다. "회사가 금융기관에서 빌릴 수 있는 대출액의 한도를 증가시킨다" 같은 대책을 생각할 수도 있겠지만, 막상 위기가 닥치면 때가 너무 늦는다. 회사의 현금이 고갈되기 전에 세 가지 조치를 미리 준비하는 편이 낫지 않을까?

가령 이 경우에는 기존 거래 중인 금융기관의 대출 한도를 최대한 늘리기, 비용을 줄이기 위해 출장과 채용을 보류하기, 과거에 들어온 투자 제안을 다시 검토해 보기 등의 조치를 생각해 볼 수 있을 것이다.

당신이 이와 같은 유형의 질문들을 수순히 넌시고 스스로 대답해야 한다. 나는 우리 회사의 직원들에게 늘 이 방법을 활용하라고 주문한다. 어느 직원에게 "만약 ~라면 어떤 일이 생길까요"라고 질문했을 때 그 직원이 "잘 모르겠습니다"라고 대답하면 내가 뭐라고 말하는지 아는가?

"나는 어떤 일이 생길지 잘 알고 있습니다. 당신은 공포에 질려 허둥대겠지요. 계획이 없으니까요. 어떤 일이 생기기 '전에' 미리 대비하지 않는다면 실패를 예약하는 것과 마찬가지입니다."

위기에 대비해 세 가지 조치를 미리 준비하는 것은 비즈니스 플랜의 중요한 일부다.

큰 그림은 절대 변하지 않는다

앞서 말한 대로 나는 조지 월의 연설을 들은 직후인 2009년에 회사를 직접 설립했다. 그리고 2022년 수억 달러를 받고 그 회사를 매각했다. 그 거래가 완료되던 날부터 내 사명에 변화가 생겼을까? 그 뒤로 나는 콘텐츠 제작을 중단했을까? 밸류테인먼트 채널을 닫았을까? 토요일에 일하지 않게 됐을까?

내가 삶에서 필요한 것보다 훨씬 많은 돈을 벌었다면 왜 지금도 속도를 늦추지 않을까?

내 사명은 부자가 되는 것이 아니다. 돈은 사명을 이행하는 과정에서 발생한 부산물이었을 뿐이다. 그 말은 내 사명은 언제까지나 끝나지 않는다는 뜻이다. 해결해야 할 문제, 도움과 조언이 필요한 창업가, 자본주의를 향한 위협은 영원히 남아 있을 것이다.

다시 말해 사명의 구체적인 내용은 조금 바뀔 수 있어도 큰 그림은 절대 변하지 않는다. 내 영원한 사명은 사람들의 삶을 향상하고, 그들에게 힘과 용기를 주고, 사회적인 영향력을 펼치는 것이다. 나는 킹메이커가 되고 싶다. 다시 말해 사람들에게 리더십을 발휘함으로써 그들이 최고의 위치에 오르는 일을 돕고 싶다.

당신의 사명을 시대적 흐름과 일치시키는 방법의 하나는 올바른 언어를 선택하는 것이다. 상황이 어떻게 바뀌든 "나는 그냥 ~을 원한다"라고 말하기보다 "내 사명은 ~이다"라고 말할 수 있는 사람이 되어야 한다.

나는 조지 월의 연설을 들은 뒤에 이렇게 결심했다. "지금부터

2부. 열두 개의 성공 블록으로 숨겨져 있던 불꽃을 일으켜라

이 세상의 사소한 일에 신경을 쓸 일은 절대 없을 것이다." 그건 당신도 마찬가지다. 이 책을 지금까지 열심히 읽은 독자 중에 사소한 일에 목을 매기 위해 이 세상에 온 사람은 아무도 없다. 이 장에서 살펴본 대로 당신은 시간과 노력을 투자해서 본인의 사명을 '채용'해야 한다. 한가한 시간을 틈타 사명을 생각해도 좋다. 어떤 방법을 사용하든 오직 당신만의 사명을 생각해 내는 것이 중요하다. 일단 사명이 마음속에 확고히 자리 잡으면 이를 이행하기 위한 논리적 계획은 자연스럽게 따라올 것이다.

비즈니스 플랜을 세울 때 반드시 유념해야 할 점은 앞날을 정확히 예측해야 한다는 것이다. 어떤 일이 벌어지든 늘 세 걸음에서 다섯 걸음 정도는 미리 준비해야 한다. 그렇게 만일의 사태에 철저히 대비한다면 당신의 의표를 찌르는 불의의 상황은 거의 일어나지 않을 것이다. 신중한 다수는 위기가 발생했을 때 공포에 빠진다. 하지만 대담한 소수는 이미 해결 모드에 돌입해서 과거 여러 차례 연습한 단계를 차근차근 밟고 있을 것이다.

당신의 블록을 채우기 위한 질문들

――――――――――― 사명 ―――――――――――

1. 당신은 사명을 어떻게 채용할 생각인가? 마음속에서 활활 타오르는 불을 찾아내려면 어떤 질문을 던져야 하는가?

2. 당신은 어떤 대의를 위해 싸우고 있는가? 어떤 부당함을 바로잡으려 하는가? 어떤 성스러운 투쟁을 이끌려 하는가?

3. 당신이 좋아하는 일은 무엇인가? 투쟁해서라도 거부하고 싶을 만큼 싫어하는 일은 무엇인가? 뭔가를 바꿔야 한다고 생각할 정도로 본인을 괴롭히는 일은 무엇인가?

　　　　　　　2부. 열두 개의 성공 블록으로 숨겨져 있던 불꽃을 일으켜라

4. '그냥'이라는 단어 대신 '왜냐하면'을 사용해서 당신의 사명을 적어 보라.

5. 그 사명이 어떤 느낌을 안겨 주는지 다음 두 가지 이상의 방법으로 실험해 보라.
   - 사명을 큰소리로 외친다.
   - 거울을 바라보고 사명을 말한 뒤에 당신의 몸짓 언어를 지켜본다.
   - 다른 사람에게 당신의 사명을 말한 뒤에 어떤 느낌이 드는지 기록한다.

6. 당신이 무사안일에 빠졌다면 솔직히 인정하라. 지루하거나, 정체기에 들었거나, 오락이나 유희에 집중력을 빼앗긴다고 느낀다면 사명을 되돌아봐야 한다는 신호다.

계획

---

1. SWOT 분석을 완료하라. 본인의 약점을 솔직히 기술하고 '만약'으로 시작되는 질문들을 던져 보라.

2. SWOT 분석을 바탕으로 당신의 비즈니스에서 가장 핵심적인 세 분야의 계획을 수립하라.

3. 당신이 갑자기 몸을 다쳤거나, 병원 신세를 지게 됐거나, 다른 재난
   이 발생해서 본인이 직접 회사를 운영하지 못하는 상황이 됐을 때
   취해야 할 조치를 세 가지에서 다섯 가지 정도 정리하라.

4. "만약 어떤 일이 생긴다면"에 해당하는 시나리오를 적어도 일곱
   가지 이상 작성해서 그런 사태가 발생했을 때 가장 먼저 취해야 하
   는 조치를 미리 준비하라.

7장.
꿈과 시스템:
막연한 상상을 눈앞의 현실로 만드는 법

◆ 꿈: 내가 원하는 미래
◆ 시스템: 분석을 통한 자동화

장기적으로 발전하기 위해서는
목표 설정보다는 시스템을 구축해야 한다.
성취에서 끝나지 말고 계속해서 개선하고
발전해 나가는 순환 고리를 만드는 것이다.

_제임스 클리어, 《아주 작은 습관의 힘》중에서

열세 살 무렵 야구에 푹 빠진 적이
있다. 미국에 온 지 고작 1년이 지난 때였는데도 야구는 내가 가장 좋
아하는 스포츠가 됐다. 나는 책 읽기를 별로 좋아하지 않았지만 〈데
일리 뉴스Daily News〉라는 신문은 열심히 읽었다. 그 신문의 스포츠란
에서 각종 운동 종목의 통계를 상세히 제공했기 때문이다. 그중에서
도 야구가 유달리 내 관심을 끈 이유는 다른 스포츠에 비해 분석할 만
한 데이터가 훨씬 많아서였던 듯하다. 타율이니 출루율이니 하는 숫
자 속에 빠져 있을 때는 모든 걱정이 사라지고 마음이 편안해지는 느

낌을 받았다. 야구를 하는 데는 별다른 재능이 없었지만 그래도 언젠 가는 메이저리그에서 뛰는 날을 꿈꿨다.

많은 아이가 리틀리그 경기가 펼쳐지는 야구장에서 마음껏 상상력을 펼치는 동안 나는 야구 잡지 〈베켓Beckett〉에 코를 박고 이 잡지사에서 제공하는 야구 카드들의 가격을 샅샅이 살폈다. 매달 이 잡지가 새로 나올 때마다 한 권을 사 들고 조 디마지오, 루 게릭, 요기 베라, 베이브 루스, 미키 맨틀 같은 전설적인 선수들의 카드 가격이 어떻게 오르내리는지 관찰했다. 그리고 나를 향해 이렇게 물었다. "먼 훗날 내가 베이브 루스의 신인 시절에 발행된 루키 카드rookie card를 손에 넣는 날이 온다면 어떨까?" 그 카드는 내가 꿈꾸는 야구 카드 목록의 두 번째에 올라 있었다. 첫 번째는 1952년에 발행된 미키 맨틀의 탑스 카드Topps card로, 당시에 거래되던 시세는 3만 3,000달러였다. 2023년 현재 미키 맨틀의 탑스 카드 중 퀄리티가 가장 좋다고 평가받는 것은 한 장당 2,000만 달러에서 3,000만 달러를 호가한다. 그렇다고 그때 내가 왜 그 카드를 사지 않았는지 자책할 필요는 없다. 내 계좌에 3만 3,000달러라는 거금은 들어 있지 않았기 때문이다.

이 야구 카드들은 내 꿈으로 향하는 출입문의 역할을 했다. 윌슨중학교 8학년이었을 때 친구들과 함께 나눈 대화는 지금도 기억이 생생하다. 나는 친구들에게 이렇게 물었다. "너희들이 나중에 메이저리그팀의 주인이 되는 날이 온다면 어느 팀을 고를래?" 친구들 대부분은 우리가 살고 있던 지역의 연고팀인 LA 다저스를 원한다고 말했다. 테드 윌리엄스를 좋아했던 어느 친구는 보스턴 레드삭스를 선택했다. 하지만 야구 카드에 푹 빠져 있던 내 대답은 항상 양키스였다.

뉴욕 양키스.

물론 말도 안 되는 꿈이었다. 내가 그 꿈이 꼭 이루어질 거라고 믿었다면 정신병원에 실려 갔을지도 모른다. 하지만 모든 위대한 업적은 한 줄기 생각에서부터 시작되고 모든 원대한 목표는 한 조각 꿈에서 비롯되는 법이다.

이 장에서는 여러분을 커다란 꿈의 세계로 초대한다. 당신은 세상 사람들이 제정신이 아니라고 손가락질할 만한 획기적인 아이디어를 생각해 내야 한다. 불가능한 일을 이루기 위해서는 그런 비범한 사고방식이 필요하다. 예를 들어 내가 다른 메이저리그팀도 아닌 월드 시리즈를 스물일곱 차례나 제패한 바로 그 뉴욕 양키스의 소유주가 되겠다고 생각한 것만큼 미친 꿈을 품어야 한다.

어느 날 뉴욕 양키스에서 내게 전화를 걸어 이 팀의 소수 주주 minority owner(스포츠 구단의 소수 지분을 얻는 대가로 자본금을 투자하는 사람-옮긴이)가 될 의향이 있느냐고 물었을 때, 나는 친구들과 이야기한 어린 시절의 꿈을 떠올렸다.

나는 그전에도 다른 스포츠팀에 투자해서 지분을 사들일 방법이 있는지 알아보다 그만둔 적이 있었다. 하지만 양키스에서 전화를 받은 뒤에는 즉시 내 변호사에게 전화를 걸어 관련 절차를 밟으라고 말했다. 양키스팀의 주인이 되는 데는 13개월에 걸친 각종 검토 작업과 인터뷰가 필요했다. 이제 테스트가 다 끝난 건가 싶을 때 마지막 단계로 브롱크스로 날아가 내 인생에서 가장 중요한 회의에 참석해야 했다. 나는 양키스팀의 고위 임원 네 사람과 한 방에서 마주 앉았다. 구단주 겸 공동의장 할 스타인브레너Hal Steinbrenner, 단장 랜디 레바인

Randy Levine, 최고운영책임자COO 론 A. 트로스트Lonn A. Trost, 양키스 글로벌 엔터프라이즈의 최고재무책임자CFO 토니 브루노Tony Bruno가 그들이었다.

내가 버뮤다에 머물던 2023년 6월, 드디어 변호사에게서 전화가 걸려 왔다. "축하합니다. 이제 공식적으로 뉴욕 양키스의 소유주가 되셨네요."

고등학교 성적이 1.8밖에 되지 않았던 내가 이제 경기장에서 팀의 소유주에게 배당된 근사한 자리를 차지하고 그동안 이 팀을 거쳐 간 선수들의 유니폼, 팀이 차지한 챔피언 현수막, 내가 그토록 얻고 싶어 하던 야구 카드 주인공들의 흔적 등을 마음껏 구경할 수 있게 된 것이다. 물론 야구 카드를 수집하는 일은 여전히 재미있다. 그리고 나는 지금도 1952년 미키 맨틀의 탑스 카드가 갖고 싶다. 하지만 뉴욕 양키스의 소수 주주가 되는 일은 그 모든 것과 비교도 할 수 없을 만큼 멋지다. 나는 이 사건을 계기로 세상에 꿈꿀 수 없을 정도로 큰 목표는 없으며 우리는 계속 꿈을 꿔야 한다는 사실을 다시금 기억하게 됐다. 대담한 소수의 일원이 되고 싶은 사람은 먼저 대담한 꿈을 꿔야 한다.

사람들은 으레 1년에 한 번씩 꿈을 꾼다. 해가 바뀔 때마다 한 해를 새롭게 출발하겠다고 다짐하며 '새해의 결심'을 한다. 그렇다면 새해의 결심 중 92퍼센트가 실패로 돌아가는 이유는 무엇일까? 게다가 그런 높은 실패율에도 불구하고 왜 절반 가까운 미국인이 매년 한 가지 이상 새해의 결심을 하는 걸까? 또 앞에서 이야기한 대로 새로 설립된 회사의 50퍼센트가 5년 안에 실패하고 70퍼센트가 10년 안에 문을 닫는다고 한다. 그런데도 왜 사람들은 효율적이지도 않은 비즈니스 플랜을 세우며 회사를 운영하는 데 매달리는 걸까?

그 이유는 그들이 여전히 꿈을 품고 있으며 감정을 활용할 능력이 있기 때문이다. 다만 그들에게 논리적인 '시스템'이 부족할 뿐이다.

우리는 감정이 성공적인 비즈니스 플랜의 중요한 일부라는 사실을 이미 알고 있다. 앞에서 이야기한 대로 나는 조직의 리더로서 직원들에게 끊임없이 '꿈의 언어'를 들려주기 위해 노력한다. 네 아이에 대해 이야기하고 아내와 벌이는 논쟁에 대해서도 솔직히 털어놓는다. 아버지를 언급할 때는 가끔 눈물을 보이기도 한다. 또 내가 빈털터리가 되어 아버지의 병원비조차 감당하지 못하고 4만 9,000달러의 신용카드 빚만 지고 있던 때에 얼마나 큰 수치심을 느꼈는지 숨김없이 말한다.

그렇다고 마냥 우울한 이야기만 늘어놓는 것은 아니다!

나는 삶의 최저점에 도달했을 때 어떻게 나 자신에게 농기를 부여했고 나를 미워하던 적들을 어떻게 이용해서 앞으로 나아갈 에너지를 얻었는지 이야기한다. 그리고 우리 회사를 계속 움직이는 시스템과 그 이야기를 결부시킨다. 내 사업 회의의 절반은 참석자들에게 꿈을 심어 주는 시간이고 절반은 신중한 분석을 바탕으로 사업 전략을 논의하는 시간이다. 우리는 꿈을 논리적인 시스템과 연결함으로써 우리가 상상하는 미래를 건설하는 데 필요한 행동을 찾아낸다.

나는 시스템이 곧 '꿈을 만드는 기계'라고 생각한다. 또는 '영웅을 만드는 기계'라고 불러도 좋다. 당신이 미스터 올림피아 같은 보디빌딩 챔피언이 되는 꿈을 꾼다면 훈련, 영양 섭취, 보충제 복용, 회복, 스트레칭 같은 활동이 포함된 시스템을 구축해야 한다. 또 이 시스템을 순서대로 지켜 나가며 각 단계를 계속 가다듬고 강화해 나가야 한다.

꿈을 만드는 기계를 창조하는 일곱 단계

1. 전체 시간의 20퍼센트를 꿈의 언어를 이야기하는 데 할애한다.
2. 꿈을 구체적인 목표로 바꾼다.
3. 목표를 눈에 잘 띄게 가시화한다.
4. 꿈과 목표를 현실화하기 위한 시스템을 구축한다.
5. 데이터와 트렌드를 분석해서 시스템을 개선한다.
6. 기존 시스템을 꾸준히 가다듬는 한편 새로운 시스템을 개발한다.
7. 항상 꿈의 언어를 말함으로써 감정적 에너지를 끌어낸다.

꿈은 당신의 열정에 불을 지피고 당신과 당신의 팀에게서 그 꿈을 이루고 싶은 마음을 불러일으킨다. 하지만 특정한 과업을 성취하게 하는 시스템 없이는 그 감정을 성공의 동력으로 활용할 수 없다. 게다가 꿈을 이루기 위한 행동에 나설 때마다 매번 새로운 시스템을 개발해야 한다면 극도의 비효율성으로 인해 결국 실패하고 말 것이다. 따라서 언제 어디서나 복제해서 사용할 수 있는 시스템을 구축하는 일이 매우 중요하다.

이 장에서는 다른 사람들에게 꿈의 언어를 말하는 법을 이야기한다. 나는 우리 회사의 임원들에게 그들이 입 밖에 내는 모든 말의

20퍼센트 이상을 반드시 꿈의 언어로 채우라는 규칙을 세웠다. 직원들에게 어떤 일을 하라고 일방적으로 지시하기 전에 우리가 어디를 향하고 있는지 생생하게 '보여 주고' 그들이 마음속에서 진정으로 원하는 바를 활용하는 법을 알려 줘야 한다.

꿈이 마음을 열광하게 하면 당신은 모든 것을 바쳐 일할 것이다. 꿈을 꾼다는 말은 본인이 원하는 미래를 상상한다는 뜻이다. 목표를 이뤘을 때 삶이 어떤 모습일지를 그려 보면 마음속에서 감정적 에너지가 불타오를 것이다. 당신과 당신의 팀이 세운 계획이 선명하다면 적합한 시스템을 구축해서 그 에너지를 활용하고 과업을 완수할 방법을 찾아낼 수 있다.

꿈의 언어를 말하는 법

사람들 대부분은 단기적 사고방식에 사로잡혀 있으며, '지연된 만족'을 추구하는 데도 어려움을 겪는다. 그러므로 직원들이 오늘 쏟는 노력에 따라 1년 뒤, 10년 뒤, 50년 뒤의 삶이 어떻게 달라질지 그림을 그리는 것은 전적으로 리더의 능력에 달렸다. 당신의 재능과 열정을 '꿈 배달부'로 삼아 그들이 오늘 성실한 삶의 자세를 선택하면 미래의 모습이 어떻게 바뀔지를 생생히 보여 줘야 한다. 물론 당신 자신을 위해서도 똑같은 작업이 필요하다.

지금 이 자리에만 시선이 고정된 사람들은 아예 앞날을 내다보려고 시도조차 하지 않는다. 그들의 의욕을 자극하는 방법의 하나는

"만약 어느 날 이런 일이 일어난다고 상상해 봐"라고 말하는 것이다. 내가 뉴욕 양키스의 주주가 되고자 하는 꿈도 그렇게 시작됐다.

잠시 시간을 내어 아래 문장 뒤에 채워 넣을 말을 상상해 보라. 당신 자신에게 꿈꾸는 시간을 허락하라.

"만약 어느 날 내가 ＿＿＿＿＿＿＿＿＿＿＿＿"

- 노벨상을 받는다면

- 10억 달러 규모의 기업 공개를 한다면

- 암 치료제를 발명한다면

- 중고등 교육제도에 혁명을 불러온다면

- 생계에 신경 쓰지 않고 내가 좋아하는 일을 마음껏 할 수 있게 된다면

당신에게서 꿈의 언어를 끌어낼 수 있는 또 하나의 간단한 방법은 "이런 일이 생긴다면 정말 멋질 텐데"라는 구절을 덧붙이는 것이다.

- 바다가 보이는 집에서 살게 된다면

- 우리 아이들을 최고의 사립학교에 보낸다면

- 은행 계좌를 확인해 보니 잔액에 0이 하나 늘어나 있다면

- 식당의 메뉴나 여행 상품의 가격을 신경 쓰지 않는 날이 온다면

그밖에도 당신의 꿈을 자극하는 몇몇 언어는 다음과 같다.

1. 만약 내가 ＿＿＿＿＿＿한다면 삶은 어떻게 변할까

2. 내가 자신과 가족들을 위해 목표로 하는 것은 _____

3. 내가 가장 바라는 것은 _____

4. 나의 버킷 리스트는 _____

내가 할 수 있는 일은 당신을 출발선에 세우는 것뿐이다. 기억하라, 당신의 꿈을 찾아내야 하는 이유는 감정적 에너지를 창조하기 위해서다. 꿈이 당신을 열광시키고 들뜨게 할 때까지 이 촉진제를 충분히 활용하라.

보상을 구체적으로 정할수록 꿈은 생생해진다

언젠가 우리 회사에 한 해 3만 6,000달러 정도의 수입을 올리던 직원이 있었다. 그 직원은 훌륭한 비즈니스 플랜을 세웠고, 부족한 기술을 메우기 위해 열심히 일했으며, 효율적인 시스템도 개발했다. 덕분에 실적은 쑥쑥 올랐다. 그다음 해에는 '한 달에' 무려 7만 2,000달러를 벌어들였다. 내가 그렇게 굉장한 성공을 어떻게 축하했느냐고 물었더니 그는 혼란스러운 표정으로 나를 바라봤다.

나는 이렇게 물었다. "아내를 멋진 호텔로 데려가서 휴가를 보냈나요? 아니면 적어도 고급 식당에서 맛있는 음식을 즐겼나요? 새 옷이라도 한 벌 샀나요?"

아무 대답이 없었다.

그 직원은 자신의 성공을 축하하기 위한 어떤 일도 하지 않았다.

다음 달이 되자 그의 수입은 7만 2,000달러에서 5,400달러로 내려 앉았다. 지난달의 훌륭한 실적에도 불구하고 전혀 보상을 받지 못한 그의 잠재의식은 이렇게 의아해 했을지도 모른다. '왜 아무 대가도 없이 죽도록 일해야 하지?' 은행 계좌에 들어 있는 돈은 아무런 감정을 불러오지 못했다. 그의 가장 큰 문제는 본인의 잠재의식 속에 고된 노력의 가치를 각인시키는 '보상'의 과정을 생략함으로써 감정적 에너지를 얻어 내지 못한 데 있었다.

사람들 대부분은 돈을 벌었을 때 스스로 보상하기를 좋아한다. 때로는 지나칠 만큼 축하를 벌이기도 한다. 하지만 그것과 정반대의 행보를 보이는 사람도 적지 않다. 당신과 가족들은 열심히 일했을 때 어떤 보상을 받게 될지 미리 알아야 한다. 그렇지 않다면 그토록 필사적으로 일해야 하는 이유가 무엇인가? 왜 그렇게까지 노력해야 하는가?

목표를 달성했을 때 어떻게 축하할지만 생각해도 꿈이 더욱 생생해진다.

이 성공 블록에서 생성되는 감정은 당신이 꿈을 이뤘을 때 삶의 모습이 어떨지를 그려 봄으로써 비로소 얻을 수 있다.

자본주의에서 가장 중요한 요소가 무엇인가? 바로 인센티브다.

올해 당신이 주위의 경쟁자들을 모두 제압한다면 어떤 일이 생길까? 그렇게 큰 성공을 거둔다면 무엇을 할 생각인가? 당신이 성공을 위해 그토록 힘든 노력을 쏟았다면 그 대가로 자신의 마음에 보상을 제공해야 한다. 다시 말해 보상이라는 도구를 활용해서 마음을 프로그래밍하고 꿈을 더 튼튼히 다져 나가야 한다. 꿈을 이루기 전에 자신에게 어떤 상을 줄지 미리 결정하면 당신의 두뇌가 "나는 이 보상을 분명히 얻을 테니 어떤 대가를 치러서라도 열심히 일할 거야"라고 생각하도록 마음을 프로그래밍할 수 있다. 당신의 비즈니스 플랜에는 이렇게 지속적인 피드백의 고리를 녹여 넣어야 한다.

보상이라는 주제로 돌아가기에 앞서 '목표'에 대해 먼저 이야기해 보자. 목표란 우리가 꿈으로 향하는 길에서 그때그때 생산해야 할 구체적인 결과물을 뜻한다. 꿈은 에너지를 쏟아부을 방향을 결정하고, 목표는 그 방향을 더욱 세밀하게 조율해서 에너지를 특정한 곳에 집중하게 해 준다. 구체적이고, 측정이 가능하고, 마감 시한이 있고, 적절한 보상을 제공하는 목표는 훌륭한 결과를 낳는다.

효과적인 목표

- 구체적이다.
- 측정이 가능하다.
- 마감 시한이 있다.
- 보상을 제공한다(내가 X라는 일을 해냈을 때 나 자신에게 혹은 친구들과 가족에게 Y라는 혜택을 베풀 것이다).

강력한 꿈은 '미래의 진실'이 된다

월트 디즈니는 온 세상 사람을 행복하게 해 준다는 사명을 품었고 그 사명 덕분에 매일 아침 흥분된 마음으로 침대에서 일어날 수 있었다. 하지만 사명이 그에게 행동의 방향이나 지침을 제공하지는 않았다. 따라서 그는 다음 단계로 구체적인 꿈을 선언하는 과정을 밟아야 했다. 그 결과 자신의 사명을 다음과 같은 꿈으로 바꿔 놓았다.

- 내 꿈은 멋진 테마파크를 건설해서 지구상에서 가장 행복한 장소로 만드는 것이다.
- 내 꿈은 사람들을 행복하게 만들어 주는 영화를 제작하는 것이다.
- 내 꿈은 실험적 미래 도시를 세워서 행복하고 건강한 공동체를 창조하는 것이다.

우리는 '꿈'과 '목표'라는 단어를 종종 혼동해서 사용한다. 위에서 나열한 것은 월트 디즈니의 목표가 아니라 꿈이다. 목표는 내용이 더 구체적이고 마감 시한이 분명하다. 꿈과 목표는 담당하는 역할이 각자 다르다. 비록 언제 어떻게 꿈이 이루어질지 모르지만 그저 꿈을 꾸는 것만으로 우리의 삶에 많은 도움이 되는 순간도 있다. 반면 선명한 행동 계획과 일정이 꼭 필요한 때도 있다.

당신이 말하는 것이 꿈이든 목표든 그로 인해 감정적 에너지를 활성화할 수 있어야 한다. 또 마음껏 꿈을 펼치는 일과 성취 가능한 목표를 세우는 일 사이에 적절한 균형을 잡아야 한다. 2029년까지 우리 회사의 에이전트 수를 50만 명으로 늘리겠다는 내 선언은 사람들에게 헛된 꿈처럼 보였을 것이다. 그러나 그보다 낮은 목표는 도무지 나를 열광시키지 못했다. 마치 상대방에게 어중간한 숫자를 제시하면서 적당히 타협을 시도하는 일처럼 느껴졌다. 나는 리처드 브랜슨이 한 말에 동의한다. "꿈이 당신을 두렵게 하지 않는다면, 그 꿈은 너무 작다."

미국의 래퍼 겸 사업가 제이 지Jay-Z는 이렇게 말했다. "나는 당신이 무엇을 말하든 그 말대로 이루어질 수 있다고 믿는다." 어떤 사람들은 그런 일이 절대 불가능하다고 주장한다. 반대로 말만으로도 삶에서 큰 차이를 만들어 낼 수 있다고 믿는 사람도 있다. 그들은 뭔가를 간절히 바라거나 긍정의 언어를 반복하면 분명히 결과가 따라온다고 생각한다. 절반은 맞고 절반은 틀렸다. 그동안 내가 깨달은 사실은 꿈이 반드시 이루어진다는 굳은 믿음, 그리고 이를 뒷받침하는 시스템을 '함께' 갖추지 못한 사람은 목표를 달성할 수 없다는 것이다.

말하자면 이런 식이다. "신을 믿어라. 하지만 자동차 문은 꼭 잠가라." 때로는 신의 도움도 필요하지만 자기가 맡은 일은 알아서 처리해야 한다는 뜻이다. 당신이 원대한 목표를 세우고 그곳에 도달하기 위한 노력에 돌입하는 순간 사명감에 불타는 강력한 능력자로 변신할 것이며 성공의 가능성도 커질 것이다. 그런 사람들은 꿈이 미래의 진실로 바뀌는 경험을 할 수 있다.

내가 정의하는 '미래의 진실future truth'이란 본인이 목표로 하는 미래의 삶이 이미 현실로 이루어진 듯이 오늘을 살아가는 것을 뜻한다. 나는 사람들에게 내 꿈을 표현할 때마다 그 꿈이 반드시 이루어질 거라는 확신을 함께 전한다.

그런 굳은 믿음이 남들에게도 널리 퍼져 나가는 모습은 그동안 수없이 지켜봤다. 당신이 본인의 꿈을 100퍼센트 믿지 못한다면 이를 믿을 사람은 세상에 아무도 없다.

우리가 집중력이 강하고, 긴박함으로 가득하고, 꿈을 확신하고, 미래의 진실 속에서 살아가는 사람과 함께 일하면 그 사람에게 많은 자극을 받을 수밖에 없다. 그로 인해 연쇄적인 반응이 벌어져 다른 사람들도 우리에게 똑같은 자극을 받게 될 것이다. 사람들이 미래의 비전을 품은 선구자들에게 이끌리는 것도 그런 이유다. 당신이 불타는 사명감을 바탕으로 꿈을 이루는 데 전념할 때 사람들은 당신을 따른다.

시각화가 중요한 이유: 꿈을 눈앞에 두라

일단 꿈을 품었다면 그 꿈을 시각화해서 아침저녁으로 바라볼 수 있게 해야 한다. 눈앞에 꿈을 가져다 놓으라. 미래의 비전과 연관된 이미지를 한데 모은 비전 보드vision board를 제작하라. 당신의 사명이 미래의 꿈을 펼치는 데 어떤 영향을 주는지 살펴보라. 예를 들어, 내 비전 보드에는 라이프스타일(특정한 삶의 방식을 누리고 싶다), 시장 지배(남들과 힘들게 경쟁하기보다는 시장을 압도적으로 장악하고 싶다), 역사를 만들어 낸 위대한 사람들(그들의 이야기는 내게 감동을 안겨 준다. 나도 그 대열에 합류하고 싶다)과 연관된 내용이 담겨 있다.

당신은 본인의 꿈을 끊임없이 상기시켜 주는 시각적 도구를 어떤 식으로 제작할 계획인가? 예전에 나는 허머Hummer 자동차를 정비하는 기술자로 일했던 터라 언젠가 노란색 허머를 한 대 구매하겠다는 꿈을 품은 적이 있다. 그래서 앞으로 12개월 안에 내 은행 계좌 잔액을 100만 달러로 늘리겠다는 목표를 세우고, 그 목표를 달성하면 그때부터 노란색 허머를 구매하는 절차에 돌입하기로 마음먹었다.

그 목표를 향한 첫걸음은 노란색 허머의 사진으로 주위의 모든 곳을 도배하는 것이었다. 심지어 내가 타고 다니는 자동차의 속도계 앞에도 노란색 허머의 사진을 올려놓았다! 휴대전화 배경 화면도 노란색 허머의 사진으로 바꿨고, 매일 들여다보는 거울에도 노란색 허머의 사진을 붙여 두었다. 지갑을 열 때도 노란색 허머의 모습이 보이게 했다.

나는 생각할 수 있는 모든 시각적 수단을 동원해서 노란색 허머의 이미지를 잠재의식 속에 각인시켰다. 그러자 어떤 일이 생겼을까? 그로부터 1년이 지난 어느 날, 나는 정말로 노란색 허머의 주인이 됐다. 꿈과 목표는 항상 당신의 눈앞에 놓여 있어야 한다.

꿈을 시각화하려면 약간의 창의성이 필요하다. 상황이 여의치 않으면 포토샵 같은 프로그램에 능한 친구의 도움을 받아도 좋다. 가령 당신의 꿈이 부모님께 집을 사드리는 것이라면 그 집의 테라스에 두 분이 마주 앉아 환하게 웃는 사진을 스마트폰이나 컴퓨터의 바탕 화면에 담아 보라.

유대인들에게는 메주자mezuzah라는 이름의 작은 상자 안에 종교적 글귀가 새겨진 양피지 조각을 담아 문설주에 붙여 두는 전통이 있다. 그리고 문을 지날 때마다 자신의 신앙을 시각적으로 확인한다. 당신은 어떤 상징이나 시각적 도구를 활용해서 눈앞에 꿈을 전시하려 하는가?

다른 모든 전략이 그런 것처럼 당신의 전략도 제대로 수행되지 않을 위험성이 있다. 직원들에게 동기를 부여한답시고 별 의미도 없는 포스터를 사무실 여기저기에 붙여 두지 말라. 제대로 추진하지도 않을 목표들이 나열된 지루한 표지판을 걸어 놓아 봐야 자신을 고리타분한 상사로 만들 뿐이다. 그보다는 당신의 진정한 꿈으로 채워진 게시물을 작성해서 그 주위에 전통을 쌓아 올리는 것이 훨씬 바람직한 방법이다.

미국 노트르담대학교의 미식축구 선수단이 사용하는 로커룸과 경기장을 잇는 통로에는 이런 표지판이 붙어 있다. "오늘 챔피언이 된 것처럼 플레이하라." 이 표지판은 경기장으로 나서는 미식축구 선수들에게 학교의 전통을 지키고 매 경기에서 최선을 다해야 한다는 시각적 신호를 제공하는 역할을 한다.

우리 회사 밸류테인먼트에서는 영화 시나리오 작가 윌리엄 골드먼William Goldman의 인용문이 적힌 그림 한 점을 회의실 벽에 붙여 두었다. "그건 아무도 모른다. (…) 어떤 영화가 성공할지 확신할 수 있는 사람은 영화 산업 전체를 통틀어 한 사람도 없다. 우리는 매번 성공 여부를 추측해야 한다. 운이 좋으면 지나간 경험을 통해 추측할 수 있을 뿐이다."

우리가 이런 인용구를 벽에 붙여 둔 이유는 창의성을 권장하고 모험을 독려하는 조직이 되고자 하는 꿈을 가시적으로 표현하기 위해서였다. 우리는 사람들이 쏟아붓는 어떤 창조적인 노력이든 반드시 모험이 따를 수밖에 없다는 메시지를 사무실 벽에 새겨 넣음으로써 우리의 잠재의식에도 이를 새겨 넣고 싶었다.

시스템이 있어야 꿈이 실현된다

지금까지 '꿈'이라는 성공 블록에 중점을 두어 이야기했지만, 이제 당신의 목표를 이뤄 줄 '시스템'으로 관심의 초점을 돌려야 할 시간이다. 가령 당신이 일정 기간 안에 은행 계좌의 잔액에 '0' 하나를 추가한다는 목표를 세웠다고 해 보자. 계좌 잔액을 1만 달러에서 10만 달러로 늘리든, 10만 달러에서 100만 달러로 늘리든, 1억 달러를 10억 달러로 늘리든, 목표를 이루는 데 필요한 시스템은 똑같다. 여기에서는 당신이 계좌 잔액을 3년 동안 1만 달러에서 10만 달러로 늘린다는 목표를 세웠다고 가정해 보자. 그 말은 36개월 동안 9만 달러를 모은다는 뜻이므로, 당신은 매달 2,500달러를 저축해야 한다.

돈을 모으기에 가장 좋은 시스템 중 하나는 저축할 돈을 미리 떼어서 은행에 예금하는 것이다. 사람들은 대부분 반대로 행동한다. 즉 그달에 지출할 돈을 모두 쓰고 남은 금액을 월말에 저축한다. 물론 그것도 하나의 시스템이기는 하다. 다만 형편없는 시스템이라는 점이 문제다. 저축할 돈을 미리 떼어 두면 그달의 저축 목표를 곧바로 달성할 뿐 아니라 나중에 돈이 모자라 쩔쩔매는 상황도 줄일 수 있다. 우리가 집세, 자동차 보험료, 휴대전화 요금 등을 자동으로 지출하듯 은행에 저축하는 돈도 매달 자동으로 지출하는 고정비용으로 만들어 두어야 한다.

만일 당신이 사회생활을 시작한 지 얼마 되지 않아서 한 달 저축액이 1,500달러밖에 되지 않는다고 해 보자. 저축 목표액을 채우려면 1년에 1만 2,000달러를 더 모으거나 덜 지출해야 한다. 가령 주말에 바텐더나 우버 기사로 일해서 500달러를 버는 방법도 있다. 한 달에 두 번 정도 그런 식으로 일하면 월 저축 목표액을 채울 수 있을 것이다. 그런 식으로 일하는 게 지겹다면 회사에서 좋은 실적을 쌓아 상사에게 당당하게 급여 인상을 요구해 보라. 아마도 한 달에 700달러 정도 급여가 오를 수 있을 것이다. 그다음에는 월 지출을 300달러 줄여보라. 이런 식으로 매월 1,000달러를 더 손에 쥐게 됐다면 총수입에서 2,500달러의 월 저축액을 먼저 떼어 놓아야 한다. 그렇게 지출 방식을 바꾸더라도 월말에 돈이 쪼들려 허리띠를 졸라매야 하는 상황은 한두 번에 그칠 것이다. 게다가 며칠쯤 끼니를 라면으로 때운다고 해서 크게 고통스러울 일은 없다. 그 모든 일이 꿈을 만들어 내는 시스템의 한 부분이기 때문이다. 구체적인 목표를 향해 가는 사람의 관점이 얼마나 달라지는지를 알면 누구나 놀라게 될 것이다.

이 프로세스는 어떤 종류의 목표에도 적용할 수 있다. 가령 당신이 가격이 100만 달러인 주택을 구매하기를 원한다고 해 보자. 일반적인 원칙에 따르면 당신이 구매할 주택의 가격은 연 수입의 2.5배를 넘으면 안 된다. 게다가 대출업체에서 모기지 보험(주택자금 차입자가 채무를 이행하지 못할 때 금융기관의 손실을 보상해 주는 보증보험의 일종-옮긴이)을 요구하는 일을 피하려면, 그리고 그 집을 구매하기를 원하는 다른 구매자와의 경쟁에서 이기려면 집주인에게 구매가의 20퍼센트의 보증금을 미리 내는 편이 좋다. 따라서 100만 달러 상당의 주택을 구매하기 위해서는 적어도 20만 달러의 선수금을 저축하고 40만 달러의 연 수입을 올릴 수 있는 시스템을 구축해야 한다.

당신은 먼저 어떤 집에 살고 싶다는 꿈을 꿔야 한다. 그리고 구체적인 시한이 명시된 목표를 세우는 것이 다음 순서다. 꿈을 현실로 바꾸기 위해서는 시스템을 만들고 이를 충실히 따라야 한다.

사소한 일상에도 최적의 시스템을 적용해라

앞서 말한 대로 스티브 잡스는 자신의 트레이드 마크인 검은색 터틀넥, 운동화, 청바지를 항상 착용했다. 그것이 의상에 대한 잡스의 '시스템'이었다. 그는 옷을 고를 때 아무런 생각이나 고민이 필요치 않았다. 여러분에게도 이를 닦고, 설거지하고, 잠자리에 들기 위한 시스템이 있을 것이다. 이 모두가 별다른 생각 없이 자동으로 이루어지는 행위다. 최근 나는 큰아들에게 향수 바르는 법을 알려 준 적이 있다. 왼쪽 손목에 향수를 뿌리고, 두 손목을 서로 비비고, 양쪽 손목을 목 근처에 문지르라고 가르쳤다. 조만간 이 행동은 내 아들이 평생에 걸쳐 자동으로 실천하는 시스템으로 자리 잡을 것이다.

나는 영업직원 생활을 처음 시작했을 때 아무런 시스템이 없었다. 한 주를 준비하고, 시간을 관리하고, 잠재 고객들을 접촉해서 구매를 유도하는 방법을 전혀 몰랐다. 하루에 열두 시간을 사무실에서 보내면서도 정작 일하는 시간은 서너 시간에 불과했다. 업무 시간의 절반을 내가 저질러 놓은 일을 수습하는 데 급급할 정도로 일과에 체계가 없었다.

시스템은 기술을 활용하는 능력과 떼려야 뗄 수 없는 관계다. 당신의 스마트폰에 담긴 일정 관리 기능도 잘만 사용하면 매우 유용한 도구가 되어 줄 것이다. 또 콘텐츠 관리 시스템content management system, CMS으로도 자신이 추적하고 기록해야 할 일을 쉽게 시스템화할 수 있다. 허브스팟Hubspot이나 메일침프Mailchimp 같은 CMS 소프트웨어들은 이메일을 쉽게 분류하고 정리해 줌으로써 고객들과의 접점을 유지하는 일을 돕는다. 물론 CMS가 당신을 위해 생각을 대신해 주지는 않기 때문에(AI 추종자들은 의견이 다르겠지만), 당신은 본인의 필요에 따라 시스템을 스스로 디자인할 필요가 있다.

요컨대 당신은 기술력, 권한 위임, 성공적인 업무 수행을 위한 직원들의 헌신 같은 요소를 효과적으로 결합해서 시스템을 설계해야 한다. 가령 외부 손님이 사무실을 방문할 때마다 비서가 당신의 연락처가 담긴 '감사의 카드'를 당신 책상 위에 올려 두게 하는 시스템을 만들 수도 있을 것이다. 그러면 당신은 책상으로 돌아와 이미 필요한 내용이 모두 기재된 감사 카드를 집어 들고 손님에게 곧바로 전해 줄 수 있다.

조직이 성장하면 새로운 시스템이 필요해진다. 그동안 나는 3만 5,000장의 카드를 고객들에게 발송했다. 내가 직접 카드를 썼다면 팔이 떨어져 나갔을 것이므로 카드 발송 플랫폼을 이용해서 업무를 처리할 수밖에 없었다. 내가 손으로 쓴 카드를 발송함으로써 고객 한 명 한 명이 우리 회사에 얼마나 특별한 존재인지를 알리고 싶은 마음은 굴뚝 같았지만 그렇게 했다면 오래 지속하지 못하고 카드를 발송하는 일 자체를 그만뒀을 것 같았다. 플랫폼을 활용해서 개발한 시스템 덕분에 고객들에게 특별한 감사의 뜻을 전달할 수 있었다.

독자 여러분 중에는 체계적인 시스템을 개발하는 일을 개인적 약점으로 꼽는 사람이 꽤 있으리라 생각한다. 이는 비전이 원대하고 큰 그림을 그리는 사람들에게 공통으로 발견되는 특징이다. 나 역시 CEO가 되기 전에는 그 부분이 가장 큰 약점 중 하나였지만 그래도 하루하루 일상생활을 해 나가는 데는 별다른 문제가 없었다. 하지만 CEO가 되자마자 그 '누수' 현상이 업무 수행에 얼마나 큰 지장을 주는지 뼈아프게 느꼈다. 프레젠테이션을 하고, 신입 사원을 채용하고, 회의를 주재하고, 연간 인사고과를 진행할 때마다 모든 일을 바닥부터 다시 시작해야 했기 때문이다. 나는 꿈으로 향하는 길 위에서 매우 힘겨운 싸움을 벌일 수밖에 없었다.

꿈은 나를 움직여 주었다. 나는 꿈 덕분에 매일 아침 자리에서 일어나 용감하게 전쟁터로 뛰어들 수 있었다. 하지만 아무런 시스템도 갖추지 못했던 나는 비효율적인 CEO에 불과했다. 다시 말해 아무리 열심히 일해도 나쁜 시스템을 극복할 수는 없었다. 앞에서 잠깐 언급한 대로 그런 나를 일깨워 준 것이 2011년에 개봉한 영화 〈머니볼〉이었다. 당시는 회사를 운영한 지 2년째로 접어들면서 나라는 사람에게 시스템이 부족하다는 사실이 큰 부담으로 다가오던 시기였다. 어린 시절 야구 통계에 푹 빠졌던 내게 그 영화는 새로운 관점을 제공했다.

너무나 많은 사람이 세상의 모든 일을 직감이나 상황적 전략에 따라 처리하는 실수를 저지른다. 영화 〈머니볼〉에도 시대에 뒤떨어진 공룡 같은 인물들이 등장한다. 주인공 빌리 빈은 과학적인 분석 기법을 도입하기를 거부하는 스카우트들을 폴 디포디스타처럼 데이터 분석에 능한 직원으로 교체한다.[1] 이 공룡 같은 스카우트들은 인내력, 겸손함, 장기적 관점 등을 바탕으로 시스템을 설계하고 데이터를 분석하기보다, 자신들의 우수한 직감이나 경험 이외에 선수들을 분석할 수 있는 다른 시스템은 이 세상에 존재하지 않는다는 아집에 사로잡혀 있다.

비즈니스의 세계에서도 채용 후보자들을 인터뷰하고, 리더를 개발하고, 다른 회사를 인수할 때 활용할 효과적인 시스템을 설계하는 일이 애초에 불가능하다고 믿는 사람이 많다. 그들은 AI 기술은 자신과 아무 상관이 없으며, 이를 활용하는 것은 전적으로 기술자들의 몫이라고 생각한다. 그런 사람들은 언젠가 뼈아픈 현실을 깨닫고 좌절하게 될 것이다. 기술을 활용한다고 해서 사람이 아무것도 생각할 필요가 없다는 말은 아니다. 기술을 외면하는 사고방식은 업무의 효율성을 해치고 조직의 성장에 지장을 초래한다.

핵심은 행동을 자동화하는 것이다

분기마다 실적을 분석해서 전략을 수정하는 일의 중요성은 앞에서 이미 이야기했다. 당신의 비즈니스 플랜에는 이 과정이 업무의 한 부분으로 확고히 자리 잡아야 한다.

세상사 중에는 3개월 단위로 순환되거나 반복되는 일이 많다. 봄맞이 대청소는 당신의 개인적 삶이나 비즈니스에 모두 바람직한 활동이다. 집의 차고를 깨끗이 청소한 뒤에는 말끔하게 손을 본 자동차를 타고 다닐 수 있을 것이고, 사무실에서는 직원들과 함께 업무 공간을 정리한 다음 미술가를 고용해서 벽에 멋진 그림을 그릴 수도 있을 것이다.

시스템은 일정이나 날짜를 관리하는 일과 관계가 깊다. 그런 의미에서 지피 루브Jiffy Lube라는 자동차 오일 교환 브랜드는 지금까지 우리가 목격한 것 중에 가장 혁신적이고 영리한 마케팅 캠페인을 설계했다. 이 회사는 고객들에게 자동차로 5,000킬로미터를 주행할 때마다 엔진 오일을 교환해야 한다고 홍보한다. 나는 군대에서 허머 자동차 정비공으로 일한 덕분에 보통의 자동차는 1만 2,000킬로미터에서 1만 5,000킬로미터를 주행하고 난 뒤에 오일을 바꿔도 아무런 문제가 없다는 사실을 알고 있다. 하지만 지피 루브의 전략이 매우 효과적인 이유는 고객들에게 오일 교환 시기를 알려 주는 시스템, 즉 시각적 알림 장치를 활용하기 때문이다. 그들은 고객에게 오일 교환 서비스를 제공할 때마다 주행계가 몇 킬로미터를 가리키면 다음번 오일 교환을 해야 한다는 스티커를 자동차 앞 유리에 붙여 준다. 그 스티커가 그곳에 놓여 있는 이상 운전자가 이를 보지 않는 것은 불가능하다. 이 시스템은 고객 데이터베이스를 관리하고, 고객에게 DM이나 이메일을 보내고, 쿠폰을 지급함으로써 오일 교환을 유도할 필요성을 없애 버렸다.

당신 자신이나 고객들을 위한 시스템은 어떻게 구축할 수 있을까? 지피 루브처럼 직원이나 고객들을 자동으로 움직이게 할 방안은 무엇인가? 어떻게 하면 굳이 생각할 필요조차 없이 일관성 있게 행동할 수 있을까? 어떤 행동을 자동화할 수 있을까?

트렌드와 분석 기법을 활용하는 법

현대 경영학의 시조로 불리는 피터 드러커Peter Drucker는 이렇게 말했다. "측정할 수 없는 것은 바꿀 수도 없다." 또 "측정할 수 있어야 관리할 수 있다"라고 말하기도 했다.

데이터를 계속 추적해서 시스템의 실행 가능성을 검증하면 시스템은 개선되기 마련이다. 시스템이 개선되면 꿈을 이루기가 더 수월해진다.

다음과 같은 질문들에 대답하기 위해서는 정확한 데이터가 필요하다. 당신은 어떤 트렌드를 포착했나? 최근 매출액이나 생산량의 급격한 증감이 있었나? 그런 트렌드에 어떻게 대응할 생각인가? 2장에서는 지난해를 돌이켜 보는 연습 과정에서 이 작업의 일부를 이미 경험한 바 있다. 다음 단계는 데이터를 모으고 분석한 뒤에 그 결과를 바탕으로 전략을 수립하는 시스템을 구축하는 것이다. 엔지니어나 회계사들은 이런 종류의 일을 대단히 좋아하고 미래를 내다보는 선구자들도 이 작업의 중요성을 정확히 이해한다. 대담한 소수는 효율적인 시스템만이 자신의 꿈을 이루게 해 준다는 사실을 잘 알고 있다.

많든 적든 계절의 영향을 받지 않는 비즈니스는 없다. 유통업계에서 새 학기맞이 할인 행사를 기획하거나 온라인 쇼핑업체들이 추수감사절 이후 첫 번째 월요일을 사이버 먼데이Cyber Monday로 정하고 대대적인 할인 행사를 벌이는 것도 그런 맥락에서 이해할 수 있다. 문제는 이런 현상 앞에서 나태한 사고방식에 빠진 사업가들이 너무 많다는 것이다. 그들은 계절적 트렌드를 극복하기 위한 시스템을 구축하는 대신 특정한 달에 매출이 부진하다는 사실을 그냥 받아들인다. 일주일 중에 식당에 손님이 가장 적은 날은 대개 월요일과 화요일이다. 당신이 식당 주인이라면 그런 상황을 계속 감수하고 넘어갈 것인가? 예를 들어 월요일에는 식당 문을 닫고 인건비도 줄일 겸 종업원들에게 휴식을 주는 방법도 있다. 화요일에는 타코를 절반 가격에 제공하는 '타코 나이트' 행사를 벌일 수도 있을 것이다. 당신은 미국의 타코 식당들이 운영 중인 '화요일의 타코Taco Tuesday' 행사가 소비자들에게 타코를 먹고 싶다는 욕구를 불러일으키는 조직적인 알림판 역할을 한다는 사실을 아는가? 당신 역시 이런 조직적인 알림판을 만들어서 소비자의 행동에 영향을 미치고 비즈니스에 도움을 줄 방법은 무엇일까?

콜로라도 같은 지역의 스키 리조트들은 겨울만 되면 손님들로 인산인해를 이루지만 여름에는 텅텅 빈 채로 한 철을 나는 경우가 많다. 만일 어떤 경영자가 세상 사람들에게 최고의 야외 모험을 제공한다는 사명을 수립했다고 가정해 보자. 그의 꿈은 자신의 리조트를 세상에서 가장 즐거운 휴가지로 만드는 것이다. 그는 다음 단계로 이 리조트의 연평균 객실 이용률을 85퍼센트로 높인다는 목표를 세운다. 그것이 바로 큰 그림이다. 그가 다음으로 밟아야 할 단계는 데이터를 논리적으로 분석하는 것이다. 객실 이용률이 가장 낮은 달은 언제인가? 경쟁자들은 그렇게 객실 이용률이 낮은 상황에 어떻게 대응하나? 과거 효과적으로 사용됐던 다른 혁신적 캠페인이 있나?

여러분들에게 이 주제가 마케팅에 관련된 사안처럼 보인다는 사실은 잘 알고 있다. 하지만 조금만 더 내 말에 귀를 기울여 보면 내가 시스템을 이야기하고 있다는 것을 깨닫게 될 것이다. 내 말의 요점은 데이터를 모으고 분석할 수 있는 시스템을 구축하고, 이를 바탕으로 전략을 수립하라는 것이다. 너무도 많은 사람이 문제가 발생할 때까지 방치했다가 일이 터지고 난 뒤에야 부랴부랴 응급 처방을 내린다. "우리 호텔은 이번 주 내내 손님이 거의 없었습니다. 인스타그램에 광고를 돌리고, 익스피디아 사이트에서 가격을 내립시다." 이것은 시스템이 아니라 계획에 실패했을 때 쏟아 내는 임시방편의 대응책일 뿐이다.

당장 쓸만한 데이터가 없다고 실망할 필요는 없다. 나도 제대로 된 데이터도 없이 시스템을 구축하기 위해 몇 년씩이나 고생했다. 그러나 데이터를 정확하게 분석하는 과정을 거치지 않고 효과적인 비즈니스 플랜을 수립하기는 불가능하다.

당신이 처음 사업을 시작할 때 첫 번째 목표로 해야 하는 일은 필요한 데이터를 추적하고 찾아내는 능력을 키우는 것이다. 회사 문을 연 지 1년이 다 되도록 데이터를 모으고, 분석하고, 활용하는 시스템을 만들지 않았다면 많은 돈을 낭비하는 것이다.

일단 아래와 같은 숫자를 측정해야 한다.

- **월별 실적**

- **분기별 실적**

- **다음 해 목표**

- **매출과 순익**

- **신규 구독자, 고객**

또 다음과 같은 포괄적인 질문에 답하려면 데이터가 필요하다.

1. 무엇을 어떻게 측정할 계획인가?
2. 내년을 위한 분석 전략은 무엇인가?
3. 최근 어떤 트렌드를 포착했나?
4. 매출액, 생산량의 급격한 증감을 균형감 있게 제어하려면 어떤 인센티브 제도를 만들어야 하나?
5. 올해와 비교했을 때 내년의 비즈니스가 달라질 이유는 무엇인가?

나는 내가 설립한 보험회사에서 처음 데이터를 모으기 시작하면서 직원들을 위한 보상 계획과 캠페인 운영 방식을 획기적으로 바꿨다. 또 수백만 달러를 들여 뱀부Bamboo라는 전용 소프트웨어를 도입하고, 이 프로그램이 내게 제공하는 경쟁 우위를 십분 활용했다. 풍부하고 정확한 데이터는 내가 직원들을 관리하는 방식을 바꿔 주었고, 이를 바탕으로 우리의 시스템도 바뀌었다. 그 덕에 우리는 꿈을 만드는 기계를 제작할 수 있었다.

나는 여러분이 어떤 문제나 기회에 직면했을 때 "저 문제를 해결하기 위한 솔루션이 필요해"라고 말하기보다 "저 문제를 해결하기 위한 시스템이 필요해"라고 말할 수 있기를 바란다. 솔루션이란 그때그때 상황에 따라 쓸모없는 작업을 끝없이 반복하게 만드는 일회성 해결책에 불과하다. 이에 반해 시스템은 언제 어디서나 복제가 가능한 반복적이고 지속적인 활동이다.

당신의 1시간은 얼마인가?

내가 구축한 시스템에서 가장 중요한 요소 중 하나는 적합한 사람을 채용해서 내 프로젝트를 맡기고 이를 통해 업무 효율성을 극대화하는 것이다. 나는 군대에서 자동차 정비공으로 근무한 덕분에 어떤 일이든 내 손으로 해내는 데 별로 거부감이 없다. 구두를 닦거나 옷을 다리미질하는 일도 좋아한다. 하지만 사업가로서 1시간이 얼마나 귀중한지를 깨달은 뒤부터는 그런 일을 직접 하지 않게 됐다. 대신 나는 이렇게 묻기 시작했다. "내가 직접 처리할 필요 없이 누군가에게 맡길 수 있는 다음 일은 무엇인가?"

이 시스템의 기본 공식은 이렇다. 당신은 본인의 1시간에 해당하는 금전적 가치가 얼마인지 아는가? 예를 들어 다음 주 당신에게 10시간의 여유가 추가로 생긴다면 그 시간에 얼마나 많은 돈을 벌 수 있을까?

가령 당신의 1시간 가치가 50달러라면, 당신이 남에게 맡기고 싶은 일 중에 시간당 50달러 이하의 비용이 들어가는 일의 목록을 작성해 보라. 누군가를 고용해서 10달러를 주고 구두 닦는 일을 맡기거나 30달러를 지급하고 한 주 동안 입을 옷을 세탁하는 일을 맡길 수 있다면 즉시 그런 사람을 찾아보라. 내가 처음 이런 삶의 방식을 도입했을 때는 그렇게 일주일 동안 10시간을 절약해서 이를 좀 더 많은 가치를 창출할 수 있는 시간으로 대체한다는 개념을 완전히 이해하지 못했다.

내가 직접 처리하던 일을 돈을 주고 남에게 맡기려면 자신에 대한 믿음이 있어야 한다. 나도 그렇게 절약한 시간이 내게 얼마나 귀중한 재산인지를 깨닫는 데 한참이 걸렸다. 나의 시간당 가치가 상승할수록 남에게 맡기는 업무도 늘어났다. 비서도 한 명에서 두 명으로 늘렸다. 요즘 나는 어떻게 하면 업무 효율성을 높여서 좀 더 많은 시간을 되살 수 있는지만을 생각한다. 유능한 프로젝트 관리자들을 끝없이 찾고 있는 이유도 그 때문이다.

프로젝트 관리자는 모습과 유형이 매우 다양하다. 새로운 기술을 개발하는 프로젝트를 책임진 사람만이 프로젝트 관리자가 아니다. 생일 파티처럼 개인을 위한 행사를 담당하거나 심지어 당신의 건강을 대신 관리해 주는 프로젝트 관리자도 있다.

의사와 약속을 잡는 일은 생산성을 극도로 소모하는 작업이다. 특히 시간 차를 두고 병원 여러 곳을 각각 방문해야 하는 상황이라면 더욱 그렇다. 그래서 우리 회사에서는 임원들을 위한 건강검진을 하루에 몰아서 실시한다. 메이오 클리닉, UCLA 메디컬 센터, 클리블랜드 클리닉 같은 대형 병원에서 오전 6시부터 오후 5시까지 하루 동안 아홉 명의 의사를 한꺼번에 만날 수 있다. 덕분에 우리는 아홉 번 의사 면담을 예약하고, 6주에 걸쳐 병원 아홉 군데를 따로따로 방문해야 하는 번거로움에서 벗어날 수 있다.

우리는 그렇게 해서 얼마나 많은 시간을 절약할 수 있을까? 병원까지 운전해야 하는 시간? 자동차 연료비? 시간 약속을 안 지키기로 유명한 의사들을 만나려고 아홉 차례 대기하는 시간? 나는 모든 검진을 하루에 몰아서 진행함으로써 그런 고통에서 벗어날 수만 있다면 3,000달러에 5,000달러쯤은 기꺼이 지출할 의향이 있다. 사회생활 초기에는 그런 검진 방법이 있다는 얘기를 들었어도 주머니 사정이 허락지 않았다. 하지만 서른 살이 되던 해에는 UCLA 병원에서 처음으로 이 서비스를 받을 수 있을 만큼 경제적 능력이 생겼다. 그때가 되니 내 시간당 가치는 그 정도의 비용을 충분히 감당할 정도로 높아졌고, 그 경험은 내게 큰 감동을 안겨 주었다.

결국 이 모든 이야기는 간단한 공식 하나로 귀결된다. 시간은 돈이다. 시스템은 시간을 절약해 주고, 절약한 시간은 더 많은 돈을 벌어 준다. 따라서 시간을 절약해 주는 시스템을 꾸준히 찾아내는 작업은 비즈니스 플랜의 중요한 일부가 되어야 한다.

나는 이 장에서 가장 중요한 질문을 마지막을 위해 남겨 두었다. 당신에게 어린아이와 같은 느낌을 선사하는 것은 무엇인가? 무엇이 당신을 크리스마스 아침을 맞은 아이처럼 들뜨게 하는가? 어떻게 하면 하루하루를 그런 느낌으로 살아갈 수 있을까?

실적은 바닥을 헤매고 직원들은 일하는 척만 하는 진부한 조직을 보면 그런 문제가 생긴 이유를 곧바로 짐작할 수 있다. 리더들이 꿈꾸기를 멈췄기 때문이다. 리더가 꿈을 꾸지 않으면 모든 직원이 꿈꾸는 일을 잊는다. 그로 인해 사명감에 불타는 구성원들로 채워져야 하는 장소가 직원들이 일하러 나오기를 두려워하는 따분한 공간으로 바뀐다.

세계에서 가장 위대한 조직들은 꿈을 만드는 기계를 늘 가동하고 있다. 사람의 마음을 움직이는 법을 아는 리더들은 꿈의 언어로 직원들의 감정을 자극한다. 덕분에 직원들은 어린아이처럼 마음껏 상상력을 발휘한다. 물론 그 꿈을 펼치게 해 줄 효율적인 시스템도 있고, 목표를 이뤘을 때 각자에게 돌아갈 보상도 마련되어 있다. 그들은 구체적인 목표를 수립하고 시한도 설정한다. 목표의 달성 과정을 추적할 수 있는 현명한 방법도 찾아낸다.

꿈을 품고 시스템을 개발하라. 감정과 논리를 통합하라. 몸을 씻으며 비누로 닦고 헹구는 일을 반복하듯 꿈을 꾸고, 시스템을 만들고, 다시 꿈꾸는 일을 반복하라.

당신의 블록을 채우기 위한 질문들

—————————————— 꿈 ——————————————

1. 어떤 꿈이 당신의 의욕에 불을 지피는가? 어떤 구체적 언어를 사용해서 본인의 가능성을 마음껏 펼칠 수 있으면서도 달성 가능한 꿈을 이야기할 것인가?

2. 당신의 꿈을 '미래의 진실'로 단호하게 선언하고, 미래의 진실이 이미 현실로 이루어진 듯 오늘을 살기 시작하라.

3. 당신의 꿈을 구체적이고 시한이 명시된 목표로 바꾸고 그 목표를 달성했을 때 본인에게 제공할 보상을 결정하라.

2부. 열두 개의 성공 블록으로 숨겨져 있던 불꽃을 일으켜라

4. 당신이 사용하는 언어를 주의 깊게 관찰하라. 당신 자신이나 조직 구성원들에게 들려주는 말의 20퍼센트 이상을 꿈의 언어로 채우라.

5. "만일 어느 날 내가"로 시작되는 문장을 일곱 개 이상 작성하라. 이 구절을 활용해서 버킷 리스트를 만들고 당신의 진정한 꿈을 찾아보라.

시스템

1. 분기마다 당신의 삶과 비즈니스를 위한 시스템을 구축하라. 지금 당신의 일정을 살펴보고 개인적 삶과 비즈니스에서 가장 중요하다고 생각하는 두 가지 행동을 적어 보라.

2. 데이터를 모으고, 분석하고, 실행하는 시스템을 개발하라.

3. 당신의 삶과 비즈니스를 자동화하려면 어떻게 해야 할까? 당신의 시간을 되사서 더 효율적인 삶을 누리기 위해서는 어떤 시스템이 필요한가?

4. 시간을 되사들일 방법을 찾으라. 1시간당 당신의 가치가 얼마인지 계산해 보고, 그보다 적은 금액으로 남에게 맡길 수 있는 일은 전부 위임하라.

8장.

문화와 조직:

직원들이 월급만 챙겨 가는 조직은 성공할 수 없다

 문화: 사람들이 일관되게 실천하는
행동의 총합

 조직: 핵심 구성원 채용, 배치, 평가

문화는 어떤 전략보다도 중요하다.

_ 피터 드러커, 미국의 경영학자

당신이 미국에서 대학교 미식축구 경기를 관전한다고 상상해 보자. 경기 종료 몇 초를 남겨 두고 한쪽 팀이 마지막으로 시도한 회심의 패스가 성공해서 결국 약한 팀이 승리한다. 엄청난 역전승이다. 심판의 호각 소리가 울리자마자 팬들은 구름처럼 경기장으로 몰려 나가 골대를 무너뜨린다.

그들은 왜 그렇게 행동할까?

왜냐하면 이전에도 그런 모습을 수없이 목격했기 때문이다. 팬들은 큰 경기가 끝난 뒤에 으레 그런 식으로 축하를 한다. 말하자면 그런 행동이 대학 미식축구라는 문화의 일부인 셈이다.

우리는 문화를 눈에 잘 띄지 않는 무형의 개념으로 생각하는 경향이 있다. 하지만 문화는 생각보다 훨씬 사실적이고 구체적인 삶의 요소다. 종교와 마찬가지로 문화는 의식儀式이자 전통이고 행동 방식이다. 당신이 회사를 운영하는 경영자라면 즐겁고 재미있는 조직 문화를 만들겠다고 말한 뒤에 직원들이 정장 차림으로 책상에 조용히 앉아 긴장한 표정으로 일하게 해서는 안 된다. 모험을 장려하는 문화를 만들겠다고 큰소리치면서 모험을 감수한 직원들을 해고해서도 안 된다. 투명성의 가치를 중시하겠다고 다짐하면서 직원들이 건설적인 비판을 제기할 때 당신의 의무는 입을 꾹 다물고 시키는 대로 일하는 것뿐이라며 상대방의 말을 일축해서도 안 된다.

문화는 사람들이 실천하는 행동의 총합이다. 2022년 카타르에서 개최된 월드컵축구대회에 출전한 일본은 조별 예선경기에서 강호 독일을 2 대 1로 꺾는 파란을 일으켰다. 일본인들의 문화에서 청결함은 매우 중요한 부분을 차지한다. 경기장을 찾은 일본 팬들은 자국 대표팀이 독일에 승리한 뒤에 어떻게 행동했을까? 그들은 미국의 대학 풋볼 팬들처럼 경기장 안으로 몰려 나가는 대신 쓰레기 봉지를 집어들고 계단을 오르내리며 관중석을 깨끗이 청소했다. 일본 팬들이 이런 행동을 자동으로 실천한 이유는 청소라는 의식이 한 나라의 국민이자 축구 팬으로서 그들의 문화 속에 깊이 배어 있었기 때문이다. 일본 대표팀의 수비수 요시다 마야吉田麻也는 이렇게 말했다. "일본에는 우리가 어떤 장소에 있다가 다른 데로 옮길 때는 항상 그곳을 깨끗하게 치워서 처음의 모습으로 돌려놓아야 한다는 말이 있습니다. (…)

그것이 축구 팬들이 마땅히 취해야 할 도덕적인 행동이죠. 그래서 그 분들이 경기장을 청소한 겁니다."

그 뒤에 벌어진 일은 수많은 사람을 놀라게 했다. 일본 팬들이 관중석을 청소한 뒤에 다른 나라에서 온 팬들도 그들을 따라 주변을 청소하기 시작한 것이다. 일본과 세네갈팀이 무승부로 경기를 마친 뒤, 두 나라의 팬들은 너도나도 쓰레기 봉지를 들고 관중석을 청소하는 놀라운 광경을 연출했다. 나는 이런 일이 벌어진 이유를 완벽히 이해한다. 문화는 전염되는 성질이 있기 때문이다. 문화의 전염성은 사회 구성원들의 일관된 행동과 그 행위에 대한 인식에서 비롯된다. 반복적으로 이루어진 행동은 사회적 규범으로 자리 잡는다. 가령 어떤 조직에서 일하는 구성원들이 모험을 감수한 덕에 상사의 칭찬을 받거나 심지어 동료들에게 재미있는 장난을 쳐서 사람들의 박수를 받는다면, 다른 직원들에게도 똑같은 행동을 할 수 있다는 허가증이 발부되는 셈이다. 조직의 문화가 그런 행동에 보상을 제공하면 그 행동은 더욱 강화될 수밖에 없다.

이와 똑같은 맥락에서 부정적 태도처럼 좋지 않은 문화 역시 쉽게 전염된다. 매사에 불평을 일삼는 사람은 불평하기를 좋아하는 사람을 채용하는 법이다. 당신이 회사의 직원들을 늘 주의 깊게 바라봐야 하는 이유도 여기에 있다. 가장 이상적인 채용 후보자는 당신이 구축하고 전파하기를 바라는 긍정적 문화의 가치를 진심으로 받아들이는 직원이다.

다음 해의 비즈니스 플랜을 세울 때 처음으로 고려해야 할 사항 중 하나가 어떤 문화를 창조할지 결정하는 것이다. 이 과정은 회사의 리더들을 모아 함께 진행할 가치가 있다. 문화를 선택한 뒤에는 적절한 의식과 전통을 수립함으로써 당신이 구축하기를 원하는 문화를 '배양해야' 한다. 사명과 문화 사이에는 직접적인 관계가 있다. 당신이 수립한 사명이 현장에서 생생하게 살아 숨 쉬는 것이 바로 문화다.

이 장에서는 직원들이 벽이라도 뚫고 나갈 만큼 헌신적인 태도로 일하게 하는 기업 문화를 구축하는 법을 이야기한다. 또 이너서클, 임원, 직원, 납품업체에 이르기까지 당신과 함께 일하는 사람들을 고르는 법도 살펴볼 예정이다. 일단 조직을 구성한 뒤에는 목표를 향해 함께 달려갈 직원들을 선택하고 그들을 이너서클 안으로 받아들임으로써 당신의 비전을 성취하는 일을 돕게 만드는 요령도 알려 주려고 한다.

당신이 성격과 개성에 맞는 적절한 조직 문화를 선택한다면 1년 뒤가 됐든 10년 뒤가 됐든 성공의 확률은 훨씬 높아질 것이며 삶도 그만큼 신나고 즐거워질 것이다.

당신의 조직을 대표하는 단어는 무엇인가

문화는 조직 구성원들이 당신과 회사를 위해서라면 벽이라도 뚫고 나가겠다는 의지를 불태우게 하는 힘이다. 훌륭한 조직 문화를 지닌 직원들은 비전의 가치를 믿고 아무도 보지 않을 때도 최선을 다해 일하며 조직의 가치를 지지하고 보호한다. 예를 들어 보자. 미국 군대 하면 무엇이 떠오를까? '명예'가 떠오른다. 애플 하면 혁신이, 뉴욕 양키스

하면 승리가 떠오른다. 이것이 문화다. 그렇다면 당신의 회사는 어떤가? 아래의 질문들에 답하면서 당신의 문화를 스스로 만들어 보라.

- 당신 회사의 문화를 결정하는 요인은 무엇인가?
- 당신은 회사의 문화를 구축하기 위해 어떤 활동을 하는가?
- 당신은 회사의 문화를 고객들에게 어떻게 인식시키는가?
- 당신은 회사의 문화를 직원과 파트너들에게 어떻게 인식시키는가?

스캐든Skaddon은 전 세계에 21개의 지점을 보유한 세계 최고의 법률사무소 중 하나다. 그들의 조직 문화는 끈기, 신뢰, 명예 같은 단어들로 대표할 수 있다. 이 회사의 사무실은 깔끔하고 세련된 모습이지만 지나치게 화려하지는 않다. 그들은 고객들에게 신뢰감과 안정된 느낌을 주기를 원하면서도 사무실을 너무 화려하게 장식하는 일은 피한다. 고객들이 그 비용을 댈 사람은 결국 자신이라고 생각할 수 있기 때문이다. 또 고객을 훌륭한 레스토랑으로 초대하기는 해도 한 병에 수천 달러가 넘는 와인을 주문하는 일은 없다. 영리한 고객이라면 결국 자신이 식사 비용을 부담하게 될 거라는 사실을 잘 알고 있다. 게다가 지나치게 호화로운 식사는 과소비나 낭비 같은 문화를 상징한다. 스캐든은 자사의 브랜드와 그런 문화적 특성을 연동시키고 싶어 하지 않는다.

문화는 모든 것에 영향을 미친다. 당신이 사무실을 장식하는 방식도 조직 문화가 반영된 결과물이다. 예전에 내가 금융 서비스 회사를 운영할 때 고객들이 본사 사무실을 방문하는 경우는 거의 없었다.

더 정확하게 표현하면 우리 회사의 직원들이 곧 고객이었다. 우리는 직원들을 위해 사무실에 탁구대, 농구 골대, 헬스장 등을 설치했다. 그 모든 것이 우리 회사가 지향하는 활동적인 조직 문화의 일부였다. 내가 사무실에 일찍 출근해서 운동하는 일이 잦아지자 다른 직원들도 그 행동을 따라 하기 시작했다. 어떤 직원들은 오후 5시 30분에 운동을 시작해서 운동을 마친 뒤에 사무실로 저녁 식사를 배달시켜 먹고 두세 시간 정도 더 일하다가 퇴근하기도 했다. 우리 회사의 문화는 그런 생활 방식을 뒷받침해 주었다.

나는 "당신은 어떤 사람이 되고 싶습니까?"라는 질문을 매우 좋아한다. 문화를 창조하고자 하는 사람은 본인의 회사를 염두에 두고 자신을 향해 그렇게 물어야 한다. 1인 기업을 운영하는 사업가는 자기가 어떤 사람이 되고 싶으냐는 질문 앞에서 오직 본인만 생각하면 된다. 당신이 운전하는 자동차, 착용하는 복장, 듣는 음악, 읽는 책, 명함, 사무실, 고객들을 접대하는 장소 등이 곧 당신의 문화다.

반면 여러 사람이 근무하는 회사의 대표라면 "당신의 회사가 어떤 조직이 되었으면 좋겠습니까"로 질문을 바꿔야 한다. 당신이 선택한 행동(전통과 의식)이 그 질문의 답을 들려줄 것이다.

직원들은 본 대로 따라 한다

이 블록을 채우는 일의 장점은 조직에 특수한 문화를 창조하는 작업이 구성원들에게 즐거움과 재미를 안겨 준다는 것이다. 우리 회사에 헬스클럽과 농구 골대를 설치한 뒤에는 사무실에서 보내는 시간이 더 즐거워졌다. 나는 행사장에서 음악을 틀듯 사무실에서도 늘 음악을 틀어 놓는다. 또 직원들을 상대로 자주 장난을 치고, 동시에 직원들이 치는 장난의 희생자가 되기도 한다. 내가 구성원들에게 즐거움을 안겨 주는 조직 문화를 포용하기 위해 얼마나 여러 차례 우스꽝스러운 옷을 입고 직원들 앞에서 볼품없는 모습을 드러냈는지 일일이 열거할 수도 없다.

문화는 행동에서 탄생한다. 다시 말해 반복적인 의식과 전통을 통해 만들어진다. 리더가 조직 구성원들을 이끌고 앞장설 때 문화가 조직을 지배하는 힘은 더욱 강력해진다. 예를 들어 당신 회사에 '학습'을 가치 있게 여기는 문화가 있다면 전문 강사를 초빙해서 워크숍을 열고 출장 요리업체를 불러 참석자들에게 점심을 제공하라. 이런 식사를 곁들인 학습은 조직 구성원들이 기술을 익히고, 사기를 높이고, 팀워크를 강화하는 데 큰 도움이 된다. 그럴 형편이 되지 않는다고 해도 당신 회사의 문화가 학습을 장려하는 것이라면 최소한 그달의 책을 선정해서 직원들에게 읽게 하는 정도의 노력은 쏟아야 한다.

모험을 감수하는 문화를 창조하기 위해서는 모험을 감수하는 직원들을 축하해야 한다. 설령 그 모험이 실패로 돌아간다고 해도 마찬가지다. 당신은 모험을 건 대가로 회사에 수십만 달러의 손해를 입힌 직원을 동료들 앞에서 칭찬하는 장면을 상상할 수 있는가? 모험을 감수하는 문화를 원한다면 이를 실천한 사람들에게 찬사를 돌리는 일을 편안하게 받아들여야 한다. 그들의 비전과 프로세스, 그리고 과감히 모험을 건 용기를 칭찬하라. 모험을 장려하는 조직에서는 과감한 시도가 실패로 돌아갈 수 있다는 사실을 당연히 받아들이는 풍토가 조성되어야 한다. 직원들에게 그 사실을 충분히 설명하고, 모험에 앞장선 선구자를 따르도록 용기를 북돋아야 한다.

철저한 투명성을 중시하는 문화를 구축하려면 어떻게 해야 할까? 레이 달리오에게서 힌트를 얻은 방법인데, 내가 PHP를 운영할 때는 직원들이 나에 대한 피드백을 제공하면 그게 비판적인 의견이라도 이에 대해 감사를 표시했다. 여기서 한 걸음 더 나아가 리더의 단점을 지적하는 용기를 낸 직원들을 공식 석상에서 칭찬했다. 그런 행동을 통해 리더가 직원들의 비판을 겸허하게 수용하고 개선의 노력을 기울이고자 한다는 사실을 모든 사람에게 알릴 수 있다. 당신이 타인의 비판을 적극적으로 수용하고 감사의 마음을 나타내는 모습을 직원들이 목격하는 순간 그들도 같은 행동을 실천함으로써 조직 전체에 철저한 투명성의 문화가 전파될 수 있다.

당신 회사의 문화에는 분명 당신의 개인적 특성이 반영되어 있을 것이다. 나는 골프를 치지 않고, 술을 마시지도 않는다. 따라서 우리 회사에는 직원들이 골프장으로 몰려가거나 행사를 마치고 거나하게 술을 즐기는 문화가 없다. 나는 느긋하고 태평스러운 성향을 지닌 사람과는 거리가 멀고, 토요일에도 일찍 회사에 나오기를 좋아한다. 내가 하는 일을 즐기는 만큼 사무실에서 오랜 시간을 보낸다. 그 말은 내 이너서클에 포함된 사람들은 물론이고 직원들도 아무 때든 내게 연락할 수 있다는 뜻이다. 내 행동은 조직 구성원들의 직업윤리에 일정한 기준을 제시하는 역할을 하기 때문에 우리 회사의 직원들은 일요일 밤 10시에 CEO에게 전화를 걸 수 있다는 말을, 자신들도 그 시간에 전화를 받을 준비가 되어 있어야 한다는 뜻으로 해석한다. 뒤집어 생각해 보면 내가 설립한 회사는 업무 강도가 높고, 경쟁이 심하고, 삶과 일 사이의 균형이 부족하다는 말일 수도 있다. 우리 회사의 문화는 나의 이미지를 거울처럼 보여 준다. 나는 이런 요소들을 모두 조합해서 안전함, 재미, 놀이, 열정, 높은 기준, 경쟁, 성실 같은 가치를 중요시하는 조직 문화를 만들었다. 그것이 좋든 나쁘든 나 자신의 특성이 그대로 반영된 결과물이다.

당신 회사도 같은 방식으로 문화를 구축해야 한다. 그렇지 못한 문화는 허울이고 겉치레일 뿐이다. 직원들은 남의 행동을 금세 따라 하는 경향이 있다. 문화란 아무도 보지 않을 때 직원들이 실천하는 행동을 의미하므로, 무엇보다 진정성을 갖춰야 한다.

리더의 취향이 조직의 문화가 된다

아이들이 부모가 하는 말보다는 행동을 보고 배우듯, 회사의 문화도 마찬가지다. 직원들은 리더의 말이 아니라 행동을 보고 배운다. 따라서 당신이 취하는 모든 행동은 조직 문화에 영향을 미친다.

문화는 사고방식에 영향을 준다. 현재 당신이 일하고 있는 회사를 생각해 보라. 혹시 직원들을 싸구려처럼 대하지는 않나? 별것 아닌 비용을 줄이기 위해 안간힘을 쓰느라 직원들이 눈치를 보게 만들지는 않는가? 어떤 방식으로든 문화에 대한 메시지를 전하려고 노력하나? 회사가 어떻게 행동하는지 곰곰이 돌이켜 보고 그 문화가 당신

2부. 열두 개의 성공 블록으로 숨겨져 있던 불꽃을 일으켜라

의 의식구조에 어떤 영향을 미치는지 생각해 보라. 회사에서 진행하는 행사는 몇 시에 끝나는가? 그 뒤에는 공식 만찬이 벌어지는가, 아니면 뿔뿔이 흩어지는가? 저녁 식사 뒤에는 어디로 가는가? 술집, 나이트클럽, 또는 남자들의 모임 같은 곳인가?

우리 회사는 외부 행사가 열리는 날에 대개 오후 7시 30분까지 행사를 진행한다. 그리고 8시부터 10시까지 근사한 저녁 식사와 함께 '진짜 대화'를 나누는 시간을 보낸다. 나는 그런 날이면 최고의 레스토랑을 예약하고 식사가 끝나면 직접 계산서를 집어 든다. 그것이 직원들을 아끼고 그들의 노력에 보상을 제공하는 우리의 문화다. 저녁 식사 자리에서는 술을 한두 잔 주문하는 직원도 있지만, 내가 술을 즐기지 않다 보니 와인이나 위스키를 병째로 시키는 사람은 없다.

어느 회사든 모든 행사가 마무리되면 으레 직원들은 '자기가 가야 할 곳'으로 걸음을 옮긴다. 그곳은 핵심 리더들이 모여 있고 참석자들 사이에서 진정한 대화가 오고 가는 곳이다. 그 장소가 어떤 곳인가는 리더들이 창조한 문화에 따라 다르다. 가령 당신이 금융이나 엔터테인먼트업계에 종사하는 리더로, 열심히 일하고 화끈하게 즐길 준비가 된 20대 젊은이들을 선호하는 사람이라면 무리를 이끌고 클럽으로 향하는 것이 완벽한 아이디어일지도 모른다. 실제로 회사에서 개최하는 행사를 술을 실컷 마시고 마음껏 즐길 기회로 생각하는 직원들도 적지 않다. 헤지펀드 같은 금융 조직이라면 아낌없이 비용을 쓰고 호화로운 삶을 즐기는 분위기가 직원들에게 제공하는 매력적인 문화의 한 부분으로 인식될 수 있다.

이에 반해 리더 중에 유달리 사내 부부가 많은 우리 회사의 직원들은 안전함, 경력 개발, 인간관계 구축 등에 더 관심을 보인다. 그들은 더 나은 삶을 살고 자아를 개선하기 위해 이 회사에 입사한 사람들이다. 따라서 지식을 쌓고 네트워크를 넓혀야 그 목표를 이룰 수 있다는 사실을 잘 안다. 우리 회사에서는 행사를 마무리하고 저녁 식사까지 끝낸 뒤에 내 방이나, 호텔 풀장, 우리가 임대한 집에 모여 대화를 나눈다. 최고 리더들이 모두 모인 자리이니만큼 그곳에서 오가는 대화를 놓치고 싶어 하는 사람은 없다. 그 자리에서 어떤 주제를 토론해야 한다는 규칙은 없지만 종종 우리가 나누는 이야기 중에 가장 깊이 있는 대화가 이루어지곤 한다. 때로는 새벽 3시까지 대화가 이어질 때도 있다.

당신이 누군가의 배우자라고 상상해 보라. 어떤 행사에 배우자를 보내고 싶은가? 만일 당신이 일이 생겨서 행사에 참석하지 못하고 배우자 혼자만 보내야 한다면 어떨까? 당신의 여동생 남편에게 이런 회사에서 일하라고 추천할 용의가 있나? 당신이 예전에 근무했던 다른 회사를 생각해 보라.

당신의 정체성과 브랜드가 무엇인지, 그리고 그것이 조직 문화에 어떤 영향을 미치는지 솔직히 생각해 보라. 그런 사고의 과정을 통해 100퍼센트 참된 조직 문화를 구축하고, 즐거운 회사 생활을 누리고, 적합한 직원들을 유인할 수 있을 것이다.

누구나 일원이 되기를 원하는 조직을 만들라

사람들은 뭔가를 믿고 싶어 한다. 또 뭔가의 일부가 되기를 원한다. 많은 사람이 회사가 의료보험을 제공해 주기를 바라는 만큼이나 리더들이 자신의 감정적·심리적 욕구를 충족해 주기를 기대한다. 그 욕구 목록의 맨 꼭대기를 차지하는 것은 소속감, 공동체 의식, 서로에 대한 존중 같은 느낌이다.

하버드 경영대학원을 졸업한 사람들과 대화를 나눠 보면 그들이 별로 공개하고 싶어 하지 않는 비밀 하나를 포착할 수 있다. 그들은 어느 장소에 있을 때나 남들의 존경을 받고 싶은 마음이 들면 소위 'H 폭탄'이라는 비장의 무기를 발사할 기회만 기다린다. 말하자면 상대방에게 자기가 하버드 경영대학원 출신이라는 사실을 별일 아니라는 듯이 이야기할 순간을 고대하는 것이다. 이 학교를 나온 사람들은 세계에서 가장 똑똑한 리더들이라고 할 수 있지만, 그런 인재들조차 타인의 인정을 받고 싶어 한다. 그들이 자신의 출신 학교를 굳이 언급하는 행위의 한복판에는 남들에게 자신의 가치를 입증하고자 하는 심리가 자리 잡고 있다. 당신이 세계 최고의 영화 제작자를 꿈꾸면서도 아직 마틴 스코세이지, 크리스토퍼 놀란, 쿠엔틴 타란티노 같은 유명 감독만큼 명성을 쌓지 못했다면 다음으로 택할 수 있는 최선의 길은 그런 사람들 밑에서 일한다고 말하는 것이다.

이런 현상은 대중이 그토록 스포츠팀에 열광하는 이유를 잘 설명해 준다. 북미 대륙에서 판매되는 스포츠 의류의 매출은 2025년까지 1,300억 달러에 달할 것으로 전망된다.[1] 캔자스시티 치프스나 앨

라배마 크림슨 타이드 같은 미식축구팀에서 한 번도 뛰어 보지 않은 사람들도 자기가 응원하는 팀의 유니폼을 입고 얼굴에 그 팀의 색을 칠하는 순간, 훌륭한 팀과 자신이 연결되는 듯한 느낌을 받는다. 마찬가지로 당신이 월스트리트를 걷다가 주위 사람들에게 골드만삭스나 JP모건 체이스 같은 곳에서 일한다고 말하면 그들의 시선이 달라질 것이다.

당신의 회사가 얼마나 큰지와는 관계없이 '단지 하나의 사업체'가 아닌 그 이상의 뭔가를 쌓아 올려야 한다. '단지 하나의 사업체'라는 말은 당신 회사와 관련짓기에 적합한 단어가 아니다. 당신은 모든 사람이 일원이 되기를 희망하는 조직을 만들어야 한다. 우리는 애플이나 구글 같은 거대 기업의 이야기를 항상 들으며 살아가지만 당신이 속한 작은 세계에서는 누구나 그런 명성을 쌓을 수 있다. 그 세계에서 최고의 재능을 지닌 인재들을 영입해서 당신 회사의 일원이 될 기회를 제공하라.

테슬라와 스페이스X에는 혁신의 문화가 자리 잡고 있다. 이 회사의 직원들은 세계를 바꾸고, 환경을 보호하고, 우주 탐사의 선구자가 되겠다는 열정으로 가득하다. 또 그들은 일론 머스크라는 상사 아래에서 일한다는 후광 효과도 톡톡히 누리고 있다. 머스크는 2022년 말 트위터를 인수하자마자 이 회사의 문화를 바꾸는 작업에 착수했다. 그는 근무 규정을 바꾸고 '하드코어'나 '오랜 시간의 고강도 근무' 같은 용어를 동원해서 직원들에게 예전보다 훨씬 더 열심히 일해야 한다고 선언했다. 이런 변화는 트위터의 문화를 재구축하기 위한 연쇄적인 행보의 첫 발자국일 것이다.

트위터의 공동 창업자 겸 전 CEO 잭 도시Jack Dorsey는 그동안 트위터를 운영하며 두 가지를 이야기했다. 첫째, 직원들 각자가 세계를 바꾸는 거대한 움직임의 일원이라는 사실을 자각하게 했다. 그는 이렇게 말했다. "트위터는 표현의 자유를 수호합니다. 우리는 권력에 맞서 진실을 말하는 사람들을 지지합니다."[2] 둘째, 일과 삶의 균형work-life balance을 중요시한 도시는 직원들에게 재택근무를 허락했다. 물론 이 조치는 코로나-19 팬데믹의 확산과 함께 자신의 CEO 역할을 파라그 아그라왈Parag Agrawal에게 넘긴 일이 계기가 됐다. 그런 상황에서 머스크가 이 조직과 문화를 물려받은 것이다.

주력 언론들의 보도가 사실이라면 머스크는 트위터에 도착하자마자 망치를 휘두르기 시작했다. 머스크는 지금까지의 조직 문화에 대한 본인의 관점을 분명히 밝혔고, 직원들은 머스크가 새롭게 도입한 문화를 어떻게 생각하는지 의사를 표명했다. 그리고 1,200명이 회사를 떠나는 것으로 그 의사를 전달했다. 머스크는 전체 인력의 50퍼센트를 해고하면서 자신의 의지를 더욱 확고히 했다. 구성원들 사이에서 문화가 일치하지 않을 때는 이렇게 극심한 충돌이 발생하기도 한다. 심지어 머스크는 트위터의 이름을 'X'로 바꾸며 회사의 운영 방향을 자신이 생각하는 방향대로 이끌 것이라는 사실을 분명히 했다.

당신이 이런 종류의 문화 충격을 불가피하게 만들어 내야 하는 상황이라면 모든 사람이 당신을 지지하지는 않을 것이다. 이 문제를 해결하려면 몇 년이 걸리더라도 모든 조직 구성원의 생각을 바꿔 놓든지, 아니면 당신과 함께할 사람만 남겨 두고 직원들을 새로 뽑아야 한다. 머스크는 후자를 선택했다.

당신이 어느 산업 분야에 속해 있든 당신의 임무는 직원들을 세심하게 보살피는 것이다. 나는 그동안의 경험을 통해 직원들에게 열심히 일하고자 하는 동기를 부여하기 위해서는 아래의 다섯 가지 느낌을 선사해야 한다는 사실을 깨달았다.

1. 나는 조직의 당당한 일원이다.
2. 나는 보살핌과 지원을 받는다.
3. 나는 조직과 사회에 도움이 된다.
4. 나는 즐겁게 일하고 성공을 축하한다.
5. 나는 회사에 공헌한 바를 인정받고 이곳에 필요한 사람이라고 느낀다.

2020년 〈비즈니스 인사이더〉가 선정한 최고의 조직 문화를 보유한 25개 기업의 목록에는 링센트럴, 줌, 허브스팟, 어도비, 구글 같은 기업들이 맨 꼭대기에 이름을 올렸다.[3] 그동안 내가 시도했던 전략들과 이 목록에 있는 회사의 사례를 참고하면 당신의 비즈니스 플랜을 수립하는 데도 도움이 될 것이다. 내가 위에서 나열한 다섯 가지 느낌을 살펴보고, 당신이 직원들에게 그런 느낌을 제공하고 있는지 생각해 보라. 만일 그렇지 못하다면 당신 회사는 직원들이 습관적으로 출근해서 월급만 챙겨 가는 또 하나의 직장일 뿐이다.

조직 문화를 구축하는 22가지 방법

1. 피드백을 장려함으로써 각자의 의견을 솔직하고 투명하게 제안하는 분

위기를 만든다.

2. 더 나은 회사를 만드는 데 모든 역량을 집중한다.

3. 직원들끼리 서로 장난을 즐길 수 있는 즐겁고 자율적인 근무 환경을 조성한다.

4. 적어도 한 달에 한 번은 업무에 관련된 대회를 열어 선의의 경쟁을 유도한다.

5. 업무 공간에 음악을 틀어 직원들에게 에너지를 선사하고 흥겨운 분위기를 유도한다.

6. 조직 문화에 적합한 사람을 채용하되, 그렇지 못한 사람에게 문화를 강요하지 않는다.

7. 당신의 성격과 특성을 문화 속에 녹여 넣는다.

8. 문화를 뒷받침하는 의식과 전통을 세운다.

9. 직원들의 개인적·직업적 능력 개발에 과감히 투자한다.

10. 매월 '이달의 책'을 선정해서 모든 직원과 함께 읽는다.

11. 직원의 생일이나 기타 특별한 날을 함께 축하해 준다.

12. 생일처럼 삶에서 중요한 순간을 맞은 직원들에게 당신이 직접 쓴 카드를 보낸다.

13. 직원들의 꿈을 파악하고, 그 꿈을 이루는 데 도움이 되는 성과 시스템을 구축한다.

14. 성별, 나이, 경험 등에 상관없이 모든 조직 구성원에게 피드백을 얻는다.

15. 즉흥적인 이벤트를 개최해서 직원들에게 즐거움을 안겨 준다.

16. 직책보다 리더십에 더 큰 가치를 둔다. 직책도 중요하지만 리더가 스스로 모범을 보이는 일이 더 중요하다.

17. 올바르게 행동한 직원을 포상하고, 뛰어난 실적을 올린 영웅들을 영웅으로 대접한다.

18. 재미있는 동영상을 상영하는 일처럼 직원들이 생각지도 못한 깜짝 이벤트를 벌인다.

19. 모든 직원이 맡은 바 업무에 책임을 지게 한다.

20. 높은 기대치를 설정한다.

21. 직원들에게 의미 있는 선물을 보냄으로써 당신이 직원 개인을 잘 파악하고 있으며 그들을 아낀다는 사실을 보여 준다.

22. 직원들을 잘 대우해서 회사를 떠날 마음이 들지 않게 한다.

누가 당신의 이너서클에 있는가

앞에서 작가 사이먼 사이넥이 신뢰와 실적을 비교해서 이야기한 내용을 기억하는가? 나는 사이넥의 말 덕분에 실적이 좋아도 신뢰도가 낮은 사람보다는 실적은 조금 부진하지만 신뢰할 수 있는 사람이 조직에 더욱 중요하다는 믿음을 군게 됐다. 그 과정에서 신뢰와 실적에 관한 사이넥의 아이디어를 좀 더 유용한 도구로 개발해서 비즈니스 플랜을 수립할 때 활용하면 좋겠다는 생각이 들었다. 그 결과 당신이 함께 일하고 싶은 채용 후보자들과 조직 구성원을 평가할 수 있는 측정표를 만들게 됐다. 아래의 표에는 신뢰도, 인성, 직업의식, 비전 수용, 역량, 대인관계 등 여섯 가지 특성에 대해 1에서 10까지 숫자를 사용해서 점수를 매기게 되어있다. 당신이 원하는 사람을 항목별로

2부. 열두 개의 성공 블록으로 숨겨져 있던 불꽃을 일으켜라

조직 구성원 평가표

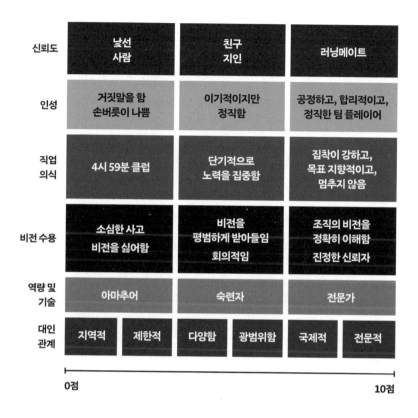

신뢰도	낯선 사람	친구 지인	러닝메이트
인성	거짓말을 함 손버릇이 나쁨	이기적이지만 정직함	공정하고, 합리적이고, 정직한 팀 플레이어
직업 의식	4시 59분 클럽	단기적으로 노력을 집중함	집착이 강하고, 목표 지향적이고, 멈추지 않음
비전 수용	소심한 사고 비전을 싫어함	비전을 평범하게 받아들임 회의적임	조직의 비전을 정확히 이해함 진정한 신뢰자
역량 및 기술	아마추어	숙련자	전문가
대인 관계	지역적 / 제한적	다양함 / 광범위함	국제적 / 전문적

0점 ────────────────────── 10점

평가해서 점수를 합산하면 된다.

당신의 이너서클에 속한 사람들은 무엇보다 신뢰도 점수가 높아야 한다. 그 점에는 절대 타협의 여지가 없다. 다른 특성들을 언급하기 전에, 먼저 당신의 이너서클에 대해 구체적으로 얘기해 보자.

미국의 동기부여 전문가 겸 작가 짐 론Jim Rohn은 이런 말을 했다. "당신은 자신과 가장 많은 시간을 함께 보내는 다섯 사람의 평균값이다." 짐 론이 그렇게 말한 이유는 당신의 성공과 실패에 가장 많은 영향을 미치는 사람들이 대부분 친구나 동료이기 때문이다. 우리는 주위에 있는 사람들과 나 자신을 자연스럽게 비교하게 된다. 게다가 주위 사람들과 사회적 공간을 공유하다 보면 평소의 행동거지나 만나는 사람, 심지어 읽는 책들까지도 서로 비슷해지는 경우가 많다.

당신도 이너서클이 있나? 아직 그렇지 않다면 당신의 이너서클에는 어떤 사람이 필요하고, 그곳에 받아들이기를 원하는 사람은 누군지 생각해 보라. 이너서클의 구성원은 다섯 명이 넘으면 안 된다.

이너서클을 개발하는 데는 두 가지 방법이 있다. 첫째 당신이 아직 학생이거나 직장에 갓 입사한 신입 사원이라면 본인에게 적합한 이너서클을 찾아내는 것이다. 당신이 참가하고 싶은 그룹을 찾아서 구성원들에게 당신의 가치를 증명하고, 그들이 당신을 그룹의 일원으로 받아들이게 해야 한다. 두 번째 방법은 본인의 이너서클을 직접 만들고 우수한 사람들을 받아들이는 것이다. 아래에 이너서클의 구성원들이 갖춰야 할 14가지 덕목을 나열했다. 앞에서 소개한 평가표에서 합계 점수가 50점 이상인 사람들을 구성원으로 선택하는 방법도 있다.

당신의 이너서클 구성원들이 갖춰야 할 14가지 덕목

1. 비밀 유지: 내부에서 오간 이야기는 절대 바깥으로 누설하지 않는다.
2. 속임수에 대한 불관용: 인간관계를 이용하거나 조작하면 신뢰가 떨어진다. 신뢰는 이너서클의 근본이다.

3. 접근성: 연락이 쉬워야 한다.

4. 기회를 끌어당기는 힘: 인성과 태도가 훌륭해야 한다.

5. 극적 요소 제거: 자신을 뜬소문이나 입방아의 희생물로 여기지 않는다.

6. 통찰력 제공하기: 꾸준히 스승의 역할을 할 수 있는가? 새로 나온 책, 흥미로운 기사, 새로운 개념 등을 공유한다.

7. 세부 사항에 관심 기울이기: 다른 구성원들에게 지나치리만큼 신경쓴다.

8. 광범위한 대인 관계와 높은 신뢰도: 대인 관계가 풍부하고 신뢰도가 높은 구성원은 다른 사람들에게 많은 연락과 제안을 받는다.

9. 타인의 방식 존중하기: 피드백을 주고받거나 남들과 교류하는 방식을 서로 존중한다.

10. 방어막: 세간에서 당신을 두고 뭐라고 수군대는지 알려 준다. 당신의 대인 관계와 신뢰도를 지켜 준다.

11. 신뢰성: 말을 신뢰할 수 있어야 한다.

12. 가치의 교환: 대인 관계가 한쪽으로 치우치지 않고 각자 자신의 몫을 담당한다.

13. 재미와 겸손함: 거만한 사람들을 용납하지 않는다.

14. 깔끔한 외모: 지저분하거나 혐오감을 주는 사람은 적합하지 않다.

당신의 조직에 이기적인 사람이 있다면

이상하게 들릴지 모르지만 거의 모든 조직에서는 이기적인 사람도 맡을 수 있는 역할이 있다. 그 사실로 인해 우리는 두 가지 흔한 실수를 저지르게 된다. 첫째는 직원의 신뢰도보다 능력을 더 높이 평가하는 것이다. 신뢰가 낮은 직원은 조직에 매우 해로운 영향을 끼친다. 그 사람이 뛰어난 성과를 올리는 동안에는 회사에서 곧바로 내보내기가 어렵겠지만, 그가 조직 문화를 심각하게 훼손한다면 다른 직원들에게 나쁜 영향을 미치도록 계속 방치해서는 안 된다. 당신은 그 직원이 회사를 떠난 뒤에야 "차라리 없는 편이 도움이 되는 사람도 있다"라는 사실을 실감하게 될 것이다. 그를 내보냄으로써 나머지 직원들에게 해로운 영향이 미칠지도 모르는 상황을 멈출 수 있기 때문이다.

두 번째 실수는 회사 내의 모든 역할에 똑같은 성격을 지닌 직원이 필요하다고 생각하는 것이다. 조직을 구성할 때는 직원들의 있는 모습 그대로를 인정하고 각자 적합한 자리를 찾아 주어야 한다. 내 경우에는 이기적인 성향의 직원들과 함께 일하는 것을 별로 개의치 않는다. 그들이 정직하기만 하면 아무런 문제가 없다. 사실 내가 아는 최고의 영업직원 중에는 이기적인 성격을 지닌 사람이 꽤 있다. 그들에게 최대의 관심사는 오직 주어진 숫자를 달성하는 것이다. 그들은 회사에 높은 매출액을 올려 주는 덕분에 많은 조직에서 중요한 일원으로 인정받는다. 그렇다고 나는 그런 사람들을 관리자 또는 리더로 승진시키거나 내 이너서클의 일원으로 받아들이는 실수를 저지르지는 않는다. 하지만 함께 일하는 데는 아무런 문제가 없다. 사실 그런 영업직원이 많을수록 회사의 매출을 높이는 데는 더 유리하다.

조직 내에서 이기적인 사람들과 이타적인 사람들을 균형 있게 배치하는 일은 매우 민감하고도 어려운 문제다. 따라서 나는 직원들의 성격을 평가하는 데 도움을 주는 도표를 하나 개발했다. 여러분도

2부. 열두 개의 성공 블록으로 숨겨져 있던 불꽃을 일으켜라

직원 성격 평가표

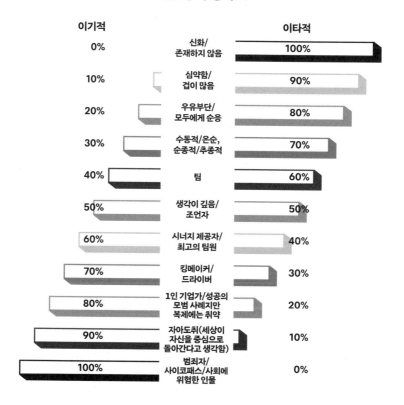

이기적		이타적
0%	신화/존재하지 않음	100%
10%	심약함/겁이 많음	90%
20%	우유부단/모두에게 순응	80%
30%	수동적/온순, 순종적/추종적	70%
40%	팀	60%
50%	생각이 깊음/조언자	50%
60%	시너지 제공자/최고의 팀원	40%
70%	킹메이커/드라이버	30%
80%	1인 기업가/성공의 모범 사례지만 복제에는 취약	20%
90%	자아도취(세상이 자신을 중심으로 돌아간다고 생각함)	10%
100%	범죄자/사이코패스/사회에 위험한 인물	0%

자신을 지원할 조직이나 이너서클을 구축할 때 이 표를 참조하면 좋을 듯하다.

　나는 '4시 59분 클럽'에 가입한 직원들에 대해 사람들에게 자주 이야기하는 편이다. 그들은 근무 시간이 끝나자마자 1초도 더 자리에 붙어 있지 않고 곧바로 사무실 문을 나선다. 하지만 신뢰도가 높고 업무적 능력이 우수하기만 하면 그런 사람들도 여전히 가치가 있다. 비록 업무가 끝나자마자 서둘러 사무실을 떠난다 해도 자기가 맡은 일을 제대로 해내기만 하면 문제가 없을 것이다. 내가 지적하고 싶은 것은 아무런 열정도, 의욕도 없이 최소한의 주어진 일만 해내면서 퇴근 시간을 기다리는 태도다. 이런 태도만 가지고 있는 사람은 리더로 승진시켜서는 안 된다.

다만 이 표는 직원들을 '평가하기' 위한 도구이지 그들을 '변화시키기' 위한 도구가 아니라는 점을 기억하길 바란다.

조직을 구성하는 최고의 방법은 직원들의 성격이나 특성을 있는 그대로 받아들이고 각자가 최고의 실적을 낼 수 있는 역할을 맡기는 것이다. 직원들이 성장하면 당신도 승리한다.

조직 구성원에게 어떤 혜택을 제공할 것인가

다른 블록과는 달리 '문화'와 '조직'은 정확히 분리하기가 불가능하다. 우리는 문화가 감정적 요소이며 조직은 논리적 요소라는 꼬리표를 붙이지만, 자기가 일하기를 원하는 직장을 생각할 때는 감정과 논리 사이의 경계선이 그렇게 뚜렷하지 않은 경우가 많기 때문이다.

우리는 회사의 복지 프로그램을 건강보험이나 휴가 같은 유형의 혜택으로만 생각하는 경향이 있다. 그러나 조직의 규모를 키우고자 하는 사람이라면 '복리후생제도'의 범위를 좀 더 확장해서 해석할 필요가 있다. 내 생각에 회사가 직원들에게 제공할 수 있는 혜택은 눈에 보이는 대상을 넘어 매우 광범위하게 존재한다.

당신과 함께 일해서 얻을 수 있는 혜택은 무엇인가?

1. 현재 당신은 직원들에게 어떤 혜택을 제공하는가?
2. 당신과 함께 일하는 사람들은 어떤 방식으로 자신을 개선하는가?
3. 지난해 당신으로 인해 삶이 긍정적으로 바뀐 사람은 얼마나 많은가?

더 간단히 말하자면 이렇다. "당신 주위의 사람들은 커다란 승리를 거두고 있는가?" 만일 그렇다면 계속해서 그런 사람들을 배출하고 그들의 성공담을 남들과 공유하라. 본인이 거둔 성공을 이야기하면 잘난 체한다고 비난을 받을지도 모르지만 주위 사람들이 거둔 성공을 자랑하면 많은 사람이 당신의 조직에 합류하고 싶어 할 것이다. 나는 에리카 아길라Erika Aguilar와 리키Ricky 아길라 부부의 성공 사례를 그동안 얼마나 많은 사람에게 이야기했는지 모른다. 두 사람은 제대로 된 교육도 받지 못하고 어려운 환경에서 성장했지만 33세가 되기도 전에 한 해에 100만 달러를 벌어들이는 고소득자가 됐다. 이와 비슷한 성공 사례는 수없이 많으며, 나는 항상 사람들에게 그 이야기를 들려준다.

먼저 이 질문에 답해 보라. 나는 사람들에게 어떤 혜택을 제공하고 있는가? 이 질문의 답을 곰곰이 생각해 보면 자신이 주위 사람들에게 얼마나 많은 가치를 선사하고 있는지 깨닫게 될 것이다. 만일 본인의 대답이 마음에 들지 않는다면 그건 당신에게 사람들을 유인할 만한 매력이 없다는 뜻이다. 사람들을 유인하지 못한다는 말은 타인의 성공을 도울 수 있는 사람이 되기까지 아직 갈 길이 멀다는 의미다.

내가 2009년 처음 PHP 에이전시를 설립했을 때는 직원들에게 전통적인 의미의 복지 혜택을 제공할 여유가 아예 없었다. 그 어떤 사람도 '논리'를 바탕으로 나를 따르지 않았다. 몇몇 업무 보조 직원을 제외하면 66명의 에이전트 전원이 고정급이나 건강보험 같은 전통적 복지 혜택을 받지 못하는 독립 계약자였다.

그들에게 주어진 유일한 혜택은 패트릭 벳-데이비드라는 사람과 함께 일한다는 사실뿐이었다. 지금도 그때를 돌이켜 보면 마음이 한없이 겸손해진다. 그들은 무에서 유를 창조하겠다는 내 꿈과 능력을 믿었고 나를 전적으로 수용했다. 나와 함께 일하면 자신의 삶이 더 나아지고 가족의 운명이 변화하리라 믿었다.

당신은 그 믿음이 논리적이라고 생각하는가?

내가 스프레드시트로 매출 계획을 분석해서 그 사람들에게 보여주었을까? 당시에는 매출이 한 푼도 없었다. 물론 우리 회사가 향후 얼마나 큰 매출을 올릴지 목표를 세우기는 했지만, 그 숫자를 달성하기 위한 구체적인 계획은 아직 수립하지 못한 상태였다.

다른 조직들과 복지 혜택 경쟁을 벌이는 것은 현명치 못한 일이다. 건강보험이나 수요일의 요가 수업 같은 혜택을 제공하는 회사는 수없이 많다. 과거 페이스북은 무료 세탁 서비스, 포장 가능한 무료 음식, 오후 6시 이후까지 회사에 남아 일하는 직원들을 위한 무료 저녁 식사 등을 포함해 업계 최고 수준의 복지 혜택을 보장하는 기업으로 정평이 나 있었다. 그러나 2022년 3월, 페이스북은 무료 세탁 서비스와 음식 포장 용기를 없애고 저녁 식사 제공 시간도 오후 6시 30분 이후로 늦췄다.[4] 그렇지 않아도 저커버그에 대한 직원들의 신뢰가 점점

약해지던 상황에서 조직 문화를 강화하고 신나는 일터를 만들기 위해 노력하기보다 오히려 혜택과 복지를 줄이는 길을 택한 것이다. 이는 장기적 가치보다 단기적 수익성을 중요시한 최악의 선택이었을까? 아니면 비용 절감을 위한 현명한 정책이었을까? 우리는 단거리 경주가 아니라 장기전을 벌이고 있다는 사실을 기억할 필요가 있다. 직원들에게 닥친 문화적 충격은 몇 분기가 아니라 수십 년간 지속될 수도 있다.

회사가 일상적으로 제공하는 혜택도 어느 정도 시간이 지나면 직원들이 당연하게 받아들이게 된다는 것도 현실이긴 하다. 무료 세탁 서비스나 무료 점심을 매일같이 제공한다 해도 훌륭한 조직 문화를 구축하는 데는 큰 보탬이 되지 않는다. 금전적 부담만 늘어날 뿐이다. 비용 대비 효과가 가장 좋은 혜택은 깜짝 이벤트나 기억에 오래도록 남을 활동 같은 특별한 선물이다. 그런 이벤트를 불규칙적으로 실시하면 빡빡한 일상에서 벗어나 회사의 분위기에 활력을 불어넣는 데 도움이 된다. 또 일정한 성과를 낸 사람들에게만 참가 자격을 부여하는 이벤트를 준비하는 것도 좋다. 이를 통해 직원들 사이에 열심히 일하는 분위기를 불어넣을 수 있고 오로지 실력을 바탕으로 성공하는 조직 문화를 구축할 수 있다.

우리 회사의 문화에서 가장 중요한 요소는 학습과 안전이다. 따라서 우리는 직원들의 동료애를 강화하고 기술을 향상하는 데 중점을 두고 이벤트를 기획한다. 앞서 말한 대로 나는 《결정적 순간의 대화》라는 책을 읽은 뒤에 직원 두 사람을 '갈등 해결'에 관한 이틀짜리 워크숍에 보내는 데 6만 달러를 썼다. 이 교육에 참석한 직원들은 직장뿐 아니라 가정에서도 인간관계가 개선됐다는 사실을 알게 됐으며, 그들의 소통이 개선된 덕분에 회사는 즉각적인 투자 대비 수익을 올릴 수 있었다. 그 직원들이 그런 혜택을 거둘 수 있었던 이유는 비즈니스와 개인적 행복을 무엇보다 우선시하는 문화의 일원이 됐기 때문이다.

예전에 우리의 조직 문화에서 책임감, 탁월함, 지속성 등의 가치를 개선하는 방법을 궁리하다가 톰 브래디의 다큐멘터리 영화 〈경기장의 투사〉를 회사 외부에서 직원들과 함께 시청하는 행사를 개최하면 어떨까 하는 아이디어가 떠올랐다. 평범한 문화를 지닌 회사라면 직원들을 회의실에 모아 한두 편의 에피소드를 상영할 수도 있었겠지만, 그건 누구나 쉽게 따라 할 수 있는 일이라는 생각이 들었다. 나는 좀 더 큰일을 벌이고 싶었다. 몇 년이 지난 뒤에도 직원들이 그 행사를 두고 이야기꽃을 피우기를 원했다. 이런 종류의 이벤트에 정확한 가격표를 붙일 수는 없다. 그 행사가 분기별 실적에 얼마나 긍정적인 영향을 미칠지 예상하기도 불가능하다. 그러나 기왕 하기로 했다면 직원들의 기술 향상 및 팀워크 강화를 위한 이벤트이자 훌륭한 인재를 채용하고, 지키고, 보상하는 역할을 한꺼번에 해내는 도구가 되어야 한다. 나는 이 이벤트가 직원들에게 미칠 영향을 극대화하는 차원에서 가장 파격적인 행사 장소를 물색했다.

그렇다면 매사추세츠 폭스버러의 질레트 스타디움은 어떨까? 그 경기장은 톰 브래디가 오랫동안 선수로 뛰었던 뉴잉글랜드 패트리어츠의 홈구장으로 슈퍼볼 현수막이 떡하니 걸려 있는 곳이다. 비쌀까? 물론이다. 하지만 직원들에게 매일같이 무료 세탁 서비스를 제공하는 것만큼 비싸지는 않다. 나는 이벤트의 규모를 한 단계 더 키워 예전에 패트리어츠에서 브래디와 함께 뛰었던 선수들을 몇 명 행사에 초청해 문답 시간을 진행했다. 평소에 미식축구를 별로 좋아하지 않던 직원들도 이 행사에 열광했다. 행사의 공식 명칭은 "조직적 탁월함organizational excellence을 주제로 한 사례 연구 세미나"였다. 참석자들의 기억에 오래도록 남을 이벤트였다는 점에서 그 행사가 우리 회사의 문화에 끼친 영향은 아직도 뚜렷하게 체감되고 있다.

어떻게 하면 당신 회사의 복리후생제도를 더욱 폭넓게 확장해서, 남들이 쉽게 모방할 만한 혜택을 두고 서로 경쟁할 필요를 없앨 수 있을까?

우수한 조직 문화를 구축해야 하는 다섯 가지 이유

1. 탁월함과 높은 기대 수준 유지
2. 인재 유지
3. 재미와 즐거움이 있는 일터
4. 조직의 확장성과 지속성 확대
5. 개인보다 크고 중요한 전체 강조

그리고 당신이 해야 할 일 중 마지막 하나는 인재들이 조직을 빠져나가지 않도록 사전에 방지하는 것이다. 인재 유지는 단순히 인사부의 업무적 성과를 측정하는 그 이상의 의미가 있다. 직원들을 지켜내는 일은 당신이 어떤 식으로 조직을 구축하느냐에 따라 좌우된다.

구성원들이 지루함을 느끼고, 업무에 열정을 보이지 않고, 최소한의 일만 하는 척하고, 개방적인 소통이 부족한 조직에서는 많은 사람이 회사를 떠날 것이다.

직원들을 새로 채용하고 훈련하려면 많은 돈이 든다. 똑같은 절차를 계속 반복해야 하니 생산성에도 막대한 지장이 초래된다. 게다가 직원들이 입사하고 퇴사하는 일이 거듭되면 조직 문화 구축을 위한 의식이나 전통이 자리 잡을 시간이 없어진다.

기업 가치가 수조 달러에 달하는 알파벳, 애플, 마이크로소프트 같은 대기업들은 조직의 수명을 늘리는 핵심 요인이 구성원들로 하여금 그곳에서 일한다는 자긍심을 품게 하고 그들이 원하는 업무 환경을 구축하는 데 있다는 사실을 잘 알고 있다. 직원들은 당신 회사에 입사하기 전에 많은 정보를 미리 조사하고 찾아볼 것이다. 채용 후보자가 구인 구직 사이트의 정보를 뒤지거나 지인들에게 연락해서 당신이라는 사람과 당신의 회사에 대해 어떻게 생각하느냐고 묻는 것은 시간문제다.

사람들이 직장을 선택할 때 던지는 질문들

1. 당신 회사를 경쟁 기업과 차별화하는 장점은 무엇인가?
2. 당신의 리더십은 다른 사람들의 그것과 어떻게 다른가?
3. 당신은 도덕률이나 가치관이 있나? 그것이 당신이라는 사람을 정확히 대표하는가?

2부. 열두 개의 성공 블록으로 숨겨져 있던 불꽃을 일으켜라

직원들은 당신을 두고 어떻게 말하는가? 올해뿐 아니라 매년 직원들을 채용하고 유지하기 위해 어떤 행동을 실천하고 어떤 의식이나 전통을 구축할 계획인가?

일당백 조직원이 가져오는 효과

다음 단계는 당신 회사의 직원들이 지난 1년간 어떤 한 해를 보냈는지 돌이켜 보는 것이다. 다음 질문들을 생각해 보라.

1. 지난해 회사에 소속감을 느끼지 못한 직원은 누구인가?
2. 어떤 직원이 신뢰도를 바탕으로 더 큰 역할을 맡을 자격을 입증했는가?
3. 어떤 사람을 채용해야 하는가?
4. 회계 담당자, 개인 비서 등 어떤 직원이 내게 더 많은 시간을 되돌려 주었는가?
5. 어떤 직원이 나를 성장하게 해 주었는가?
6. 어떤 직원과 협력해야 하는가?
7. 어떤 직원이 우리의 약점을 강점으로 바꿔 주는가?

처음 두 질문에 답하는 데는 그렇게 많은 생각이 필요치 않다. 더 중요한 일은 그 대답에 따라 앞으로 어떤 행동을 취할지를 결정하는 것이다. 이는 직원들을 승진이나 좌천시키는 일처럼 단순한 작업이 아니다. 그들을 조직의 일원으로 끌어안기 위해서는 좀 더 정교한 수단이 필요하다. 내 경우에는 직원들을 많은 사람과 어울리게 하고 사람들 앞에서 그를 칭찬하는 방법을 쓴다. 어떤 직원에게 좀 더 큰 역할을 맡기고 싶을 때는 그를 우리 집으로 초대하거나 한정된 사람들만 참석할 수 있는 행사에 데려간다. 그리고 그 직원이 해낸 일을 공개적으로 칭찬하고, 그가 사람들 앞에서 연설할 수 있도록 시간을 준다.

신뢰를 깼거나 실적이 퇴보한 직원들은 어떻게 해야 할까? 나는 먼저 그 직원들과 대화를 나눠 그들이 본인의 실수를 통해 교훈을 얻었거나 행동을 바꿀 준비가 됐는지 파악한다. 그리고 그들의 행동이 진정으로 바뀔 때까지 관심을 보이거나 지도하기를 중단한다. 그런 상황이 벌어졌을 때 그 직원들은 회사를 그만두든지, 아니면 자신을 개선하기 위해 노력하든지 둘 중 하나를 택한다. 당신이 높은 수준의 조직 문화를 지향한다면 그 두 가지 결과가 모두 바람직하다.

직원을 채용할 때는 '공격수'와 '수비수' 역할을 담당할 사람들을 두루 고려해서 적임자를 물색해야 한다. 가령 법률 부서 직원이나 준법 담당자는 수비수고, 기술이나 데이터 분석 담당자는 공격수 겸 수비수다. 사이버 보안 담당자도 수비수에 속한다. 반면 업무 프로세스를 신속하게 해 주는 소프트웨어 담당자는 공격수다. 데이터를 분석하면 조직의 약점과 기회를 더욱 효과적으로 파악할 수 있다. 당신의 약점을 강점으로 돌려놓을 수 있는 능력을 갖춘 사람이라면 반드시 채용해야 한다.

예를 들어 투자 유치라는 목표를 세운 사업가는 자신의 상황에 맞는 투자은행을 찾아내야 한다. 하지만 그 전에 먼저 해야 할 일은 그 업무에 적합한 사람을 조직 내에 영입하는 것이다. 내가 2017년에 톰 엘즈워스를 채용해서 이너서클의 일원으로 맞이한 이유는 그가 자금을 조달하는 데 누구보다 풍부한 경험을 지닌 인물이었기 때문이다. 그 덕에 나는 투자 업무에 전념할 시간을 벌었고, 약점을 강점으로 바꿀 수 있었으며, 어느 은행이나 투자자들과 협력 관계를 맺을지 결정할 수 있었다. 그 결과 우리는 1,000만 달러라는 자금을 성공적으로 조달했다. 그러나 돈보다 더 중요한 것은 그 거래를 통해 훌륭한 파트너들을 유인했고 그들의 인맥과 조언을 활용할 수 있게 됐다는 점이었다. 그 모든 일이 가능했던 결정적인 비결은 단 한 사람의 핵심 인재를 성공적으로 채용한 데 있었다.

당신은 비즈니스에 결정적 역할을 맡아 줄 핵심 인재가 누군지 끊임없이 생각해야 한다. PHP의 실적이 한창 성장하던 시기에 나는 우리 조직을 위험에 빠뜨릴 만한 잠재적 위협 요소 중 하나가 구성원들이 정부의 법과 규정을 제대로 지키지 않음으로써 발생할 수 있는 리스크라는 사실을 깨달았다. 그리고 우리의 약점을 강점을 바꿔 줄 밥 커즈너Bob Kerzner라는 핵심 인재를 찾아냈다. 그는 보험회사 및 관련 금융 서비스 산업을 지원하는 단체 LIMRA의 CEO 겸 이사회 의장을 지냈고, 하트퍼드 생명보험Hartford Life 수석 부사장으로 근무했던 인물이었다. 나는 커즈너를 우리 회사의 이사회 멤버로 영입하고 그에게 우리의 '준법' 실태를 감사해 달라고 요청했다. 그는 얼마 뒤에 43페이지 분량의 보고서를 제출했다. 그 자료를 살펴보니 우리가 '수비'에 더욱 역점을 기울여야 한다는 사실이 분명해졌다. 나는 커즈너에게 우리 회사의 임원들을 코치해 달라고 부탁했고 우리가 거래 중인 보험회사들과 협력하는 일도 맡았다. 덕분에 우리 조직의 준법 현황은 훨씬 개선됐으며 리스크도 줄어들었다. 우리가 약한 부분에 강점을 지닌 사람을 찾아내어 겸손한 자세로 업무를 위임한 덕에 그모든 일이 가능했던 것이다.

당신의 회사는 다양한 역할이 공존하는 다차원적인 조직이다. 따라서 구성원들이 각자의 분야에서 회사의 약점을 보완하고 잠재적 문제를 방지하는 일을 도와야 한다. 가장 우수한 직원들을 채용해서 주위에 배치하는 일은 바로 당신의 책임이다. 그건 개인, 비즈니스, 법률, 경제, 가족, 건강 등에 두루 관련된 종합적인 업무이기도 하다.

록스타 원칙

사람들이 조직 문화를 논할 때마다 빠짐없이 거론되는 사례 중 하나가 넷플릭스의 이야기다. 이 회사가 조직을 구축한 방식은 수많은 사람에게 귀중한 참고 자료가 되어 준다. 넷플릭스의 공동 설립자 겸전 CEO 리드 헤이스팅스Reed Hastings는 이른바 '록스타 원칙rock star principle'을 철저히 지킨 것으로 유명한 인물이다. 그는 열 사람의 숙련된 소프트웨어 엔지니어를 채용하느니 차라리 높은 연봉을 주고 한사람의 '록스타' 엔지니어를 채용하는 길을 택했다. 리드 헤이스팅스가 쓴 《규칙 없음》에는 채용과 보상에 대한 유용한 통찰이 많이 담겨있다. 이 책과 주변의 이야기, 내 경험을 토대로 록스타를 채용했을 때의 장점은 다음과 같다.

록스타 원칙의 장점

1. 뛰어난 인재를 채용하는 풍토를 확립한다.

2. 조직 구성원들의 수준을 높이고 그들에게서 최선의 노력을 끌어낸다.

3. 가능성을 제시한다.

4. 실적을 높인다.

5. 신속한 결과를 도출한다.

그러나 잊지 말아야 할 것은 록스타를 채용하려면 당신이 먼저 록스타가 되어야 한다는 점이다. 다른 록스타들도 자신에게 도전 의식을 심어 줄 만큼 대단한 록스타가 이끄는 조직에 기꺼이 합류하려 할 것이다. 또한 록스타를 채용하는 문화는 복리후생제도의 일이기도 하기 때문에 이런 조직 문화를 정착시키고 싶은 사람은 다음 질문들에 답할 수 있어야 한다.

1. 당신 직원들은 다른 곳과 비교해서 이 회사에서 더 많은 돈을 벌었나?

2. 당신 주위의 직원들을 부유하게 만들어 주기 위한 계획은 무엇인가?

3. 당신은 회사의 리더나 영업직원들이 다음 해에 얼마나 많은 돈을 벌기를 바라는가? 회사에서 가장 높은 실적을 내는 직원 2~6명 정도의 목록을 만들고 이 질문에 답해 보라.

요컨대 당신 회사의 직원들은 당신과 함께 일한 덕분에 내년부터 향후 10년에 걸쳐 얼마나 큰 금전적·비금전적 혜택을 받게 될 것인지 확인해 보라.

어떤 사람이 모여 있느냐에 따라 조직이 달라진다

문화는 행동 양식이고, 의식과 전통은 습관이다. 앞서 말한 대로 나는 학습과 기술 개발의 가치를 절대적으로 신봉하는 사람이다. 그래서 요즘 내가 운영하는 회사에서는 채용 후보자마다 책 한 권을 나눠 준 뒤 책을 읽고 한 페이지 분량의 독후감을 작성해서 제출하라는 과제를 준다. 우리의 조직 문화와 가치관이 일치하는 후보자를 선택하기 위한 수단이다. 그 후보자가 얼마나 학습에 열정적이고 책 읽기를 좋아하는 사람인지를 알아내는 것은 빠를수록 좋다. 그 한 가지 과제만으로도 그의 지식 습득력과 신뢰도를 판단할 수 있다.

책 읽기는 우리 회사의 리더들에 의해 공식적으로 개발된 조직 문화의 일부다. 하지만 비공식적인 의식이 우리의 문화로 정착하는 과정을 지켜보는 일도 꽤 흥미롭다. 어떤 의식은 우리 회사에 입사하는 직원이라면 누구나 거쳐야 하는 일종의 '통과의례'가 되기도 했다. 예를 들어 직원이 입사한 첫날 그를 점심 식사에 초대하는 것은 어느 회사에서나 흔한 일이기 때문에 당사자의 기억에도 그리 오래 남지 않는다. 내가 로스앤젤레스에 거주하던 시절, 회사에 처음 입사한 직원들과 산타 모니카 계단Santa Monica Stairs을 함께 걸어 올라가는 일을 그토록 좋아하게 된 것도 그런 이유에서다.

우리는 신입 사원 교육이 끝나면 그 시간에 사무실에 남아 있는 다른 직원들과 자동차를 나눠 타고 산타 모니카 계단으로 향했다. 회사에서 그곳까지는 자동차로 45분 정도가 걸려서 새로 입사한 직원들과 편안히 유대감을 쌓기에는 더없이 좋은 기회였다. 덕분에 우리는 그들이 어떤 음악을 좋아하고 업무 시간을 벗어난 여유로운 환경에서는 어떻게 행동하는지 알게 됐다. 우리가 그곳에 도착하면 꼭대기까지의 높이가 33미터에 달하는 170개의 가파른 계단이 무시무시한 모습을 드러내고 있었다.

내가 우리 직원들을 이끌고 이 계단을 왕복한 최대 기록은 15차례였다. 제이슨이라는 이름의 신입 사원은 그런 기록쯤이야 쉽게 깰 수 있다고 거듭 큰소리쳤지만 겨우 네 번을 왕복한 뒤에 헛구역질을 시작했다. 모두가 큰 웃음을 터뜨렸다. 그런 재미있는 기억이 모여 우리 문화의 일부가 됐다.

나는 높은 기준의 가치를 믿는다. 높은 기준을 세우지 않고 승리하는 사람은 아무도 없다. 내가 진행하는 줌 화상회의 중에 어떤 직원이 집중력이 떨어진 모습을 보이면 이를 곧바로 지적하는 이유도 그 때문이다. 또 콘퍼런스나 회의에서 쉬는 시간이 끝나자마자 1초도 기다리지 않고 회의실 문을 잠가 버리는 것도 그런 이유에서다. 회의실에 제시간에 도착하지 못할 만큼 삶의 기준이 낮은 직원들이 나를 융통성 없고 고집불통인 리더라고 불러도 상관없다. 시간에 맞춰 회의실에 입장한 직원들이 내가 세워 둔 높은 기대 수준의 가치를 인정한다면 그걸로 족하다.

당신 회사를 독특하고 강력하게 만드는 것은 조직 구성원들이 공식적·비공식적으로 실천하는 의식이다. 이는 직원들이 조직에서 이탈하지 않도록 지켜 내는 힘이자 기업의 장기적 가치를 높이는 핵심 동력이기도 하다.

당신 회사의 문화와 어울리는 채용 후보자가 누구인지 생각해 보라. 당신에게 시간을 되돌려 줄 신뢰도 높은 인재를 찾아내기 위해 할 수 있는 모든 일을 하라.

당신의 블록을 채우기 위한 질문들

———————————— 문화 ————————————

1. 당신의 문화를 한마디로 표현하는 단어를 골라 보라.

2. 신입 사원들에게 각자 한 권의 책을 나눠 주고 한 페이지짜리 독후
   감을 제출하는 과제를 내면 그들이 당신 회사와 업무에 어떤 태도
   를 보일지 판단할 수 있다.

3. 바비큐, 소풍, 스포츠 행사 등 당신 회사의 문화를 상징하는 통과의
   례를 만들고 신입 사원들에게 거치게 하라.

4. 당신 회사의 조직 문화를 상징하는 의식과 전통을 창조하라.

5. 당신이 진정성 있는 리더라는 평판을 쌓는다면 본인과 가치관이 일치하는 직원들을 조직 내에 오래도록 유지할 수 있을 것이다.

6. 당신 회사의 문화를 높이 평가하는 사람들을 채용하라. 가령 책을 읽는 행위가 회사의 전통이라는 사실을 당신이 앞장서서 직원들에게 전파하라. 그리고 당신이 신뢰하는 사람들로 하여금 그 문화를 홍보하고 촉진하게 하라.

조직

1. 당신이 작성한 SWOT 분석을 다시 살펴보고 핵심 공격수와 수비수로서 꼭 채용해야 할 직원들을 파악하라.

2. 당신 회사의 수준을 월등하게 높여 줄 록스타를 찾아내라. 그의 몸값이 평균 시세보다 훨씬 높다고 해도 기꺼이 영입하라.

3. 앞에서 살펴본 조진 구성원 평가표를 이용해서 당신이 채용을 고려하는 후보자의 수준이 0~60점 중에 어느 정도인지를 판단하라.

4. 당신 회사의 가치를 진정으로 믿지만 기술이 다소 부족한 직원들

의 역량을 개발하는 데 아낌없이 투자하라.

5. 당신에게 시간을 되돌려 줄 직원들을 채용하라.

9장.

비전과 자본:
비전을 팔면 투자금은 자연스레 따라온다

 비전: 가치, 원칙, 영원한 목표

 자본: 자금 조달, 기업 가치 평가

훌륭한 비즈니스 리더는
비전을 개발하고, 전달하고, 실천하고,
완성하기 위해 쉼 없이 전진한다.

_ 잭 웰치, 전 GE 회장

내게 비전의 가치를 가르쳐 준 것
은 다름 아닌 한 척의 배였다. 미시시피주 상원의원 출신의 정치인 이
름을 딴 USS 존 C. 스테니스John C. Stennis 호는 니미츠급 핵 추진 항공
모함으로 1991년 45억 달러를 들여 건조됐다. 배수량은 10만 톤에
달하고 5,000명의 승조원을 동시에 수용할 수 있는 축구 경기장 세
개 크기의 선박이다.

하지만 이 항공모함을 특별하게 만들어 주는 것은 그런 일반적
인 제원이 아니다. 이 배에는 내게 비전에 대한 교훈을 안겨 준 유일

무이한 특징이 있다. 보통의 선박은 평균 1개월에 한 번 연료를 재공급받는다. 특수한 목적으로 설계된 선박은 3개월간 연료를 공급받지 않고도 운항할 수 있다. 존 C. 스테니스 호는 얼마나 오랫동안 연료 공급 없이 작전을 수행할 수 있을까? 추측해 보라.

무려 26년이다!

어떻게 그게 가능한지를 논하는 것이 이 이야기의 핵심이 아니다. 그보다 나는 이 이야기를 이렇게 비유적으로 해석한다. 강력한 비전을 품고 있는 사람은 외부에서 연료를 공급받지 않고도 이 항공모함처럼 26년 동안 쉬지 않고 자신에게 동기를 부여할 수 있다. 이 선박의 탁월함이 설계에서 비롯되는 것처럼 당신의 탁월한 경력은 비전에서 비롯된다.

당신의 비전이 앞으로 26년 동안 연료를 재공급할 필요 없이 본인에게 끝없는 추진력을 제공한다고 상상해 보라! 이 책의 앞부분에서 《도요타 방식》이라는 책을 언급했지만, 보통의 일본 기업들은 비즈니스 플랜을 세울 때 회사가 몇 대를 이어서 존속하리라는 점을 염두에 두고 계획을 세운다. 이 모든 게 서로 일맥상통하는 개념 아닐까?

내가 '비전' 블록을 비즈니스 플랜의 가장 마지막 순서로 배치한 데는 그럴 만한 이유가 있다. 비전은 사람들에게 끝없이 추진력을 제공하는 힘이다. 언뜻 생각하기에는 꿈과 비전이 비슷한 것처럼 보인다. 하지만 둘 사이의 가장 큰 차이점은 꿈은 개인적 희망이며 시한이 설정되어 있다는 것이다. 열심히 노력하면 누구나 꿈을 이룰 수 있다. 반면 비전은 당신과 당신 가족의 삶을 넘어 이 세상이 끝나는 날까지 영원히 지속되는 목표다. 당신이 이끄는 직원들을 포함해 온 세상 사람들을 위해 만들어진 비전은 시대를 초월해서 당신보다 훨씬 오래 살아남을 것이다.

"수많은 사람을 위해 매일 더 나아지는 삶을 창조한다"라는 이케아의 비전은 이 회사의 직원들에게 영원히 멈추지 않을 혁신의 연료를 제공한다.[1] 아마존의 비전도 비슷하다. "우리의 비전은 지구상에서 가장 고객 중심적인 기업을 세우고, 사람들이 온라인에서 구매하고자 하는 모든 것을 우리 사이트에서 찾을 수 있도록 하는 것이다."[2] 제프 베이조스가 CEO 자리에서 내려온 뒤에도 아마존의 비전은 여전히 살아 숨 쉬고 있다. 비전에는 마감일이 없다.

비전을 멈추게 하는 유일한 장애물은 자본이 고갈되는 것이다. 그래서 자금을 조달하려면 설득력 있는 비전을 만들어 내고 그 비전을 다른 사람들 앞에서 효과적으로 표현하는 법을 알아야 한다. 또 당신 회사의 핵심 신념과 비즈니스 원칙도 분명히 파악할 필요가 있다.

이 장에서는 자금을 조달하는 핵심적인 방법을 알려 주고, 비전과 자본 사이에 어떤 연관성이 있는지 이야기한다. 또 투자를 유치할 할 때 어떤 점을 집중적으로 강조하고, 어떻게 발표 자료를 작성해야 하며, 이를 투자자들에게 어떻게 발표해야 하는지에 대해 구체적으로 살펴보려고 한다.

이 장의 내용은 다른 장들과 조금 다르다. 비전과 자본에는 감정적 측면과 논리적 측면이 함께 포함되어 있다. 따라서 우리는 '비전' 블록을 쌓아 올리는 방법과 '자본' 블록을 쌓아 올리는 방법을 별도로 살펴볼 예정이다. 다시 말해 비전에는 감정적 요소가 강하지만, 이를 제대로 수립하는 데는 앞으로 살펴볼 논리적인 과정이 필요하다. 또 자금을 조달하는 일은 일종의 영업 행위다. 사람들의 마음을 움직여 투자자들이 수표를 쓰게 하고, 직원들을 유인하고, 공급업체와 계약을 맺기 위해서는 그들의 감정을 자극함과 동시에 논리적인 계획으로 이를 뒷받침해야 한다. 이런 종류의 블록은 모든 사람을 흥분시킨다! 비전을 현실로 이뤄 내기 위해서는 자본이 필요하고 파트너도 있어야 한다.

비전은 천만금을 준대도 바꿀 수 없는 것이어야 한다

작가, 영화 제작자, 콘텐츠 개발자 같은 사람들이 가장 열망하는 목표는 상록수처럼 영원히 푸르고 생생하게 살아남을 콘텐츠를 개발하는 것이다. 비전도 마찬가지다. 1996년 제임스 C. 콜린스James C. Collins와 제리 I. 포라스Jerry I. Porras는 〈하버드 비즈니스 리뷰〉에 기고한 기사 "당신 회사의 비전을 개발하라"에서 조직에 비전이 꼭 필요한 이유를 설명했다. 그들의 주장은 그로부터 27년이 지난 지금까지도 변함없이 유효하다. "진정으로 위대한 기업들은 조직에서 절대 바뀌지 않아야 할 것과 기꺼이 바꿔야 할 것, 신성불가침의 영역과 그렇지 않은 것의 차이를 잘 이해한다. 지속성과 변화를 동시에 관리해 낼 수 있는 이 특별한 능력(의식적인 연습과 실천이 요구되는 능력)은 비전을 개발하는 능력과 관련이 깊다. 조직의 비전은 구성원들이 어떤 핵심 요소를 보호해야 하고 어떤 미래를 향해 나아가야 하는지에 대한 지침을 제공하는 역할을 한다.[3]"

제프 베이조스는 좀 더 간단하게 말한다. "비전은 고집스럽게 유지하되, 세부 사항에는 융통성을 발휘하라."[4]

당신은 회사의 핵심 비전이 무엇인지 아는가? 그 핵심을 고집스럽게 유지하는가? 당신이 수행하는 모든 일에서 절대 타협의 여지가 없는 신성불가침의 원칙을 수립했는가? 나는 천만금을 벌어들일 기회가 주어진다고 해도 그 일이 내 비전과 일치하지 않는다면 단호히 "노"라고 거절할 것이다.

"다음 날이면 반드시 그곳에 도착합니다"라는 문구는 미국의 택배업체 페덱스FedEX와 동의어가 됐다. 그 비전은 회사가 하는 모든 일에 지침을 제공했고 그들은 이 비전을 바탕으로 물류 관리, 기술, 시스템 등을 구축하는 데 조직의 역량을 집중했다. 그 말은 익일 배송이라는 약속을 지키기 위해서라면 몇 년간 적자를 보거나 포장재의 품질을 희생하는 것쯤은 아무런 상관이 없다는 뜻이었다.

배달 속도에 관한 얘기가 나온 김에 하나의 사례를 더 이야기하겠다. 1984년 도미노피자의 CEO 토머스 모너건Thomas Monaghan은 30분 안에 피자 배달을 보장하는 정책을 발표했다. 회사는 그 약속을 지키는 대가로 제품의 품질과 직원들의 업무 만족도를 희생했다. 게다가 배달 기사의 안전도 희생할 수밖에 없었다. 피자를 신속하게 생산하는 시스템을 포함해 그들이 했던 모든 일은 이 비전을 추구하는 방향으로 설계됐다. 결과적으로 그들은 꽤 높은 시장점유율을 확보할 수 있었다. 그 점에서는 도미노피자에 박수를 보내고 싶다. 오직 한 곳에만 모든 것을 쏟아붓는 사람들은 비전이 희석될 염려가 없다. 하지만 도미노피자의 경우에는 그 비전이 어느새 골칫거리가 되어 버렸다. 배달 시간을 맞추기 위해 위험을 무릅쓰고 일해야 했던 배달 기사들이 수많은 소송을 제기했기 때문이다. 30분 배달이라는 약속을 어쩔 수 없이 폐기해야 하는 상황에 몰린 이 회사는 졸지에 비전을 잃어버린 상태에서 우왕좌왕하게 됐다.

도미노피자에 '지속적' 비전이 부족했다는 사실은 어쩌면 존 슈나터John Schnatter에게 성공의 문을 열어 주는 계기가 되었는지도 모른다. 그런 점에서 그가 1984년도에 파파존스Papa John's를 창업한 일은 우연이 아닐 수도 있다. 창업 첫날부터 슈나터의 머릿속을 지배했던 단 하나의 비전은 '품질'이었다. 그는 그 비전을 너무도 확신한 나머지 자신이 타고 다니던 차를 팔아 요리 장비를 구매했고, 아버지 집의 헛간을 개조한 공간에서 피자를 개발했다. 그리고 다음 해 인디애나주 잭슨빌에 첫 번째 가게를 열었다.

우리는 이 책의 앞부분에서 꿈을 시각화해서 본인의 눈앞에 항상 펼쳐 놓아야 한다고 말한 바 있다. 비전도 마찬가지다. 한 가지 다른 점이 있다면 비전은 직원, 고객, 파트너 앞에도 끊임없이 노출해야 한다는 것이다. 보통의 소비자라면 파파존스의 비전을 상징하는 광고 문구 "더 좋은 재료, 더 좋은 피자"가 무척 익숙할 것이다. 파파존스가 미국 고객만족지수 조사에서 모든 패스트푸드 업체를 통틀어 18년 동안 16차례나 고객 만족도 1위를 차지했다는 사실은 놀랄 일이 아니다.[5]

과거에 슈나터를 인터뷰한 적이 있었는데, 지금까지도 뼛속 깊은 곳까지 비전이 살아 숨 쉬고 있는 그의 모습에 감탄을 금치 못했다. 더욱 품질 좋은 피자를 향한 그의 탐구는 끝이 없었다. 그는 일선에서 물러난 지 몇 년된 상황이었지만 피자 한 조각에 놓인 페퍼로니의 위치와 치즈 사이의 거리가 적당한지, 피자의 겉껍질 부분은 알맞게 구워졌는지 등등 피자에 대한 것이라면 모든 것에 대해 열정적으로 이야기할 수 있었다.

슈나터에게 "더 좋은 재료, 더 좋은 피자"는 단순한 목표나 이상理想이 아니다. 그건 수익성이나 단기적 목표를 초월한 비전인 동시에 비즈니스의 모든 세부 사항에 동력을 제공하는 집착이자 강박관념이기도 하다.

슈나터를 비롯한 많은 CEO가 그랬듯이, 스티브 잡스 역시 속도(또는 제품을 시장에 출시하는 속도), 비용, 품질 등의 가치 중에 하나를 골라야 하는 선택의 순간을 맞은 적이 있었다. 물론 잡스도 어려운 의사결정을 내려야 할 때가 많았고 쉽지 않은 타협안을 모색해야 하는 순간도 있었지만 품질을 향한 그의 선명한 비전은 그 결정을 쉽게 만들어 주었다. 때에 따라 제품의 출시일이 늦춰지거나 가격이 오를 수도 있다. 그건 어쩔 수 없다. 하지만 품질에 문제가 생겨서는 안 된다.

당신의 신성불가침 영역은 어디인가? 절대 타협할 수 없는 가치는 무엇인가? 어떤 비전이 앞으로 20년 동안 당신에게 동력을 공급할 것인가?

4만 명의 직원을 끌어모은 나만의 비전

나는 2009년 PHP를 처음 세웠을 때 구체적인 비전 하나를 수립했다. 그리고 1985년 개봉 영화 〈백 투 더 퓨처Back to the Future〉에 등장하는 박사와 똑같은 옷을 입고 직원들 앞에 서서 우리의 미래를 스스로 개척하자고 선언했다. 원대한 비전을 발표할 때는 이에 걸맞은 환경을 갖춰야 도움이 된다. 어떤 옷을 입고 어디에서 비전을 이야기하느냐에 따라 그 효과는 크게 달라질 수 있다.

비전을 세웠다는 말은 다음 질문에 답할 준비가 됐다는 뜻이다.

- 우리는 얼마나 크게 성장할 것인가?
- 우리가 공략할 시장은 어디인가?
- 우리는 어떤 역사를 만들어 낼 것인가?
- 누가 우리에 대해 글을 쓸 것인가? 그 글의 내용은 어떨까?
- 이 비전이 현실이 된 '어느 날' 세계의 모습은 어떻게 달라질 것인가?

스티브 잡스가 애플과 픽사에 대한 비전을 이야기했을 때 그가 직원들에게 하고자 했던 말이 "어느 날 이 지역 신문에 우리에 관한 소식이 보도될 것입니다" 같은 내용이 아니었음은 분명하다. 오늘날 세계의 거의 모든 대학교가 애플을 사례 연구의 대상으로 삼고 있으며, 세계 최고의 전기 작가 중 한 명인 월터 아이작슨Walter Isaacson은 잡스의 전기를 저술하기도 했다. 스티브 잡스는 부자가 되기 위해 애플을 설립하지 않았다. 돈은 성공의 과정에서 얻어진 부산물이었을 뿐이다. 하지만 잡스의 비전이 존재하지 않았더라면 애플은 현재의 CEO 팀 쿡 체제하에서 시가총액이 3조 달러에 달하는 기업으로 성장할 발판을 닦지 못했을 것이다.

1999년 알리바바를 설립한 마윈馬雲의 동영상을 본 적이 있는가? 영상은 모두 중국어로 되어 있지만, 말을 한마디도 알아듣지 못하는 사람도 성공을 향한 그의 확신을 '느끼기에' 충분하다. 시청자들은 영상에 포함된 자막 덕분에 마윈이 이렇게 말하고 있음을 알 수 있다. "우리가 8시에 출근해서 5시에 퇴근해야 한다는 평범한 사고방식에 빠져 있다면 차라리 사업을 집어치우고 다른 일을 하는 편이 나을 겁니다." 그가 자신의 비전에 연료를 공급하기 위해 어떤 일을 했는지 아는가? 힌트를 하나 준다면 이 책을 통해 당신이 익히 알게 된 '바로 그것'을 현명하게 선택한 것이다!

마윈은 적이 제공하는 힘을 적절하게 활용하기 위해 실리콘밸리의 문화를 인용해서 이렇게 말했다. "우리가 미국인들과 용감하게 경쟁할 수 있는 이유는 바로 이것입니다. 훌륭한 팀을 조직하고 자기가 어떤 일을 하고 싶은지 제대로 파악한다면 능히 한 명으로 열 명의 적을 이길 수 있을 겁니다."

당신의 비전을 분명하게 표현하면 '미친 사람들'을 유혹할 수 있다. 그 사람들은 당신의 비전이 실제로 이루어지는 모습을 확인하기 위해 기꺼이 버스에 뛰어올라 앞 좌석을 차지하려 할 것이다. 그들이야말로 자신보다 더 큰 뭔가의 일원이 되기를 갈망하는 사람들이다. 그들은 찬란한 미래의 그림을 눈앞에 제시하며 자신들을 이끌고 그곳에 데려다줄 선지자들을 기다린다.

2부. 열두 개의 성공 블록으로 숨겨져 있던 불꽃을 일으켜라

선지자란 남들이 보지 못하는 것을 보는 사람이다. 나는 모든 사람이 인종, 성별, 교육에 상관없이 기술, 시스템, 리더십을 갈고닦을 기회를 부여받는 세계, 그리고 능력만 있다면 누구나 임원이나 창업가로 성장할 수 있는 세계를 바라봤다. 나는 내 비전이 단지 백만장자들을 키워 내는 데 있지 않다는 사실을 잘 알고 있었다. 모든 비전에는 이를 뒷받침하는 대의가 있어야 한다. 나는 내가 이끄는 조직 구성원들이 경제를 발전시키고 공동체를 개선하는 가치 있는 시민으로 성장하는 모습을 보고 싶었다. 또 사람들 사이에서 성공이 어떻게 전파되고 확대되는지 확인하고 싶었다.

적어도 처음부터 미래를 내다보는 능력을 갖춘 사람은 거의 없다. 사람들 대부분은 다음 끼니를 해결하는 일 이상은 아무것도 생각하려 하지 않는다. 하지만 어떤 선지자가 당신 앞에 나타나 아직 존재하지 않는 미래의 그림을 펼쳐 놓는다면, 당신은 기꺼이 그 배에 오르려 할 것이다. 사람들을 움직이는 데는 충분한 확신과 믿음이 필요하다. 그들을 현재 상태에서 벗어나 미래의 비전으로 눈을 돌리게 하려면 약간의 극적 장치를 활용하는 것도 도움이 된다.

이제 우리는 마지막 성공 블록에 도달했다. 이 장의 내용은 앞서 이야기한 블록들과 약간 중첩될 수도 있다. 솔직히 말하면 아이디어를 단순히 나열하는 것보다는 이들을 한데 모아 효과적인 비즈니스 플랜을 수립하는 일이 더 중요하다. 우리가 '꿈' 블록 편에서 그랬던 것처럼 비전을 수립할 때도 "만약 어느 날"이라는 구절을 사용해서 미래를 상상할 필요가 있다.

상상해 보라. 만약 어느 날 창업이나 금융이 초등학교 교과과정의 한 부분이 된다면, 당뇨병 환자들이 인슐린 펌프를 사용할 필요 없이 병을 쉽게 관리할 수 있게 된다면, 노인들이 편안한 마음으로 건강 관리를 받을 수 있는 날이 온다면, 모든 사람이 세계 최고의 전문가들과 손쉽게 연결될 수 있고, 그들의 조언을 받은 대가를 분 단위로 지급할 수 있게 된다면 어떨까?

위에서 나열한 첫 번째와 네 번째 항목은 나 자신의 비전 선언문에 포함되어 있다. 나는 첫 번째 비전을 이루기 위해 끝까지 싸울 생각이다. 비록 모든 학교의 교과과정을 한꺼번에 바꿀 수는 없다고 해도 누구나 무료로 활용할 수 있는 교육용 동영상을 제작함으로써 그 비전을 하루하루 실천하고 있다. 네 번째 항목은 내가 개발한 모바일 앱 미넥트Minnect를 위해 수립한 비전이다. 이 문장의 키워드는 '손쉽게'라는 단어다. 기술이 발전함에 따라 '손쉽다'라는 말의 정의는 하루가 다르게 변하고 있다. 따라서 우리가 이 앱을 출시하는 데 성공하기는 했지만 그 비전을 향한 노력은 마감일 없이 계속될 것이다. 그 말은 이 앱의 사용자 경험을 개선하기 위해 부단히 노력하겠다는 뜻이다. 회사를 설립하는 창업가들에게 세상에 존재하는 모든 유용한 정보를 제공하겠다는 내 비전은 언제까지나 사라지지 않는다. 제품의 기능이나 활용 메커니즘은 융통성을 발휘해서 조금씩 바꿀 수도 있겠지만 비전 자체는 고집스럽게 유지하려 한다.

10년이라는 세월도 비전을 평가하기에는 부족하다

비전을 수립하는 일은 비즈니스 플랜의 필수적인 요소다. 비전 선언
문은 다음 세 가지 사항을 반영해서 작성해야 한다.

- 당신이 창조하기를 바라는 미래의 모습을 적절히 표현함으로써 상상력과
  현실을 이어 주는 연결 고리로 삼는다.
- 고객뿐 아니라 세상 모든 사람에게 미칠 수 있는 진정한 영향력을 창조해
  낸다.
- 모든 의사 결정의 근거가 될 우선순위를 파악하고 방향을 제시한다.

당신이 선언한 비전이 현실로 이루어졌는지 그렇지 않은지를 확
인하기 위해서는 수십 년을 기다려야 할 수도 있다. 제프 베이조스는
아마존이라는 기업을 쌓아 올리는 과정에서 월스트리트의 투자자들
로부터 숱한 압박을 받아야 했다. 하지만 회사의 수익성을 희생하면
서까지 자신의 비전을 꿋꿋이 지켜 냈고 연구 개발에 막대한 돈을 투
자했다. 당시 그의 행보에 의구심을 나타내는 사람은 수없이 많았다.
그들의 눈에는 베이조스가 본인의 생각만 고집하는 완고한 사업가처
럼 보였을 것이다. 그는 어떤 타협도 없이 최초의 비전을 이루는 데만
전념함으로써 자기가 미래를 내다보는 선지자였다는 사실을 입증해
냈다.

세상의 그 무엇도 성급하게 평가해서는 안 된다. 어떤 사람이 한
분기나 한 해 반짝하는 실적을 냈다고 해서 그를 선지자로 부를 수는

없다. 심지어 10년이라는 세월도 누군가를 평가하기에는 충분한 시간이 아니다. 전설적인 포커 선수 도일 브런슨^{Doyle Brunson}은 2023년 89세의 나이로 세상을 떠나기 직전까지 라스베이거스에서 가장 강력한 경쟁자들과 한 테이블에 마주 앉아 게임을 벌였다. 누군가 브런슨에게 요즘 최고의 포커 선수가 누군지 물었더니 그가 이렇게 대답했다. "그건 지금부터 20년쯤 뒤에 다시 물어봐야 대답할 수 있을 거요."

비즈니스에서 성공하려면 시간이 걸린다. 한 해 동안 반짝해서 좋은 실적을 올리는 일은 누구나 가능하다. 5년 정도 성공하는 사람도 수없이 많다. 하지만 20년 이상 꾸준한 성과를 올리는 것은 오직 대담한 소수만이 할 수 있는 일이다.

미래를 상상할 수 있는 사람이라면 후회할 만한 일을 예측하고 줄일 수도 있을 것이다. 앞으로 20년, 30년, 50년 후에 지난 삶을 돌아보고 성취감을 느끼려면 적절한 비전을 세워야 한다. 그 비전에 따라 살지 못했을 때 삶의 모습이 어떨지 잠깐 생각해 보는 것도 인생을 설계하는 데 도움이 된다.

당신이 브런슨처럼 80대 후반의 나이가 되어 지나간 삶과 경력을 돌이켜 보는 모습을 상상해 보라. 본인이 가장 좋아하는 명절날에 온 가족이 모였다. 아마도 그때쯤이면 할아버지나 증조할아버지가 됐을 수도 있다. 당신이 삶의 시간 대부분을 별다른 노력 없이 습관대로 살아왔다면 분명 인생의 쓴맛을 제대로 보고 있을 것이다. 당신은 자신을 향해 이렇게 묻는다. "왜 목표를 세우고 모든 것을 그곳에 쏟아붓지 않았을까? 왜 그토록 소심하게 살았을까? 왜 좀 더 과감하게 모험을 걸지 못했을까?"

당신은 그런 이야기를 누구와도 나누지 않는다. 아마도 무덤까지 가지고 가려 할 것이다. 나이가 들수록 인생의 쓴맛은 점점 짙어진다. 당신의 삶을 관통하는 주제는 본인의 잠재력을 수없이 낭비했고 그 사실을 못내 후회한다는 것이다. 지금 그런 감정을 잠시나마 미리 느껴 보는 것도 분명 가치 있는 일이라고 생각한다. 당신이 90세 노인의 마음으로 자신을 들여다보면 삶의 경로를 지금 이대로 유지했을 때 미래의 삶이 어떻게 펼쳐질지 예측할 수 있을 것이다.

당신이 워낙 논리적인 사람이라 늙었을 때 모습을 머리로 상상하기가 어렵다면 자신의 부고를 미리 써 보는 방법도 있다. 좀 더 객관적인 관점에서 당신의 삶을 바라보는 데 도움이 될 것이다.

현재의 순간을 넘어 앞날을 내다볼 수 있는 사람은 그리 많지 않다. 장기적인 비전을 지켜 나가기 위해 '지연된 만족'을 택할 수 있는 사람은 더욱 적다. 다시 말하지만 당신이 이 책을 지금까지 읽었다는 말은 결코 평범한 사람이 아니라는 뜻이다. 당신에게는 대담한 소수의 일원이 되고자 하는 강렬한 열망이 있다. 나이가 들어 지난날을 후회하는 모습을 미리 상상해 보라고 조언한 이유도 그것이 선명한 비전을 수립하는 방법 중 하나이기 때문이다.

당신이 개인보다 훨씬 큰 어떤 것, 즉 진정한 비전을 위해 싸우기 시작하는 순간 이전에는 목격하지 못했던 새로운 버전의 자신을 내면에서 발견하게 될 것이다. 그 어떤 초능력자도 그런 힘을 발휘하지 못한다.

비전은 하루아침에 그려지지 않는다

팀 아담Tim Ardam은 내가 아는 창업가 중에 가장 겸손한 사람이다. 그는 열 살 때 부모님의 이혼을 겪었고, 열일곱 살 되던 해에 해병대에 입대했다. 군대에서 복무할 때는 포병 부대에서 트럭 운전사와 정비공으로 일했다. 군에서 제대한 뒤에는 잡다한 일자리를 전전하다가 운동기구 제조 기업에서 일하기도 했다. 이후 두 차례 사업을 시작했지만 모두 실패하면서 빚더미에 올라앉는 신세가 됐다. 그러다 겨우 제대로 된 회사를 세워 연 매출 2,000만 달러를 거두는 조직으로 성장시켰다. 하지만 그는 삶에서 뭔가가 부족하다는 느낌에서 줄곧 벗어나지 못했다.

내가 팀에게 회사의 비전이 뭐냐고 묻자 그는 이렇게 말했다. "처음 회사를 세웠을 때는 별다른 계획이 없었습니다. 그저 열심히 일했을 뿐이죠. 그로부터 12년이 지난 어느 날 당신이 개최한 워크숍에 참석하게 됐어요. 그곳에 참석한 목적은 2022년도 비즈니스 플랜을 세우는 데 도움을 얻기 위해서였습니다. 나는 그 행사가 매우 기계적이고 딱딱하리라고 상상했어요. 사업 목표를 달성하는 방법을 수학적으로 자세하게 가르치는 자리라고 생각한 거죠. 하지만 당신이 무대에 서서 감정적인 모습을 드러내는 데 놀라움을 금치 못했습니다. 그리고 내가 예전에 비전을 세웠던 적이 한 번도 없었다는 사실을 깨닫게 됐어요."

앞서 말한 대로 팀은 연 매출 2,000만 달러 이상을 올리는 회사를 운영 중이었다. 하지만 그는 이렇게 말했다. "나는 비전을 수립하는 데 어려움을 겪었습니다. 그동안 회사를 일으키는 일에만 온갖 힘을 쏟았어요. 앞으로 어떤 회사를 만들어서 어떤 방향으로 가고 싶은지는 전혀 신경 쓰지 않았던 거죠. 내가 세운 비전이 장차 우리 회사에 어떤 영향을 미칠지는 생각해 본 적이 없었습니다."

팀은 선명한 비전을 세우기로 다짐하며 워크숍을 떠났다. 그는 행사를 마친 뒤 내게 비전 보드를 만들어 보겠다고 말했지만, 막상 자리에 앉아 눈앞에 종이를 펼쳐 놓으니 아무 생각이 나지 않았다. 팀은 회사를 위한 비전과 자신이 가장 소중히 여기는 가치를 확실하게 표현할 방법을 찾아내기 위해 몇 달 동안 씨름했다.

이 이야기를 여러분에게 들려주는 이유는 모든 성공 블록이 하루아침에 채워지는 것은 아니라는 사실을 말하기 위해서다. 팀은 1년 뒤에 내 워크숍에 다시 참석했다. 그리고 행사가 끝난 뒤에 내게 전화를 걸어 이렇게 말했다.

"2022년 말, 나는 아내와 함께 회사 워크숍을 열었습니다. 참석이 불가능한 회사의 리더들도 하루 내내 진행되는 그 워크숍을 온라인으로 지켜보게 했죠. 아내는 벽 한 면을 깨끗이 치우고 그곳에 글을 쓸 수 있도록 큰 종이를 붙여 두었습니다. 우리는 리더들과 함께 비전을 적어 내려가기 시작했어요. 나는 단순히 비전 보드를 작성하는 것만으로는 비전을 세우기에 충분치 않다는 사실, 그리고 비전은 100퍼센트 선명해야 한다는 사실을 알고 있었습니다.

우리는 지금 이 회사에서 일하고 있는 이유를 생각해야 했어요. 단지 돈 때문만은 아니겠지요. 우리의 꿈은 무엇인가? 왜 우리는 자신을 희생자나 약자처럼 생각하는가? 왜 우리는 이제 막 성장을 시작한 숨은 강자로서 우리 자신을 바라보지 않는가? 우리가 지난 15년 동안 어떤 과정을 밟아 이곳까지 왔는지 핵심적인 순간들을 돌아보았습니다.

우리는 그렇게 비전을 수립하며 하루를 보냈습니다. 지금은 예전과 비교했을 때 직원들이 훨씬 가까워진 듯이 느껴집니다. 모두가 같은 비전을 공유한 데다 우리가 무엇을 가치 있게 생각하는지 정확히 알게 됐기 때문이죠."

팀이 비전을 선언한 뒤에 그의 회사는 매출이 크게 성장했다. 하지만 이 연습이 최종적으로 어떤 효과를 발휘했는지를 알기 위해서는 팀과 모든 사람들이 앞으로 최소 20년은 더 기다려야 할 듯하다.

갈수록 조직 충성도가 낮아질 거라는 말은 틀렸다

조직의 가치와 원칙을 종이 위에 적기만 해서는 아무런 효과가 없다. 인쇄해서 사무실에 붙여 두면 약간의 효과가 있을지도 모른다. 제대로 된 효과를 거두기 위해서는 조직의 가치와 원칙을 결정하는 과정을 하나의 '의식'으로 정립해야 한다. 그래야만 그 가치와 원칙들이 조직 전체의 비전에 영향을 미칠 수 있다.

나도 나만의 비즈니스 원칙과 가치를 직원들에게 수없이 반복해서 이야기한다. 그래야만 이들이 조직 내에 완전히 자리 잡을 수 있기 때문이다. 어떤 메시지를 한 번 전달해서는 효과가 없다. 그 메시지를 직원들의 마음속에 각인시키려면 여러 번 반복해서 말해야 한다. 파

　　　　　2부. 열두 개의 성공 블록으로 숨겨져 있던 불꽃을 일으켜라

파존스는 "더 좋은 재료, 더 좋은 피자"라는 구호를 얼마나 많이 외쳤을까? 당신이 수립한 가치와 원칙이 사람들의 눈에 더 잘 띄도록 시각적 장치를 활용하는 것도 도움이 된다. 우리 집 현관에는 이런 말이 적힌 커다란 그림이 걸려 있다. "이끌고, 존중하고, 발전하고, 사랑하라."

내가 어떻게 이 원칙들의 목록을 만들어 냈고 우리 회사의 비전을 어떤 식으로 표현했는지 말하기 전에 당신도 본인의 회사를 위해 비전을 수립할 때는 작은 규모의 예산만으로 놀라운 효과를 거둘 방법이 많다는 사실을 먼저 이야기하고 싶다. 앞서 말한 대로 나는 처음 회사를 설립했을 때 〈백 투 더 퓨처〉에 등장하는 박사의 옷을 입고 직원들 앞에 나타났다. 큰 비용은 들지 않았지만 효과는 만점이었다. 회사의 주머니 사정이 훨씬 나아진 2020년, 나는 직원들이 영원히 잊을 수 없는 방법으로 우리의 비전에 대한 인식을 강화할 수 있도록 아낌없이 돈을 투자하기로 마음먹었다.

이 행사 전체가 일종의 깜짝쇼로 진행됐다. 나는 직원들에게 우리가 애틀랜타에서 회의를 하게 될 거라고 말했다. 우리는 그곳에 도착한 다음 비행기를 전세 내어 조지아주의 해안가에 있는 지킬 아일랜드Jekyll Island로 날아갔다. 이 섬은 참으로 아름다운 경관을 자랑하는 곳으로, 지킬 아일랜드 클럽은 미국 경제계에서 최고 거물로 불리던 J.P. 모건, 조셉 퓰리처Joseph Pulitzer, 윌리엄 K. 밴더빌트William K. Vanderbilt, 마샬 필드Marshall Field, 윌리엄 록펠러William Rockefeller 같은 사람들이 일원인 곳으로 유명하다.[6] 그들은 이 섬에서 거주하거나 마음이 맞는 사람들과 함께 휴식을 취하면서 아이디어를 나누고 전략을 공유했다.

우리는 그들처럼 이 섬의 클럽을 둘러보며 오랜 토론의 시간을 가졌다. 여기에 참석한 직원들은 총 28명으로, 그해 뛰어난 실적을 거둔 사람들이었다. 우리는 조직의 비전과 가치, 원칙을 담아 선언문을 작성했고 행사가 진행되는 장면을 녹화해서 회사의 모든 직원이 시청할 수 있도록 동영상으로 제작해 전송했다. 영상을 본 직원들의 반응은 뜨거웠다.

비전은 전파력이 강하다. 당신의 비전은 모든 사람에게 영향을 미친다. 이 행사에 얼마나 큰 비용이 들었는지 굳이 이야기할 필요는 없지만, 내가 청구서에 적힌 금액을 지불하기도 전에 이미 손익계산서에 기록되지 않는 커다란 이익이 발생했다는 사실은 확인할 수 있었다. 이 행사는 직원들의 정체성을 통째로 바꿔 놓았다.

또 하나 생각해 봐야 할 점이 있다. 조직의 가치와 원칙을 정의하는 데 관심을 두지 않는 사람은 반드시 그만한 대가를 치른다는 것이다. 미국과 영국의 근로자 4,000명을 대상으로 한 넷 포지티브 종업원 지표Net Positive Employee Barometer 조사에서는 직원들의 사회적 행복과 환경을 개선하려는 기업들의 노력에 근로자 대부분이 만족하지 않는다는 결과가 나왔다. 조사 대상자 중 절반 이상이 고용주의 가치관이 자신과 일치하지 않는다면 퇴사를 고려하겠다고 응답했고, 전체의 3분의 1은 그 이유로 인해 이미 직장을 떠난 적이 있다고 답변했다. 이 숫자는 Z세대나 밀레니얼세대 근로자들 사이에서 훨씬 높은 양상을 보였다.[7]

이 조사를 의뢰한 세계적인 생활용품 기업 유니레버의 전 CEO

폴 폴먼Paul Polman은 이렇게 결론 내렸다. "이성적인 퇴사conscious quitting의 시대가 다가오고 있다."

월급, 성장, 자율성, 팀워크, 즐거움 등이 너무 지나치다고 회사를 그만두는 사람이 있을까? 그럴 리가 없다. 그들이 일터를 떠나는 이유는 형편없는 조직 문화 속에서 기계의 톱니바퀴 같은 기분을 느끼며 일하는 데 신물이 났거나, 일하는 시늉만 하는 관리자 밑에서 근무하기가 싫어졌기 때문이다. 기억하라. 직원들이 떠나는 것은 일자리가 아니라 리더다.

현대는 조직에 대한 충성도가 희박한 뜨내기 직원들의 시대라고 말하는 사람이 많다. 그건 패배자의 사고방식에 불과하다. 승리자들은 조직의 가치와 원칙에 초점을 맞추는 회사가 너무나 적은 현실 속에서도 직원들에게 훌륭한 비전을 제시함으로써 새로운 인력을 채용할 수 있고 기존의 인력도 지킬 수 있다고 생각한다. 나는 여러분 역시 이너서클 구성원들과 함께 조직의 비전을 정의하고 그 효과를 오래도록 누릴 수 있다고 생각한다. 조직의 가치와 원칙을 전파할 때 참고해야 할 일곱 가지 지침은 다음과 같다.

가치와 원칙을 전파하고 정착시키는 법

1. 의미 있는 장소를 선택해서 가치와 원칙을 결정한다.
2. 주요 이해 당사자를 모두 초대한다.
3. 초대된 모든 사람이 비전 수립 과정에 참가하게 한다.
4. 가치와 원칙의 목록을 12개가 넘지 않도록 압축한다.

5. 서문序文을 포함해 회사의 문화에 적합한 내용으로 선언문을 작성한다.

6. 인상적이고 눈에 잘 띄는 형태로 선언문을 제작한다.

7. 행사가 끝나면 완성된 선언문을 필요한 모든 곳에 게시한다.

투자 유치의 핵심은 '왜 그 일을 하는가'이다

우리는 지금까지 당신, 당신의 회사, 가족 등 내부의 세계만을 이야기했다. 이제는 바깥으로 눈을 돌려 볼 시간이다. 이 장의 후반부에서는 자금을 조달하는 법을 구체적으로 살펴볼 예정이지만, 먼저 조금 포괄적인 주제로 이야기를 시작하려 한다. 지금 당신이 직원을 채용 중이거나 납품업체들과 협력 관계를 구축하고 있다고 가정해 보자. 또는 당신이 주택을 건설하는 회사의 대표로서 목공 작업을 담당하는 도급업체로부터 더 유리한 지급 조건을 얻어 내기 위해 노력하는 중이라고 해 보자. 게다가 당신은 그 업체들이 다른 곳을 제치고 당신이 맡긴 일을 가장 먼저 완료해 주기를 바란다. 당신이 원하는 바를 이루기 위해서는 먼저 상대방에게 설득력 있는 비전을 제시하고 그 뒤에 당신의 능력을 입증하는 계획을 제시해야 한다. 최고의 시나리오는 사람들이 당신과 더불어 목표를 향한 여정에 기꺼이 동참하는 것이고, 최악의 시나리오는 사람들에게 어렵사리 신뢰를 얻어 낸 후에야 그들이 비로소 당신을 믿는 것이다.

요즘에는 자기가 맡은 일만 묵묵히 잘해서는 충분치 않은 세상이 됐으며, 그 일을 남들에게 '보여 주는' 데도 전문가가 되어야 한다.

제임스 캐머런James Cameron이 훌륭한 영화감독이라는 사실에 이의를 제기할 사람은 아무도 없을 것이다. 하지만 그가 영화 제작사로부터 수억 달러를 투자받기 위해서는 프로젝트를 시작하기 전에 자신이 만들 영화에 대한 비전을 보여 주어야 한다. 상대방에게 비전을 제대로 입증하지 못한다면 타석에 들어설 기회조차 얻지 못할 것이다.

회사를 세운 첫날에 종잣돈을 투자받기 위해 노력하는 설립자든, 창업 10년이 지나 사세를 확장하려고 애쓰는 사업가든, 자금을 조달하기 위한 '올바른' 방법은 분명 존재한다. 당신이 현재 아래와 같은 상황에 놓여 있다면 앞으로 밟아야 할 프로세스는 모두 똑같다.

- 직원을 채용할 때
- 납품업체나 협력자들과 초기 협력 관계를 구축할 때
- 은행에서 대출받을 때
- 투자자들에게 투자를 유치할 때

어떤 사람과 대화를 나누든 당신의 비전은 설득력이 강해야 한다. 작가 사이먼 사이넥은 이렇게 말했다. "사람들은 당신이 하는 일의 내용을 보고 투자하는 게 아니라 그 일을 '왜' 하는지를 보고 투자한다."[8] 그의 말을 가슴 깊이 새겨야 하는 이유는 자금 조달이라는 블록이 아무리 논리적인 성격을 띤다고 해도 사람들의 마음을 사로잡는 것은 당신의 비전에서 생겨난 믿음과 감정이기 때문이다. 당신이 세상에서 가장 훌륭한 비즈니스 플랜을 세우고 온갖 상세한 예측과 분석을 담아낸다고 해도 투자자들의 관심을 끌지 못한다면 그들의 눈앞에 계획을 내밀기도 전에 이미 실패한 것이다.

사이넥이 지적한 대로 당신은 본인의 제품이나 서비스 뒤에 놓인 '왜'라는 질문을 이해하고 이를 적절히 표현할 수 있어야 한다. 다시 말해 당신이 어떤 일을 하고 있으며, 어떤 종류의 사람이라고 자신을 소개하는 일도 중요하지만 당신이 '왜' 남보다 나은 사람인지를 밝히는 것도 그에 못지않게 중요하다.

모든 일의 핵심은 타이밍이다. 당신은 "왜 지금 이 사업을 시작해야 하는가"라는 질문에 대한 대답과 함께 이를 뒷받침하는 데이터를 준비해야 한다. 예를 들어 GPS를 포함한 모바일 기술의 발전이 없었다면 우버나 리프트 같은 차량 공유 사업에 대한 아이디어를 투자자들 앞에 내놓기는 불가능할 것이다. 또 편파적이고 양극화된 미디어가 시장을 지배하는 시대 상황이 아니라면 편견 없고 중립적인 뉴스 서비스를 제공하는 회사를 설립하겠다는 아이디어를 제안하지 못할 것이다.

이렇듯 당신은 투자자들에게 자금을 요청하기 전에 먼저 '왜'로 시작하는 아래의 질문들에 답변해야 한다.

1. 왜 당신 회사는 다른가?
2. 왜 지금 이 사업을 시작해야 하는가?
3. 왜 그 제품이 지금까지 발명되지 못했나?
4. 왜 당신의 아이디어를 모방하기가 어려운가?
5. 왜 당신이 이 제품을 만들기에 가장 적합한 사람인가?
6. 왜 고객들이 그 제품을 사야 하는가?

7. 왜 그 제품은 매출 목표를 달성할 수밖에 없는가? 시장은 얼마나 큰가? 얼마나 많은 사람이 그 제품을 구매할 것인가?

간결할수록 유리하다

창업가들이 자금을 조달할 때 투자자들에게 보여 주는 비즈니스 플랜은 그들의 '이력서'와 비슷하다. 종이 한 장에 모든 내용을 다 담을 수 있을 만큼 간략하게 작성해야 한다. 동사를 사용해서 현재 진행 중인 활동을 설명하고 지금까지 성취한 일을 짧게 요약하라. 필요한 내용만 구체적으로 기술하고 쓸데없는 말은 단 한마디도 덧붙이거나 낭비하지 말라.

이력서는 간단하게 작성할 줄 알면서 비즈니스 플랜을 발표할 때는 불필요한 내용을 구구절절 늘어놓는 창업가들이 많다. 그들은 할 수만 있다면 회의 장소에 커다란 칠판이라도 짊어지고 가려고 할 것이다! 게다가 해당 업계에서만 쓰이는 어려운 용어나 약자를 자랑스레 입에 올리기도 좋아한다. 그들은 투자 회의의 목적이 상대방에게 비즈니스 플랜을 '이해시키는' 게 아니라 자기를 똑똑한 사람처럼 '보이게' 하는 데 있다고 믿는다.

"미래의 그림을 한 장 그려 보겠습니다" 혹은 "어느 날 이런 일이 일어난다고 상상해 보세요" 같은 말을 적절히 활용하라. 남들 앞에 비전을 펼치려면 상대방의 오감, 특히 시각적 감각을 자극할 필요가 있다. 그들이 미래를 생생히 보고 느낄 수 있게 해야 한다.

가장 좋은 방법은 명확하고 간결한 언어를 이용해서 아래의 질문들에 답하는 연습을 반복하는 것이다.

- "우리가 성공할 수 있는 이유는……"
- "고객들이 우리를 좋아하는 이유는……"
- "우리의 상황이 특별한 이유는……"
- "우리가 빠르게 성장하는 이유는……"

내가 PHP를 설립했을 때 이 질문에 답변한 내용은 다음과 같다.

우리가 성공할 수 있는 이유는

그동안 인구 통계학적 구조와 마케팅 방법은 달라졌어도 이 업계의 상황은 달라지지 않았습니다. 보험 에이전트의 평균 연령은 57세이고 그중 대부분이 백인 남성입니다. 우리 회사의 에이전트는 평균 연령 34세의 라틴계 여성이 대다수를 차지합니다. 그들은 소셜 미디어와 함께 성장한 젊은 세대입니다.

고객들이 우리를 좋아하는 이유는

그들은 우리에게서 자신들의 모습을 발견합니다. 우리는 그들의 욕구를 충족하는 방법을 잘 알고 있습니다. 시스템을 개선해서 고객들이 처리해야 하는 서류 업무를 최소한으로 줄였고 프로세스를 단순하게 축소했습니다.

우리의 상황이 특별한 이유는

우리는 판매 제품을 보험 상품으로만 한정했기 때문에 더 많은 에이전트를 효율적으로 채용할 수 있고, 그들을 교육하는 시간과 비용도 대폭 줄일 수 있습니다. 우리의 고객 유치 비용이 타 회사보다 훨씬 낮은 이유는 소셜 미디어를 효과적으로 활용하기 때문입니다.

우리가 빠르게 성장하는 이유는
우리 회사의 조직 문화는 젊고 야심만만한 젊은이들에게 큰 공감을 얻고 있습니다. 우리는 그들 앞에 누구나 달성할 수 있고 얼마든지 복제 가능한 경제적 자유에 도달하는 길을 제시합니다.

입만 열면 대답이 저절로 흘러나올 정도로 이 질문들에 답변하는 연습을 반복하라. 당신의 비전을 빠르고 선명하게 표현할수록 투자자들의 관심을 더 많이 불러일으킬 수 있다. 짧은 시간 동안 상대방에게 제품, 기업 등에 대해 설명하는 엘리베이터 피치elevator pitch 역시 간결한 것은 물론, 아래와 같은 세 가지 요소를 반드시 갖춰야 한다. 그래야 듣는 사람의 가슴을 뛰게 만들 수 있다.

1. 명확하고 간결한 구두 연설: 투자자들의 관심을 사로잡는 '유인책'

2. 15장 정도의 발표 자료: 논리와 시각적 선명성이 뒷받침되는 '이야기'

3. 설득력 있는 언어적 서사: 당신의 이야기를 돋보이게 하는 '감정'

명확하고 간결하게 관심을 사로잡아라

영화기획자 겸 시나리오 작가 블레이크 스나이더Blake Snyder는 《Save the Cat!》이라는 책을 썼다. 이 책에서 조언하는 영화 광고 문구 제작 방법은 투자자들에게 들려줄 연설문을 작성하는 방법과 비슷하다. 유일한 차이라면 연설문보다 광고 문구가 더 짧아야 한다는 것이다. 지금 당신이 친구 또는 배우자와 함께 오늘 어떤 영화를 볼지 고민하는 중이라고 해 보자. 영화를 표현하는 문구는 그 영화가 어떤 내용을 담은 작품이고 당신이 왜 이 영화를 관람해야 하는지를 7초 안에 설명해야 한다. 사실 당신이 티켓을 구매하지 않는 가장 큰 이유는 그 영화의 내용이 무엇인지 잘 알지 못하기 때문이다. 영화의 홍보 문구 중에 '일종의', '~류의', '~와 비슷한' 같은 단어가 들어가면 이를 봐야 할지 말지를 판단하기가 꽤 어려워진다. 반면에 이런 문구를 생각해 보라. "샤이아 라보프와 에마 스톤이 주연한 존 그리샴 소설 원작의 법정 스릴러." 여기에 어떤 말이 더 필요할까.

투자자들이 왜 20분, 아니 단 2분 만이라도 당신의 이야기를 들어 줘야 한다고 생각하는가? 그래야 할 이유는 아무것도 없다. 당신이 그들의 관심을 순식간에 사로잡아야 하는 것도 그 때문이다.

엘리베이터 피치가 중요한 이유

- 상대방을 집중시키기 위해
- 핵심 메시지를 신속히 전달하기 위해

- 대답을 끌어내기 위해

어떤 내용을 다뤄야 하는가?

1. 문제: 우리가 생각하는 문제점, 시장에서 빠져 있는 제품이나 서비스, 소비
   자들을 좌절시키는 요인
2. 해결책: 이 문제를 해결할 방법
3. 우리의 차별점: 우리를 특별하게 만들어 주고 승리를 안겨 주는 요인
4. 약간의 통계(숫자): 현재의 매출과 미래 기대 매출

에어비앤비가 막 출발한 스타트업이었을 때, 그들은 투자자들을 유인하기 위해 다음과 같은 대본을 작성했다. 아래 내용은 당시 그들이 사용한 원고를 그대로 옮긴 게 아니라 톰 엘즈워스와의 인터뷰를 통해 그때의 상황을 재구성한 것이다.

온라인에서 숙소를 예약하는 여행자들은 대부분 가격에 신경을 씁니다. 여행 경비 중에 가장 큰 비중을 차지하는 돈이 바로 호텔 비용이기 때문입니다. [문제]

그런 한편 카우치 서핑Couchsurfing(현지인들이 여행자들에게 무료로 숙소를 제공하는 일종의 여행자 커뮤니티-옮긴이) 같은 플랫폼을 통해 자기 집의 소파나 여분의 침실을 여행자들에게 기꺼이 빌려줄 의향이 있는 사람이 50만 명이 넘는다는 사실이 드러났습니다. [시장 규모를 뒷받침하는 약간의 숫자]

우리는 여행자들과 현지인들을 서로 연결해서 주민들이 방이나 집 전체를 여

행자들에게 빌려줄 수 있는 플랫폼을 개발했습니다. 여행자들은 경비를 절약할 수 있고, 현지 주민들은 빈방을 임대함으로써 소득을 올릴 수 있습니다.

[해결책]

온갖 사기 매물이 넘쳐나는 온라인 생활 정보 사이트와는 달리, 우리 회사는 고객들에게 여행자 보험과 더불어 숙소를 손쉽게 예약할 수 있는 안전한 플랫폼을 제공합니다. 그리고 그 대가로 10퍼센트의 수수료를 받습니다. [핵심 차별점]

2022년, 전 세계의 호텔 객실 매출액은 1,220억 달러였습니다. 이 매출액 중 5퍼센트만 가져온다고 해도 우리가 목표로 할 수 있는 연 매출액은 61억 달러에 달합니다. [숫자, 예상 매출액]

어떻게 생각하십니까? 좀 더 자세한 이야기를 듣고 싶으신가요? 당신의 사무실에서 30분만 시간을 내주시면 모든 이야기를 들려드릴 수 있습니다.

스나이더가 조언한 또 한 가지 방법은 당신의 연설이 다른 사람들의 귀에도 부드럽게 받아들여지는지 계속 실험해 보라는 것이다. 아는 사람이든 모르는 사람이든 상관없다. 스타벅스에서 커피가 나오기를 기다릴 때든, 헬스클럽에서 한 세트를 마치고 잠시 휴식을 취할 때든, 유원지에서 롤러코스터를 타기 위해 긴 줄에 서 있을 때든 주위 사람들에게 당신의 아이디어를 전달해 보라.

내가 창업가들에게 이 요령을 알려 주면 그들은 대개 두 가지 반론을 제기한다. 첫 번째 주장은 일반인들이 자신의 연설을 이해할 정도로 똑똑하지 않다는 것이다. 다시 말해 자신이 워낙 뛰어난 천재라서 본인이 발표하는 내용은 오직 벤처캐피털이나 사모펀드에서 일하는 투자자들 같은 비범한 사람들이나 알아듣는다는 것이다. 이는 마치 제임스 캐머런 감독이 영화학 박사 학위를 소지한 사람만이 자신의 영화를 이해할 수 있다고 말하는 것과 다를 바가 없다. 현실은 정반대다. 앞에서 말한 대로 당신의 엘리베이터 피치는 누구라도 이해할 수 있어야 한다.

두 번째 반론은 자신의 비즈니스 플랜을 남들에게 섣불리 말하면 아이디어를 도둑맞을 수도 있다는 주장이다. 하지만 그런 일이 실제로 벌어지는 경우는 거의 없다. 당신의 아이디어가 천지를 개벽할 정도로 혁명적인 생각은 아닐 것이다. 더 좋은 재료를 사용해서 더 좋은 피자를 만들겠다는 생각은 저작권으로 보호해야 하는 아이디어가 아니다. 투자자들이 수표를 쓰게 만드는 것은 그 아이디어를 뒷받침하는 우수한 조직과 빈틈없는 실행 계획이다. 사람들이 자신의 연설을 남들과 공유하기를 꺼리는 심리의 가장 깊은 곳에는 결국 그들에게 자신의 아이디어가 받아들여지지 않을지도 모른다는 공포심이 자리 잡고 있다. 당신이 직원, 파트너, 투자자를 유혹하기 위해서는 그들과 비전을 공유해야 한다. 그 비전이 그토록 모방하기가 쉽다면 뭔가 문제가 있다는 뜻이다.

엘리베이터 피치의 네 가지 규칙

1. 이해의 용이성: 투자자, 파트너, 고객 등 그 누구를 막론하고 당신의 발표를 쉽게 이해할 수 있어야 한다. 어려운 기술 용어를 사용하지 말라! 당신의 말을 듣는 사람이 그 말을 이해하기 위해 힘들여 머리를 쓰게 해서는 안

된다. 당신이 속한 업계에 종사하지 않는 사람도 충분히 알아들을 수 있게 말하라. 유행어, 약자, 업계에 특화된 용어 등은 삼가라. 그런 말은 나중에 내부 회의를 진행할 때를 위해 남겨 두라.

2. 수량화: 숫자는 설득력이 강하다. 개념적인 언어를 늘어놓지 말고 시장 규모, 영업 실적 등을 구체적으로 활용해서 당신의 주장을 입증하라.

3. 간결성: 30초 안에 모든 내용이 매끄럽게 전달되어야 한다.

4. 설득력: 당신이 누구고, 어떤 일에 종사하고, 왜 성공할 것인지를 밝히는 첫 문장을 듣는 사람이 이해할 수 있도록 쉽게 설명하고, 외면하기가 어려울 정도로 설득력 있게 전달해야 한다.

논리적으로 선명한 발표 자료를 만들어라

다음 단계는 15장 내외의 간결한 발표 자료를 작성해서 이를 설득력 있는 언어적 서사와 전파력 강한 감정에 실어 상대방에게 전달하는 것이다. 발표 자료는 투자자들의 전형적인 아이디어 전개 방식에 따라 다음 세 부분으로 설계되어야 한다.

1부: 문제, 해결책, 타이밍

- 문제: 고객들의 고충은 무엇인가? 고객들은 그 고충을 어떻게 회피하거나 해결하고 있나?

- 해결책: 제품과 서비스 그리고 이를 차별화하는 당신만의 마법은 무엇인

가? 어떤 식으로 시장에 가치를 전달해서 고객들의 문제를 해결하거나 욕구를 충족하고, 그들의 삶을 개선할 것인가? 당신의 제품을 실제로 사용한 고객들의 사례는 어떤가?

- 당신의 비즈니스 모델: 어떻게 수익을 창출할 것인가?
- 왜 '지금' 비즈니스를 시작해야만 하는가?: 당신의 제품 및 서비스를 지금 개발하게 된 계기는 무엇인가? 고객들은 이를 수용할 준비가 됐나? 어떤 과정을 거쳐 지금이 비즈니스에 적기라는 결론에 도달했나?

2부: 시장, 경쟁, 시간표

- 당신이 목표로 하는 시장
- 경쟁: 당신과 시장에서 맞붙을 경쟁자는 누군가? 경쟁자가 없다고 말해서는 안 된다. 소비자들은 자신의 고충을 회피하기 위해 늘 제2의 해결책을 사용해 왔다. 레딧Reddit(미국의 소셜 뉴스 웹사이트-옮긴이)이 등장하기 전에도 누구나 접속 가능한 개방형 온라인 공간이나 앱이 있었다.
- 시간표: 당신은 얼마나 오랫동안 이 사업에 종사했나? 어떤 주요 일정을 밟아 왔나?

3부: 조직, 재무 현황, 요청 사항

- 조직: 비즈니스에 관한 경험을 어디서 어떻게 획득했나? 당신의 경력을 설명하고 본인이 이 사업을 성공적으로 수행할 수 있음을 입증하라.
- 재무 현황: 지금까지의 실적과 향후의 예상, 즉 현재의 결과물과 미래에 대

한 실질적인 예측치를 제시해야 한다.

- 요청 사항: 얼마나 많은 돈이 필요한가? 지분 투자를 원하는가, 아니면 돈을 빌리고 싶은가? 그 돈으로 얼마나 오랫동안 사업을 유지할 수 있는가?

당신의 이야기가 돋보이게 감정을 담아라

정보 경제 또는 인플루언서 경제의 가장 큰 장점 중 하나는 어떤 일이든 이에 대해 조언을 제공하는 전문가들이 넘쳐난다는 것이다. 그들은 자기가 고안한 방법론을 따르면 반드시 성공할 거라고 주장하며 창업가들이 투자자에게 비즈니스 플랜을 발표할 때 활용할 구체적인 대본까지 제시한다. 물론 전혀 근거가 없는 말은 아니다. 하지만 나는 당신에게 꼭 내 방식을 따르라고 강요하지 않겠다. 패트릭 벳-데이비드, 스티브 잡스, 엘리자베스 홈즈Elizabeth Holmes(미국의 바이오벤처 기업 테라노스의 설립자로 실리콘밸리 역사상 최대의 사기 스캔들을 벌인 주인공-옮긴이) 같은 사람들을 억지로 모방하려고 애쓰지 말라. 특히 엘리자베스 홈즈 같은 사람을 본받아서는 안 된다. 자칫하면 감옥에 갈 수도 있으니까.

사실 투자자들 앞에서 비즈니스 플랜을 발표할 때 첫 번째로 지켜야 할 규칙은 '당신의 모습을 있는 그대로' 보여 주는 것이다. 최종적인 승리자는 바로 진정성이다. 당신이 숫자에 유달리 애착을 갖는 모범생이라면 그냥 숫자를 이야기하라. 당신이 엔지니어라면 본인이 열정을 품고 있는 기술에 대해 말하라. 당신이 미식축구 감독이라면 클립보드를 넘기며 선수들의 용기를 북돋을 만한 이야기를 들려주고 그들의 엉덩이를 두드려라.

다른 누구도 아닌 당신 자신이 되어야 한다. 긴급함의 어조를 전달하면서도 느긋함과 자신만만함 사이에서 균형을 유지하라. 자신의 비전을 타인과 공유하는 것만큼 당신을 열광시키는 일은 없을 것이다. 그 비전이 당신을 열광시키지 못한다면 다른 누구도 열광시킬 수 없다. 그렇다고 팔을 격렬하게 내젓거나 목소리를 높이라는 말은 아니다. 당신이 해야 할 일은 "제가 이 계획에 열광하는 이유는"이라고 말하며 왜 당신이 이 사업에 그토록 빠져 있는지를 진정성 있게 이야기하는 것뿐이다. 상대방은 당신의 진심을 금방 감지할 것이다.

발표 자료를 한 장씩 넘길 때마다 신문 기사에 헤드라인을 달듯 선명하고 간결하게 그 페이지의 내용을 설명하라. 행사에서 기조연설을 할 때든 사무실에서 프레젠테이션을 할 때든 절대 슬라이드의 내용을 그냥 읽기만 해서는 안 된다. 마치 스포츠 경기의 '해설자'처럼 발표 자료의 각 장에서 다루는 주제를 짧고 명확하게 요약해서 전달하라.

투자금은 비전을 팔면 자연스레 따라온다

우리 회사의 기업 가치는 얼마고 이를 어떻게 평가해야 하나? 이는 사람들이 내게 가장 자주 던지는 질문 중 하나다. 그 대답을 얻는 데는 〈샤크 탱크Shark Tank〉(다양한 사업자들이 다섯 명의 투자자들 앞에서 각자

의 비즈니스 플랜을 설명하고 투자를 받는 내용의 리얼리티 쇼-옮긴이)만큼 적
합한 프로그램도 없을 듯하다. 기업 가치를 결정하는 요인은 딱 하나
다. 당신이 아무렇게나 숫자를 부른다고 가치가 정해지는 게 아니다.

당신 회사의 기업 가치는 상대방이 당신의 비전을 얼마나 가치
있게 받아들이느냐에 따라 좌우된다. 당신이 예상하는 매출액은 얼
마인가? 그 숫자는 불확실한 미래에 대한 당신의 '어림짐작'일 뿐이
다. 당신이 투자자들에게 어떤 방식으로 자신의 이야기를 들려주는
가에 따라 그들이 당신의 어림짐작을 그대로 받아들이느냐 아니냐
여부가 결정된다. 사실 예상이니 추산이니 하는 단어는 모두 어림짐
작이라는 말을 세련되게 표현한 것에 불과하다. 비전을 갖춘 선지자
란 아직 다가오지 않은 미래를 내다볼 수 있게 하는 사람이라는 말이
이제야 이해가 되는가? 최고의 선지자는 "어느 날 이런 일이 생긴다
고 상상해 보세요" 같은 시나리오를 투자자들 앞에 제시하고 그들이
수억 달러짜리 수표를 쓰게 하는 사람이다.

나는 당신 회사의 기업 가치를 평가하는 방법을 여기서 구구절
절 설명하지 않을 생각이다. 당신이 다음 한 해, 또는 다음 20년 동안
의 비즈니스 플랜을 수립할 때는 그때까지 얼마나 많은 자본금이 필
요할지, 그리고 그 돈을 어떻게 조달할지 생각해야 한다. 앞에서 당신
회사의 EBITDA를 정확히 파악해야 한다고 말했지만 처음 사업을
시작한 회사는 남들 앞에 내놓을 만한 매출이 거의 없는 경우가 대부
분이다.

다시 말하지만 당신 회사의 기업 가치는 남들에게 자신의 비전
을 얼마나 효과적으로 판매하느냐에 달려 있다. 투자자들에게 자금

을 요청하기 전에 먼저 아래의 사항들을 결정해야 한다.

1. 얼마나 많은 금액이 필요한가?
2. 그 대가로 투자자들에게 무엇을 제공할 것인가? 지분 또는 채권?
3. 그 돈으로 얼마나 오랫동안 회사를 유지할 계획인가?
4. 그 자금의 용도는 무엇인가?

만일 당신이 고객도 없는 회사에 근사한 사무실을 차리기 위해 자금이 필요하다고 말하면 십중팔구 투자받기는 어려울 것이다. 또 당신이 직장을 떠난 상태에서 얼마라도 수입이 필요하다고 말하면 투자자들 앞에서 어떻게 아이디어를 발표하고 지금까지 어떤 실적을 쌓았는지에 따라 그들이 자금 지원 여부를 결정할 수도 있다. 당신의 아이디어를 가장 효과적으로 판매하는 방법은 당신의 제품이나 서비스를 구매하기를 원하는 고객들에게서 이미 많은 주문을 받았고 그 주문을 처리하기 위해 자본금이 필요하다고 말하는 것이다.

4장에서 알렉스 뱅크스가 스토리텔링의 요령을 이야기한 트위터 게시물을 언급한 바 있다. 뱅크스는 이 게시물에서 이렇게 말했다. "투자 요청 연설의 목적이 단지 자금을 얻어 내는 것이 되어서는 안 된다. 당신은 지금까지 거둔 실적에 너무나 열광한 나머지 투자자들에게 자금을 요청하지 않을 수 없었다고 말해야 한다. 머스크는 투자자들 앞에서 테슬라를 만드는 일을 절대 자기 혼자서는 할 수 없다고 선언했다. 통장에 입금된 돈은 당신이 투자자들에게 장기적 비전을 판매한 데 따른 부산물에 불과하다."[9]

당신은 투자금을 요청하기 전에 먼저 조직 구성원들의 성공 기록과 그들의 능력을 투자자들에게 설득함으로써 당신 회사에 충분한 실행 능력이 있다는 사실을 인식시켜야 한다.

당신의 블록을 채우기 위한 질문들

─────────────── 비전 ───────────────

1. 당신의 핵심적인 비전과 절대 타협할 수 없는 가치를 도출하라.

2. 당신의 비전을 선언하고 아래 세 가지 항목을 점검해 보라.
   - 어떤 제품이나 서비스를 창조할 것인가? 즉 현재의 상태를 어떻게 바꿈으로써 머릿속으로 상상하는 세계를 현실로 만들려 하는가?
   - 그 제품이나 서비스는 고객과 세상에 어떤 영향을 미칠 것인가?
   - 당신의 의사 결정을 뒷받침하고 미래의 방향을 제시하는 우선순위가 있는가?

3. 당신이 90세 노인이 되었다고 상상해 보라. 앞으로의 삶에서 어떤 일을 피해야 하고, 나중에 후회하지 않을 삶을 살려면 어떻게 해야 하는지 판단하는 데 도움이 될 것이다.

4. 당신 회사의 비전, 가치, 원칙 등을 제정하기 위한 기념비적인 행사를 거행하라.

───────────── 자본 ─────────────

1. 당신을 경쟁자들과 차별화할 수 있는 요소가 무엇인지 생각해 보라. 당신은 '왜'로 시작되는 모든 질문에 답변함으로써 본인의 경쟁 우위를 설명할 수 있어야 한다.

2. 언제 어느 때든, 즉 응급실에 있을 때든, 스타벅스에서 줄을 설 때든, 소방대원을 기다릴 때든 잘 다듬어지고 간결한 엘리베이터 피치를 수행할 수 있도록 준비하라.

3. 간결하고 핵심적인 발표 자료를 작성하라. 자료 한 장 한 장은 물론 심지어 글씨 하나하나까지도 이를 작성한 목적이 분명해야 한다.

4. 설득력 있는 서사를 준비하라. 논리적으로 발표를 진행하되 당신의 모습을 있는 그대로 보여 주며 상대방의 감정을 자극하라.

5. 듣는 사람을 존중하라. 항상 상대방의 관점에서 모든 것을 생각해
   야 한다.

   - 왜 그들이 당신의 이야기에 관심을 보여야 하나?

   - 그들의 시간을 존중하라.

   - 눈과 귀를 총동원해서 상대방의 말에 귀를 기울여라.

누구도 따라 할 수 없는
독보적인 성공으로 가는 길

10장.
당신만의 비즈니스 플랜을
수립하는 법

한 사람의 발에 맞는 신이
다른 사람의 발에는 꽉 끼일 수 있다.
마찬가지로 모든 경우에 들어맞는
삶의 비결 같은 것은 없다.

_ 칼 융, 심리학자

지금까지 우리는 대담한 소수의
일원이 되기 위한 여정을 밟아 왔다. 그리고 당신은 이 책을 읽으며
수많은 이야기와 사례를 접했다. 내 목적은 그런 사례와 이야기들을
통해 당신만의 계획을 구상하는 일을 돕는 것이다. 여러분이 지금까
지 이 책을 읽는 동안 본인에게 중요하다고 생각한 내용을 어느 정도
메모해 두었기를 바란다. 하지만 당신이 뭔가를 써 내려가기 전에 먼
저 모든 것을 완벽하게 이해해야 하는 사람이라면 그 또한 아무런 문
제가 없다.

이제 이 모든 것을 한데 모아 하나의 계획에 담을 시간이 됐다. 내가 모든 블록에 뭔가를 반드시 채워 넣어야 한다고 줄곧 이야기했지만 그보다 더 중요한 일은 당신만의 독자적인 비즈니스 플랜을 개발하는 것이다. 때로는 어떤 규칙을 깨기 전에 먼저 그 규칙이 무엇인지 알아야 하는 순간도 있다. 성공적인 계획을 수립하는 비결은 그것이 곧 '당신 자체'를 대표하는 듯이 느껴지도록 계획을 작성하는 것이다.

우리가 명심해야 할 가장 중요한 키워드는 '함축'이다. 더 적은 것이 더 많은 일을 해내고 단순함이 승리하는 법이다.

그 말은 당신의 비즈니스 플랜을 가능한 가장 작고 함축적인 부분들로 분해해서 작성해야 한다는 뜻이다. 이상적인 길이는 표지와 열두 개 성공 블록이 담긴 페이지를 포함해서 최대 3장 내외다. 사람의 마음이 한꺼번에 받아들일 수 있는 계획의 분량은 그 정도가 전부다. 물론 성공 블록들과 관련한 일정이나 주요 계획 등을 별도로 작성해서 첨부할 수는 있다. 이 장에서는 먼저 질문과 공란을 통해 비즈니스 플랜 작성 프로세스를 전체적으로 보여 줄 예정이다. 지금까지 이 책에서 언급한 내용을 모두 정리하는 동시에 당신이 직접 채워 넣어야 할 성공 블록을 확인할 수 있을 것이다.

비즈니스 플랜 작성하기

_____의 한 해

(마법, 확장, 성장, 선명함, 헌신 같은 단어처럼 당신이 계획하는 한 해를 한 마디로 설명하는 말을 공란에 적어 넣는다.)

* 이 계획은 다음 사람을 위해 작성한다.

- 나

- 나의 팀

- 투자자

이 계획은 _____년도를 위해 수립했으며, 앞으로 _____년간 내가 운영하는 사업에 토대가 되어 줄 것이다.

지난해 검토하기

- 지난해의 가장 큰 교훈은 _____이다.

- 나는 지난 한 해 동안 _____라는 생각에 줄곧 정신을 쏟았다. 올해는 _____라는 생각으로 이를 대체할 것이다.

- 나는 _____를 삶에서 완전히 제거할 것이다.

- 나는 _____가 내 발목을 잡는 일을 막을 것이다.

- 올해가 작년과 달라질 이유는 _____이다.

열두 개의 성공 블록 채워 넣기

적

- 내게 가장 큰 감정적 에너지를 불러일으키는 적은 _____다.
- 올해 내 개인의 적은 _____다.
- 올해 내 사업의 적은 _____다.
- 이 적을 꺾었을 때 _____ 를 느낄 것이다.
- 우리는 _____를 함으로써 이 적에게 승리한 일을 축하할 것이다.

경쟁자

- 우리의 직접적 경쟁자는 _____다.
- 우리의 간접적 경쟁자(대체재 제공자)는 _____다.
- 나는 _____도 과소평가하지 않을 것이다. 그들은 진정한 잠재적 경쟁자다.
- 나는 _____라는 틈새시장을 찾아내고 그곳에서 활동하는 경쟁자들을 조사할 것이다.

의지

- 나는 성공하고자 하는 의지가 있다. 왜냐하면 _____이기 때문이다.
- 나는 반드시 성공해야만 한다. 왜냐하면 _____이기 때문이다.
- 내 마음은 _____라는 생각으로 가득하다.

- 남들이 나를 두고 _____라고 말하기를 원치 않는다.
- 내 평판은 _____라는 말과 동의어가 되었으면 좋겠다.

기술
- 내가 기술 개발에 집중해야 할 세 가지 분야는 _____이다.
- 나는 이 주제에 관한 책을 _____권 읽을 것이다.
- 나는 이 주제에 관한 콘퍼런스나 워크숍에 _____차례 참석할 것이다.
- 나는 _____를 통해 _____(약점)을 개선할 것이다.
- 나는 _____(업무 분야)의 약점을 보완하기 위해 핵심 인력을 채용할 것이다.
- 나는 내년도의 실적 목표를 달성하기 위해 _____분야의 기술을 추가할 것이다.
- 나는 _____분야에서 개인적·직업적 기술을 개발하기로 다짐한다.

사명
- 내가 싸우고 있는 대의는 _____이다.
- 내가 바로잡고자 하는 부당함은 _____이다.
- 내가 이끌고 싶은 성스러운 투쟁은 _____이다.

- 나를 괴롭히는 것은 _____이다.

- 내가 싫어하는 것은 _____이다.

- 내가 좋아하는 것은 _____이다.

- 만일 내가 복권에 당첨된다면 남은 삶을
  _____하는 데 전념할 것이다.

- 나의 사명은 _____이다.
  왜냐하면 _____이기 때문이다.

계획

- SWOT 분석
  강점: _____
  약점: _____
  기회: _____
  위협: _____

- 내게 가장 큰 영향을 미치는 사람은 _____이다.

- 내가 가장 큰 관심이 있는 핵심 주제는
  _____이다.

- 위기관리 계획 작성:
  나는 다음과 같은 위기가 닥칠지도 모르는
  최악의 시나리오를 대비하고 있다.

  _____

- 올해의 일정을 수립했다. 그중 기대되는 이벤트는
  _____이다.

꿈

- 내게 에너지를 안겨 주는 꿈은 _____이다.
- "만일 어느 날……"로 시작되는 5~7개의 문장과 버킷 리스트는 다음과 같다.

  _____

- 내 꿈을 달성할 구체적인 시한을 정하고 이에 대한 보상 계획을 세웠다.
- 내 꿈을 가시적으로 표현하기 위해 _____를 사용했다.
- 내 꿈을 '미래의 진실'로 선언함으로써 그 꿈이 이미 이뤄진 듯이 현재를 살아갈 것이다.

시스템

- 나는 _____을 자동으로 실천함으로써 내 삶과 비즈니스에서 더 많은 시간을 되사들이고 나 자신을 효과적으로 복제할 것이다.
- 비즈니스의 성공을 위한 가장 중요한 공식 세 가지는 _____이다.
- 올해 꾸준한 매출을 거두기 위해 추진할 세 가지 구체적인 전략은 _____이다.
- 데이터를 모으고, 분석하고, 실행하기 위해 구축한 시스템은 _____이다.

문화

- 우리 회사의 조직 문화는 _____에 의해 정의된다.

- 나는 이 문화를 적극적으로 개발하기 위해 _____를 한다.

- 나는 우리 회사의 문화를 고객, 직원, 파트너에게 인식시키기 위해 _____를 한다.

- 우리 회사의 문화와 관련이 깊은 의식과 전통은 _____이다.

- 우리 회사의 복리후생제도를 가장 잘 표현하는 말은 _____이다.

조직

- 나는 조직 구성원 평가표를 사용해서 우리 조직의 핵심 직원들을 평가했다.
  내가 가장 신뢰하는 직원들은 _____이다.

- 나는 직원들에게 지속적인 책임감을 심어 주기 위해 _____를 한다.

- 나는 _____분야에서 록스타 직원 _____명을 찾아낼 것이며, 그들에게 업계의 평균 연봉을 뛰어넘는 금액을 기꺼이 지급할 것이다.

....

비전

- 내가 우리 회사의 고객들과 온 세상에 미치고자 하는 영향력은 _____이다.

- 나의 핵심 원칙과 가치는 _____이다.
- 나는 _____를 절대 용납하지 않는다.
- 나는 우리 회사의 비전, 가치, 원칙을 제정하기 위해 _____(날짜) _____(장소)에서 기념비적인 행사를 개최할 것이다.

자본

- 나의 개인적 차별점은 _____이다.
- 우리 회사의 차별점은 _____이다.
- 내 엘리베이터 피치의 주제는 _____이다.
- 나는 인재를 채용하고, 공급업체와 협력 관계를 맺고, 투자를 유치할 때 활용할 수 있는 간결한 발표 자료와 설득력 있는 연설 대본이 있다.

이것은 당신을 위한 계획이다

이 책에서 이야기하는 성공 블록들은 비즈니스 플랜의 전체적인 방향과 구조를 알려 주는 역할을 한다. 따라서 독자 여러분은 의미 없이 빈칸을 채워 넣기보다는 블록 하나하나에 좀 더 간결하면서도 강렬한 문장과 계획을 담으려고 노력하기를 바란다. 계획을 세울 때 잊지 말아야 할 것들은 다음과 같다.

효과적인 비즈니스 플랜을 수립하는 방법

1. 직원이나 가족들과 함께 시간을 내어 계획을 작성한다.
2. 나, 직원, 투자자 등 누구를 위해 세우는 계획인지를 분명히 한다.
3. 감정적 요소를 반영해서 본인과 직원들에게 에너지를 불어넣는다.
4. 전략적으로 계획을 공유한다. 즉 계획을 실천하기 위한 효과적인 전략을 수립한다.
5. 핵심성과지표와 인센티브 계획을 전략에 포함하고 목표 달성 현황을 주기적으로 점검한다.
6. 매주 계획을 들여다보며 진행 상황을 쉽게 검토할 수 있도록 간결하게 작성한다.
7. 문제가 될만한 요인들을 미리 파악해서 만일의 사태에 대비할 수 있도록 계획을 세운다.
8. 매 분기 말에 계획 달성 현황을 검토하고 현재의 트렌드에 맞춰 계획을 변경한다.

모든 사람의 목표와 의도는 서로 다르다. 그 말은 세상에 틀린 답이 없다는 뜻이다. 원대한 꿈과 달성 가능한 목표 사이에서 균형을 잘 잡고, 선명하면서도 간결한 계획을 세우라. 또 목표를 달성했을 때 자신에게 제공할 보상을 미리 결정해야만 수많은 어려움과 역경을 헤쳐 나갈 에너지를 얻을 수 있다는 사실도 기억해야 한다.

11장.
변화의 물결을 일으켜라,
모두를 성공으로 이끌어라

리더에 대한 마지막 테스트는
그가 남들에게 목표를 향해
계속 전진할 확신과 의지를
심어 주는지 확인하는 것이다.

_월터 리프먼(Walter Lippmann). 미국의 작가, 기자

결국 당신이 해냈다! 열두 개의 성공 블록을 모두 쌓아 올릴 수 있는 사람은 오직 대담한 소수밖에 없다. 이제 당신은 제대로 된 비즈니스 플랜을 손에 넣었다. 오직 소수의 사람만이 할 수 있는 일을 성공적으로 완료했으니, 당신은 앞으로 여러 세대를 이어 갈 비즈니스를 구축한다는 목표에 한 걸음 다가선 셈이다.

아마 당신은 꽤 들뜨고 흥분한 상태일 것이다. 이 계획을 알고 있는 사람은 아직 당신밖에 없다. 특히 초안을 작성할 때는 대부분 혼자서 진행하는 경우가 많다. 하지만 회사를 운영하는 일은 절대 혼자서 할 수 없다. 당신이 비즈니스 플랜을 혼자 작성했다는 것은 나쁜 소식이 아니다. 중요한 것은 주변 사람들과 어떻게 공유하고 변화를 일으킬 것인가의 문제다.

나는 당신이 그토록 힘들게 수립한 계획을 최대한 효과적으로 활용하는 법을 알려 줄 예정이다. 당신은 이 계획 속에 감정과 논리를 적절히 녹여 넣었으므로 내년도를 자신의 삶에서 최고의 한 해로 만들 뿐 아니라 주위의 사람들에게도 최고의 한 해를 선사할 수 있을 것이다. 이제는 모든 사람을 위해 그 계획을 실행에 옮길 전략을 세울 때가 됐다.

당신이 창업과 삶의 여정에서 어느 단계에 놓여 있든 모든 성공 블록을 빠짐없이 채우는 것은 꼭 필요할 뿐만 아니라 그만큼 가치도 있는 일이다. 하지만 그다음부터 밟아야 할 단계는 사람에 따라 다르다. 가령 당신이 조만간 학교를 그만두고 창업을 준비하고 있는 학생이라고 해 보자. 당신이 그 계획의 일원으로 가장 먼저 '포섭'해야 할 사람은 당신에게 무료로 숙식을 제공하는 부모님일 것이다. 반면 규모가 큰 회사를 운영하는 사업가는 투자자, 공급업체, 파트너를 포함한 여러 사람을 '포섭'해야 한다. 또 당신이 영업 부서의 리더라면 본인의 팀원들은 물론이고 당신에게 자원을 분배해 주는 상사도 포섭할 필요가 있다. 상사 앞에 훌륭한 비즈니스 플랜을 내밀면 두둑한 마케팅 예산을 할당해 줄 것이다.

당신의 목표는 그동안 열심히 채워 넣은 열두 개의 성공 블록을 일목요연한 발표 자료로 정리하는 것이다. 당신은 다른 사람들에게 비즈니스 플랜을 '전달하는' 것이 아니라, 그들을 계획의 일원으로 '포섭'해야 한다. 내가 포섭enroll이라는 단어를 의도적으로 선택한 이유는 '모집enlist'이라는 말은 군대 냄새가 나고, '알리다tell'라고 표현하면 너무 따분하고 밋밋한 느낌이 들기 때문이다. '포섭'이란 사람들이 당신의 비즈니스 플랜을 마음속으로 받아들이게 한다는 뜻이다. 비즈니스 플랜 속에 감정과 논리를 적절히 녹여 넣었다면 남들에게 이를 설득하기 위해 굳이 애쓸 필요가 없다. 당신이 진정성 있는 자세로 계획을 공유할 때 사람들은 기꺼이 당신에게 포섭되려 할 것이다.

성공 블록을 구축한 뒤에 해야 할 일

1. 당신이 가장 신뢰하는 한 사람에게(가능하면 조직 외부의 사람에게) 비즈니스 플랜을 공유하고 피드백을 얻는다.

2. 피드백에 따라 계획을 수정하고 다듬는다. 계획에 담긴 모든 내용을 좔좔 읊을 수 있을 때까지 소리 내어 연습한다.

3. 중요한 이해 당사자들과 회의를 잡는다. 특히 회의 장소 선택에 세심하게 신경을 쓴다. 가능하면 회사 외부의 장소가 바람직하고, 당신이 선정한 그해의 주제와 관련이 있는 곳이라면 더욱 좋다.

4. 논리와 감정 사이의 균형을 적절히 살려 비즈니스 플랜을 발표한다. 먼저 어떤 일을 '왜' 해야 하는지를 밝히고 두 번째로 그 일을 수행할 방법을 이야기한다.

5. 핵심성과지표를 설정하고 장·단기적 목표를 세운다.

6. 목표를 달성했을 때 주어질 보너스, 포상, 인센티브 등을 합의한다.

7. 한 해 전체의 주요 일정을 계획하고 책임자를 선임한다.

8. 벽에 붙여 두거나 티셔츠를 제작하는 등의 시각적 도구를 이용해서 비즈니스 플랜을 눈에 잘 띄게 시각화한다.

9. 계획의 진행 현황을 정기적으로 점검하고 필요하면 궤도를 수정한다.

할 일이 너무 많은 것처럼 느껴지는가? 물론 해야 할 일은 한둘이 아니다. 당신이 다음 한 주 동안의 식단을 위해 며칠을 투자해서 세심한 조리법을 작성했다고 가정해 보자. 그걸로 일이 끝난 걸까? 아니면 일은 지금부터 시작일까? 조리법 작성을 마쳤다면 이제는 음식 재료를 사들이고, 주방에서 사용할 장비를 구비하고, 실제로 요리를 해야 할 차례다. 게다가 다음 주에도 이 과정을 똑같이 되풀이해야 한다.

또 다른 예를 든다면 당신은 한 덩어리의 조각용 화강암을 손에 쥐고 이 재료를 어떻게 다듬어 나갈지 구상하는 작업을 완료했을 뿐이다. 이제는 조각을 시작해서 그 돌덩어리에 생명을 불어넣어야 한다. 계획을 아무렇게나 실행에 옮길 수는 없다. 다른 사람들에게 당신의 계획을 따르라고 말하기 전에 그들이 계획을 이해하고 받아들일 시간을 주어야 한다.

누구에게나 나름의 비즈니스 플랜이 있는 법이다

비즈니스 플랜을 실행하는 방법을 구체적으로 살펴보기 전에 예일대학교를 나온 내 친구의 이야기를 하나 들려주고 싶다. 그 친구는 학교에 입학한 첫 학기에 경영학 수업을 듣게 됐다. 예일 같은 명문대학교에서는 당연한 일이겠지만, 교수들은 이 학교의 학생들이 나중에 기업체의 고위 관리자가 될 거라고 가정하며 이야기를 풀어 나가는 경우가 많다. 친구의 수업을 맡은 교수 역시 그런 가정을 바탕으로 나중에 학생들이 사회생활을 시작했을 때 회사가 그들에게 어떤 가치를 제공해 주기를 바라는지 물었다. 학생들이 꼽은 가장 중요한 가치는 자율성, 승진, 신분 상승의 기회, 성장 등이었다. 그러자 그 교수는 고위 관리자가 아닌 보통의 직원들에게는 어떤 가치가 가장 중요하다고 생각하는지 다시 질문했다. 학생들은 급여, 복지, 그리고 휴가를 포함한 비금전적 혜택을 꼽았다.

그러자 그녀는 학생들을 향해 이렇게 물었다. "왜 여러분은 자신에게 소중한 것이 남들에게는 그렇지 않다고 생각합니까? 왜 고위 관리자와 보통 직원이 추구하는 가치가 다르다고 생각하나요?" 교수는 통계 자료를 인용해서 조직의 어떤 직급을 막론하고 직원들이 소중하게 여기는 가치는 똑같다는 근거를 제시했다.

그 교수가 입 밖으로 표현하지는 않았지만 그녀는 이 열여덟 살짜리 청년들이 '모든' 사람이 삶에서 가장 중요시하는 가치에 대해 얼마나 잘못된 관념에 빠져 있는지 말하고 싶었는지도 모른다. 내 친구는 아무것도 모르는 상태에서 강의실에 걸어 들어갔지만 결국 모든 사람이 삶에서 똑같은 것을 원한다는 중요한 교훈을 얻고 강의실을 나왔다. 내 친구는 "학생들이 왜곡된 관점을 스스로 돌아보게 하는 명강의"라고 평가했다.

내가 여러분에게 이 이야기를 들려주는 이유는 조직 구성원 모두가 각자의 비즈니스 플랜을 작성해야 하는지 궁금해 하는 사람이 있을 것이기 때문이다. 내 대답은 자신만의 비즈니스 플랜을 수립할 '기회'가 모든 사람에게 주어져야 한다는 것이다. 당신은 모든 직원이 저마다 성공 계획을 세우고 삶에서 원하는 그림을 그려 내는 조직의 일원이 되거나, 그런 회사를 이끌고 싶지 않은가? 나는 당연히 그런 회사를 운영하고 싶다. 그뿐 아니라 더 많은 사람이 자신만의 비즈니스 플랜을 세울수록 더 나은 조직이 될 수 있다고 믿는다. 내가 이 책을 쓰게 된 동기도 세상 모든 사람에게 비즈니스 플랜을 세우는 방법론을 알려 주고 싶어서였다.

사람들 대부분은 비전을 세우지 못하고 현재의 만족을 뒤로 미루지도 못한다. 그 둘 사이에 밀접한 연관성이 있다는 사실은 우연이 아니다. 사람들에게 비전을 창조하는 방법을 알려 주면 그들의 삶은 훨씬 엄격하고 통제된 방향으로 개선될 것이다. 회사의 경비원이나 접수 담당자 같은 사람들에게도 비즈니스 플랜이 효과가 있을까? 질문을 이렇게 바꿔 보라. 이 세상에서 비즈니스 플랜이 효과가 없는 사람은 도대체 누구일까?

당신 회사의 접수 담당자나 인턴 사원에게 질문해 보라. "앞으로 5년 뒤에는 어떤 사람이 되고 싶고, 당신의 삶이 어떻게 바뀌기를 원하나요?"

그들은 지금까지 누구도 자신에게 그렇게 물은 적이 없다고 말할지도 모른다. 당신이 그들을 진심으로 아낀다는 사실을 보여 주고 그 질문에 대답하는 법을 알려 주는 순간 그들 속에서 전혀 다른 사람을 발견할 수 있을 것이다. 그들은 마치 다른 사람이라도 된 듯이 훌륭한 성과를 거두기 위해 열심히 일할 것이며 단지 업무 실적만 좋아질 뿐 아니라 회사의 가치를 열렬히 지지하는 직원으로 거듭날 것이다. 아마 자신의 미래에 대해 처음으로 관심을 보여 준 사람이 바로 당신이라고 말하며 가족이나 친구들에게 자랑할지도 모른다.

나도 언젠가 우리 회사의 마케팅 부서에 갓 입사한 신입 직원에게 그 질문들을 던진 적이 있다. 먼저 그 직원의 개인사에 대해 몇 가지 물은 다음 그에게 적이 있는지, 또는 자신의 능력을 의심하는 사람은 없는지 질문했다. 그리고 이렇게 물었다. "당신은 평범하고 느긋한 삶을 살고 싶습니까, 아니면 더 많은 돈을 벌고 훌륭한 경력을 쌓고 싶습니까?" 그는 평범한 삶을 살았으면 좋겠다고 대답했다.

다음 날, 그 직원이 내 방문을 두드렸다. 그는 지난밤을 거의 뜬 눈으로 새웠다고 말했다. 머릿속에서 내 질문이 떠나지 않았다는 것이다. 그는 친척이 툭하면 그를 향해 "너는 평생 사람 구실을 하지 못할 거야"라고 조롱하던 일을 기억해 냈다. 부모님은 그의 말에 맞장구를 치지는 않았지만, 딱히 아들을 감싸려 들지도 않았다. 그 직원은 자기가 평범한 삶을 선택한다면 친척 아저씨가 옳았음을 증명할 뿐이라는 사실을 깨닫고 삶을 바라보는 관점을 완전히 바꿨다. 우리는 그 직원의 성공 블록들을 채우기 시작했고 그가 다음 단계로 성장하는 데 필요한 기술을 파악했다. 나는 이렇게 물었다. "그 목표를 현실로 만들려면 무엇이 필요합니까? 어떤 하드 스킬이나 소프트 스킬을 익혀야 할까요?"

내가 한 일이라고는 질문을 던진 것뿐이었다. 그 직원은 뼈아픈 자기반성을 통해 이 질문들에 스스로 대답함으로써 극적인 패러다임 전환을 이뤄 냈다. 지난 6개월 동안 내가 그 직원을 지켜본 바에 따르면 그가 30세가 되기도 전에 영업 부서를 이끄는 리더로 승진한다고 해도 전혀 놀랄 일이 아니다.

어떤 사람들에게는 열두 개의 성공 블록을 한꺼번에 채우는 일이 조금 버겁게 느껴질지도 모른다. 나는 그런 사람들을 위해 일종의 축약 버전을 개발하고 여기에 '1페이지 비즈니스 플랜'이라는 이름을 붙여 부록 B로 수록했다. 물론 당신이 대담한 소수의 일원이라면 열두 개의 성공 블록을 모두 채워 넣는 것이 가장 바람직하지만 당신의 직원, 인턴, 또는 아이들에게는 좀 더 간단한 계획이 유용할 수도 있다.

다른 직원들의 성공 블록이 무엇인지 알지 못하는 사람은 훌륭한 리더로 성장할 수 없다. 동료들은 내게 다른 사람들의 버튼을 누르는, 즉 감정을 자극하는 능력이 있다고 말한다. 하지만 내가 어떤 버튼을 눌러야 그들의 감정을 자극하게 될지 어떻게 알아낸다고 생각하는가? 나는 항상 주위의 직원들에게 그들의 비전이 무엇이고, 적이 누구며, 상사가 어떤 사람인지 묻는다. 나는 직원들이 '내' 꿈과 목표를 향해 가도록 그들을 억지로 이끌지 않는다. 대신 그들이 자신만의 비즈니스 플랜에 담긴 꿈과 목표를 향해 하루하루 걸음을 이어 가도록 돕는다. 직원들 각자의 성공 블록에 관한 데이터 없이 그들을 효과적으로 이끌 수 없다.

텅 빈 페이지를 채우기 부담스러운 사람들에게

앞서 말한 대로 더 많은 직원이 비즈니스 플랜을 수립할수록 회사의 관점에서는 더 바람직하다. 하지만 방법도 제대로 알려 주지 않은 채 직원들에게 일방적으로 비즈니스 플랜을 수립하라고 지시해서는 안 된다. 그건 모두를 좌절시킬 뿐 아니라 그 작업을 시간 낭비처럼 느껴지게 하는 지름길이다.

비즈니스 플랜 작성 방법을 꼭 당신이 교육할 필요는 없다. 당신 회사에 훌륭한 인사 책임자가 있다면 대신 작업을 맡겨도 관계없다. 직원들 가운데는 자신의 개인사를 CEO와 속속들이 공유하기를 불편하게 느끼는 사람도 있을지 모른다. 그들이 믿을 수 있고 개인적인 이야기를 털어놓는 데 부담이 없는 누군가를 골라 교육을 맡기는 편이 가장 좋다. 가령 각 부서를 이끄는 부서장들이 자신의 직속 부하들을 교육하는 방법도 있다. 그런 경우에는 당신이 부서장들을 대상으로 먼저 교육을 진행할 수도 있을 것이다.

또 완성된 비즈니스 플랜의 모범 사례를 직원들에게 보여 주는 것도 중요하다. 물론 그 사례가 꼭 당신의 비즈니스 플랜일 필요는 없다. 직원들은 아무 글씨도 적히지 않은 텅 빈 성공 블록들을 보면 그 공란을 어떻게 메워야 할지 난감해 한다. 그렇다고 여러 개 중에 하나를 고르는 선다형 문제를 제시하라는 말은 아니다. 단지 약간의 힌트를 주거나 그들과 여러모로 관련이 깊은 사람의 비즈니스 플랜을 참고 자료로 제시하라는 뜻이다. 만일 당신의 '비전' 블록에 "세상을 손에 넣는다" 또는 "업계에 파괴적 혁신을 불러일으킨다" 같은 문구가 적혀 있다면 그 문장을 본 직원들은 본인의 블록에 어떤 말을 써 넣어야 할지 잘 모를 수도 있다. 그보다는 "나는 웹디자인 온라인 강좌를 수강하고, 이탈리아어 회화를 배우고, 집을 구하는 데 필요한 보증금 1만 5,000달러를 저축할 것이다" 같은 사례를 보여 주는 편이 훨씬 바람직하다.

지금도 우리 회사 이사회에서 일하고 있는 밥 커즈너는 비즈니스 플랜 작성을 할 때 아무것도 쓰여 있지 않은 빈 페이지가 사람들에게 큰 위압감을 준다는 점을 지적했다. 그래서 그는 직원들이 활용할 수 있는 구체적인 질문 목록을 개발해서 그들이 이 질문들에 하나씩 대답해 가며 비즈니스 플랜을 세울 수 있도록 했다. 커즈너는 이렇게 말했다. "영업직원들은 빈칸에 숫자를 채워 넣는 데 능합니다. 나는 그 점에 착안해서 그들을 성공으로 이끌 수 있는 양식을 하나 개발했죠. 여기에 담긴 숫자를 보면 자신이 어떻게 해야 목표를 달성할 수 있을지 곧바로 결론이 나옵니다. 그 양식은 이렇게 묻습니다. '당신이 내년도에 달성하고자 하는 매출 목표는 얼마인가? 작년에는 얼마를 목표로 했나? 다음 해의 매출 목표를 이루기 위해서는 무엇이 달라져야 하나?'

내가 개발한 비즈니스 플랜 양식은 그들이 어떤 일을 해야 하는지 정확히 알려 줍니다. 계획을 수립하는 과정에서 발생하는 저항감을 없앰으로써 그들이 진정으로 원하는 것과 필요로 하는 것이 무엇인지 스스로 깨닫게 할 수 있습니다."

당신이 할 수 있는 만큼 많은 사람을 독려해서 각자 비즈니스 플랜을 세우게 하라. 여기에는 당신의 아이들, 가까운 친척, 비서, 납품업체 직원들까지 모두 포함된다. 다른 사람들의 계획 수립 과정을 돕는 것은 그들의 삶을 더 나아지게 함은 물론이고 당신이 좋은 친척, 친구, 동료라는 평판을 얻을 수 있는 최고의 방법이다.

당신의 조직이 비즈니스 플랜으로 움직이게 만드는 법

내가 유난히 집착하는 일 중 하나가 비즈니스 플랜 수립을 위한 회의나 행사를 올바른 순서대로 개최하는 것이다. 당신의 계획을 직원들 앞에서 언제 발표할 것인지는 매우 중요한 문제다. 한 가지 방법은 모든 직원이 각자 자신만의 계획을 세우게 한 뒤에 그들을 한데 모아 함께 공유하는 시간을 갖는 것이다. 그 회의에서 당신의 계획을 회사 전체의 마스터플랜으로 직원들 앞에 공개하라. CEO의 비즈니스 플랜에 따라 조직 구성원들도 자신의 계획을 가감하거나 수정할 수 있다. 예를 들어 당신의 비전이 남미 지역으로 사업을 확장하는 것이고 부하 직원 누군가에게 그 사업을 맡길 예정이라면 직원들도 그 비전에 따라 자신의 계획을 바꿀 것이다.

당신이 내년도를 겨냥해 올해 연말에 비즈니스 플랜을 수립할 생각이라고 해 보자. 대체로 다음과 같은 일정을 세울 수 있을 것이다.

- 10월 1일:
    12월에 진행될 비즈니스 플랜 회의의 장소와 날짜를 발표한다. 이를 위해 11월 어느 날 몇 시에 비즈니스 플랜 수립 방법을 교육한다고 예고한다.

회의 참석자들에게 각자의 비즈니스 플랜을 사전에 완성해야 한다는 점을 분명히 전달한다.

- 11월 15일:

줌 화상회의로 비즈니스 플랜 작성에 관한 교육을 2시간 동안 진행한다.

- 11월 22일, 29일:

'근무 시간' 중에 직원들을 대상으로 비즈니스 플랜 작성법에 관한 문답 시간을 진행한다.

- 12월 6일:

CEO 주재로 비즈니스 플랜의 중요성을 강조하는 화상회의를 진행한다. 만일 CEO가 비즈니스 플랜 작성법을 직원들에게 직접 교육하지 않았다면 이 화상회의는 특히 중요하다.

- 12월 15일~16일:

직원들이 직접 참석하는 워크숍을 진행한다. 하루짜리 행사보다는 이틀 동안 이어지는 행사가 더 낫다. 행사 장소는 회사 외부가 좋으며, 집에서 멀리 떨어진 곳일수록 더 바람직하다.

- 12월 29일:

워크숍에서 논의된 할 일 목록의 마감일이자, 각자가 완성한 비즈니스 플랜을 시각화해서 눈에 잘 띄는 곳에 게시하는 작업의 마감일이다.

- 다음 해 3월 29일/ 6월 29일/ 9월 29일:

  각각 줌 화상회의를 통해 분기별 진행 상황을 점검하고 필요하다면 궤도를 수정한다.

당신이 예전에 비즈니스 플랜을 수립하는 시늉만 했거나 직원들에게 계획을 세우는 방법에 대해 정확한 방향을 제시하지 않았을 때, 본인이 어떤 계획을 세웠고 직원들이 어떤 계획을 제출했는지 생각해 보라. 내가 직원들에게 열두 개의 성공 블록에 대해 가르치기 전에 그들이 회의에 들고 들어온 것은 종이 반쪽에 적힌 주요 항목 너덧 개가 전부였다. 이제 비즈니스 플랜 수립 일정을 직원들에게 발표했으니 어떤 직원도 구체적인 계획 없이는 워크숍에 참석할 생각을 하지 못할 것이다.

첫째, 그들은 비즈니스 플랜 세우는 법을 충분히 교육받았다. 둘째, 궁금한 점을 해결하는 질의응답 시간을 '근무 시간'에 진행한 이상 직원들이 가장 많이 내세우는 핑계, 즉 비즈니스 플랜서에 어떤 말을 적어 넣어야 할지 잘 모르겠다는 핑곗거리도 사라진 셈이다. 게다가 당신이 얼마나 철저하게 비즈니스 플랜을 수립하는지 지켜본 직원들은 모두 당신의 본보기를 따르려 할 것이다. 이런 구체적인 일정을 밟았는데 어떻게 최고의 한 해를 만들어 갈 최고의 계획을 세우지 않을 수 있겠는가?

당신의 상황에 적합한 일정을 세우라. 위에서 예를 든 것은 비즈니스 플랜을 수립하는 과정이 얼마나 정밀하고 구체적으로 진행되어야 하는지를 보여 주기 위한 사례에 불과하다. 만일 당신의 내년도 비즈니스 플랜에서 가장 중요한 목표가 자금 조달이라면 향후의 일정은 크게 달라질 것이다. 투자자들을 찾아내고 발표 자료를 개발할 핵심 인력을 채용하는 데만 몇 개월이 걸릴지도 모르니 말이다.

비즈니스 플랜 수립 과정에서 가장 중요한 요소는 다음과 같다.

1. 순서 지키기
2. 정밀함
3. 약속과 책임
4. 앞장서서 이끌기, 스스로 모범을 보이기

또한 당신이 수립한 비즈니스 플랜을 어떤 장소에서 직원들에게 전달하느냐에 따라 그 효과는 크게 달라진다. 무엇이 참석자들의 흥분을 가장 많이 불러일으키는가? 때로는 직원들과 함께 회사를 멀리 벗어나는 것도 좋다. 나는 캘리포니아의 팜스프링스와 몬태나의 화이트피쉬에 있는 저택, 콜로라도 아스펜의 스키 리조트 같은 곳에서 회의를 연 경험이 있다.

비즈니스 플랜을 발표하는 회의가 끝나고 실행 단계가 시작된 뒤에는 회의에서 논의된 사항들이 제대로 지켜지고 있는지 시의적절하게 점검하는 작업이 중요하다. 따라서 비즈니스 플랜에는 당신이 목표로 하는 결과물과 다음 단계로 진행해야 할 일을 분명하게 명시해야 한다.

회의 장소를 포함한 세부적인 사항이 그토록 중요한 이유는 무엇인가? 당신이 그 회의를 매우 중요하게 생각한다는 사실을 직원들이 알아야 하기 때문이다. 당신이 비즈니스 플랜에 의미를 부여하는 만큼 직원들도 각자 계획을 수립하는 일에 전념할 것이다.

앞에서 직원들을 '모집'하기보다 '포섭'해야 한다고 말했지만, 타인을 포섭하려면 상대방에게 영감을 줄 만한 이야기를 들려주어야 한다. 당신의 내면에서 샘솟는 에너지를 그들이 느끼게 해야 한다. 쉽고 단순한 언어를 이용해서 당신의 꿈을 이해시키고 그 뒤에 놓인 대의를 설명해야 한다.

모든 영업직원은 잠재 고객들 앞에서 제품이나 서비스를 소개할 때 항상 나오는 질문이 "그게 나에게 어떤 이익이 되나요?"라는 것을 잘 알고 있다. 능력이 부족한 영업직원은 세부 사항이나 본인의 목표에 관련된 이야기를 늘어놓지만, 훌륭한 직원은 고객의 필요와 욕구를 만족시킬 방법에 초점을 맞춰 대답한다.

직원들에게 당신의 꿈 이야기를 들려줄 때는 그 꿈이 당신이 아닌 그들에게 미칠 영향을 홍보해야 한다. 그 방법의 하나가 "상상해 보세요. 만일 어느 날……" 같은 문장을 사용해서 이야기를 풀어 나가는 것이다.

당신이 성공하면 직원들에게 어떤 보상이 돌아갈까? 당신의 성공이 그들의 돈, 경력, 유산, 가족 등에 어떤 영향을 미칠지 보여 주고 그들이 더욱 새롭고 개선된 버전의 자기 자신을 마주했을 때 어떤 느낌을 얻게 될지 생생하게 표현하라.

또 감정과 논리 사이에서 적절하게 균형을 잡는 일도 잊어서는 안 된다. 이 책에서 이야기하는 성공 블록들은 그 두 가지 요소를 자연스럽게 계획에 담을 수 있도록 설계되어 있다. 사람들을 움직이려면 감정이 필요하다. 또 논리가 없다면 그들은 계획을 어떻게 실행에 옮겨야 할지 잘 모른다. 이런 모멘텀이 구축됐을 때 당신은 주위의 모든 사람에게 동력을 제공할 살아 숨 쉬는 비즈니스 플랜을 수립할 수 있다.

보상을 결정하는 것은 구성원이다

조직의 리더는 어떤 사안에 대해 자기가 직접 의사 결정을 해야 할지 아니면 직원들의 의견을 반영해서 결정해야 할지를 두고 양자 사이에서 항상 미묘한 균형점을 찾아야 한다. 가령 재택근무에 대한 회사의 정책은 당신이 직접 의사 결정을 내려야 한다. 직원들의 의견을 묻거나 그들과 상의할 수는 있겠지만 이는 조직 구성원들의 투표를 통해 결정할 만한 문제가 아니다.

내가 직원들에게 피드백 얻기를 좋아하는 주제 중 하나가 목표를 달성한 사람에게 제공하는 보상이다. 직원들이 크고, 흥미롭고, 대담한 목표BHAGs를 수립했다면 그 목표를 이뤄 냈을 때 회사가 무엇을 해 주기를 원하는지 그들에게 직접 물어야 한다. 무엇보다도 그렇게 질문함으로써 직원들이 목표를 실제로 달성했을 때의 기분을 미리 느끼게 해 줄 수 있다. 회사에서 가장 뛰어난 영업사원이 당신에게 이렇게 제안하는 장면을 상상해 보라. "우리가 매출 목표를 달성하면 모든 직원이 고급 맞춤 양복을 입고, 롤렉스나 구찌 지갑을 들고, 자메이카로 날아가 레게 가수 지기 말리Ziggy Marley를 초청해서 파티를 벌이면 어떨까요."

그러면 당신은 이렇게 말한다. "그게 여러분이 원하는 전부인가요? 다른 사람들은 어떻게 생각합니까?"

직원들이 함성으로 화답하면 그 의견에 찬성한다는 뜻이다. 함성이 들리지 않으면 다시 계획을 세워 보라.

나는 이런 방식의 의견 수렴이 가장 효과적인 형태의 협상이라고 생각한다. 당신은 직원들이 도전적인 목표를 설정하도록 그들을 압박해야 하지만 늘 미소를 지으며 그들을 독려할 필요가 있다. 당신이 좋은 리더라면 이렇게 말할 수 있어야 한다. "존, 당신은 올해 5,500만 달러의 매출 목표를 달성할 수 있다고 생각합니까? 그 대가로 슈퍼카 맥라렌을 원한다고요? 그렇다면 당신과 당신의 아내가 합쳐서 6,500만 달러를 달성했을 때 회사에서 당신 부부에게 맥라렌을 한 대씩 사주면 어떨까요?"

당신은 직원들에게 꿈을 심어 주어야 하고 그들이 성공한 모습을 시각화할 수 있게 도와야 한다. 물론 모든 리더가 맥라렌을 두 대씩 사주겠다고 약속할 수는 없다. 자신의 조직이나 사업체의 규모에 맞게 보상을 결정해야 한다. 핵심은 직원이 상상 이상의 목표를 달성하는 것을 지켜보는 것보다 더 신나는 일은 없을 것이라는 말이다.

또 이는 직원들에게 도전 의식을 심어 줄 좋은 기회이기도 하다. 어떤 직원이 특정한 목표를 달성하겠다고 선언했을 때 다른 직원들이 그 말에 반신반의한다면 이는 그 목표를 세운 당사자에게 본인이 입으로 뱉은 말을 현실로 이뤄 보라고 독려하기에 안성맞춤의 순간이다. 직원들이 목표를 두고 서로 내기를 시작했다면 당신은 어떤 역할이라도 기꺼이 떠맡아 그 목표를 이루는 일을 도와야 한다. "이번 달 매출 목표를 달성한 팀에게는 명품 신발을 부상으로 선물하겠습니다."

비즈니스 플랜을 처음 실행에 옮기기 시작했을 때 직원들이 열정적인 모습을 보인다고 해서 그들이 언제까지나 열정적인 모습으로 남아 있을 거라고 단정해서는 안 된다. 리더십과 헌신은 꾸준히 지속되어야 한다.

최소한 일주일에 한 번씩은 비즈니스 플랜에 담긴 열두 개의 성공 블록을 직원들에게 다시 상기시키고 그들이 목표를 달성하면 보상을 받을 거라는 사실을 기억하게 해야 한다. 직원들을 한 번 포섭했다고 그들이 영원히 포섭된 상태로 남아 있으리라 가정해서는 안 되며, 그들을 꾸준히 독려하는 노력을 기울일 필요가 있다. 당신이 수립한 비전을 비닐로 코팅해서 벽에 붙여 두거나 티셔츠에 '올해의 구호'를 새기는 것처럼 시각화 작업을 해야 하는 이유도 그 때문이다. 타고난 예지력을 갖춘 사람이 아니라면 어느 날 갑자기 자리에서 일어나 앞날에 대한 비전을 떠올릴 수는 없을 것이다. 당신이나 당신의 직원들을 위해 항상 눈에 잘 띄는 곳에 비전을 걸어 두고 그 비전을 달성하기 위해 열심히 노력하는 사람에게는 적절한 보상을 제공해야 한다.

책임은 보상만큼 중요하다

언어는 중요하다. 당신이 "상상해 보세요. 만일 어느 날……" 같은 문구를 사용해서 '꿈의 언어'를 들려주듯이 사람들에게 항상 '책임의 언어'를 이야기해야 한다. 올바른 언어는 올바른 결과를 낳는다. "당신의 목표는 어떻게 진행되고 있습니까? 현재 상황은 어떻습니까? 계획된 일정보다 앞서가고 있나요?" 이런 말에 마법 같은 수식어를 동원할 필요는 없다. 있는 그대로 사실에 근거한 질문을 던져야 한다.

당신에게 책임을 묻는 사람은 누구인가? 어떤 방식으로? 얼마나 자주?

당신은 누구에게 책임을 묻는가? 어떤 방식으로? 얼마나 자주?

비즈니스 플랜을 세울 때는 본인이 세운 계획을 차질 없이 실행할 수 있도록 견제와 균형을 제공하는 '책임 동반자accountability partner'를 선정할 필요가 있다. 일단 당신이 얼마나 그 작업에 소질이 있는지 스스로 돌이켜 보라. 당신은 직원들에게 책임을 묻는 데 능한가? 왜 그런가? 또는 왜 그렇지 못한가? 만일 당신이 직원들에게 제대로 책임을 묻지 못한다면 그 이유는 인간관계의 갈등을 관리하는 도구가 부족하거나 직원들에게 호감을 사고 싶은 마음이 앞서기 때문일 것이다. 다른 사람들에게 냉정히 책임을 묻기 위해서는 이 두 가지 약점 모두를 즉시 개선해야 한다. 나는 직원들에게 늘 이렇게 말한다. "지금은 당신이 나를 미워할지 몰라도 20년 뒤에는 좋아하게 될 겁니다."

당신은 리더가 마땅히 해야 할 아래의 일들에 얼마나 능숙한가? 1점부터 5점까지 직접 점수를 매겨 보라.

- **인간관계 구축하기**: _____점

- 목표 달성 현황 조사하기: _____점
- 목표 시한을 설정하고 책임 묻기: _____점
- 사고방식 개발하기: _____점
- 앞장서서 이끌기: _____점
- 경쟁적인 분위기 만들기: _____점

모든 성공의 뒤에는 훌륭한 리더가 있다

비즈니스 플랜을 수립하는 일과 스타트업을 운영하는 일 사이에는 공통점이 많다. 사업가들은 비즈니스의 세부 사항, 발표 자료, 기술 같은 요소들에 더 정신을 팔지만 사업에서 가장 중요한 것은 바로 사람이다. 하버드 경영대학원이 펴낸 "벤처캐피털은 어떻게 투자 결정을 내리는가?"라는 제목의 논문에는 다음과 같은 대목이 나온다. "우리가 681개 벤처캐피털 기업 소속의 벤처 투자자 885명을 조사한 바에 따르면 (…) 벤처캐피털은 투자할 회사를 선택할 때 제품이나 기술처럼 비즈니스에 관련된 특성보다는 그 회사의 경영진을 더 중요하게 평가한다. 또 회사의 성공이나 실패는 비즈니스 자체보다 조직 구성원에 더 많은 원인이 있다고 생각한다.[1]"

〈샤크 탱크〉 같은 리얼리티 쇼가 창업가 정신이나 기업 가치 등에 대한 인식을 일반 대중에게 심어 준 것은 긍정적인 현상이다. 그러나 내가 보기에 너무 많은 사람이 사업에서 성공하려면 꼭 특별한 제품이나 특허가 필요하다고 생각하는 실수를 저지른다. 절대 그렇지 않다. 사업에서 가장 중요한 것은 리더다. 나는 회사에 투자하는 게 아니라 리더에 투자한다. 아이디어에 열광하기보다 창업가들에 열광한다. 기술을 믿지 않고 CEO를 믿는다.

기업들이 제품 개발을 위한 연구 개발에 노력을 기울이듯, 우리는 비즈니스 플랜을 위한 성공 블록 개발에 노력을 쏟아야 한다. 모든 블록이 빠짐없이 중요하다. 하지만 그중에서도 가장 중요한 것은 바로 당신이다!

당신은 이 책을 읽고 비즈니스 플랜을 세우는 과정에서 자신에게 동력을 제공하는 것이 무엇인지 깨달았다. 소중한 시간을 되사들이는 법과 더 효율적으로 일하는 법도 배웠다. 개인적 약점과 위협 요소를 파악함으로써 최고의 자아를 실현하는 방법도 파악했다. 이를 이해하기가 그다지 어렵지 않은 이유는 마음가짐, 기술, 조직, 에너지 등에서 최고의 자아를 실현하는 것이 성공에 이르는 유일한 길이기 때문이다.

당신이 세운 계획을 어떻게 활용해서 사업의 성장을 가속화하고 한 단계 높은 수준으로 발전할 것인가? 그 비결은 한 가지가 아니라 열두 가지다. 자신의 앞날을 미리 내다보고 성공했을 때의 모습이나 실패한 뒤 후회하는 모습을 시각화하는 데는 시간이 걸린다. 당신은 큰 꿈을 품고 "상상해 보세요. 어느 날……" 같은 말을 꾸준히 반복하며 상상력을 펼쳐야 한다. 그리고 그 꿈을 현실로 이루어 내는 습관을 들여야 한다. 그러기 위해서는 본인의 꿈과 비전을 항상 눈앞에 시각화해서 에너지와 영감을 얻어 낼 필요가 있다. 당신이 어떤 적을 상대로 승리해야 하는지 깨닫는 순간 가슴은 뜨거운 열정으로 불타오를 것이다.

자기가 한 약속을 반드시 지키는 사람은 타인의 신뢰를 얻을 수 있다. 당신의 행동이 달라진 만큼 남들도 당신을 다르게 보기 시작할 것이다. 그런 진실한 삶의 자세는 자기가 한 말을 꼭 지켜 내겠다는 내면적인 믿음에서 비롯된다.

나는 우리 회사의 리더들에게 늘 이렇게 묻는다. "당신의 말을 현금으로 바꿔도 좋습니까?" 상대방이 내 말을 잘 이해하지 못하면 이렇게 다시 질문한다. "당신이 한 말은 현금으로 즉시 꺼내 쓸 수 있는 은행 예금입니까, 아니면 부도 수표입니까?"

사람들이 당신의 말을 현금으로 바꿀 수 있다면 당신의 신뢰도 점수는 하늘을 찌를 듯이 치솟을 것이다. 신뢰도 점수는 은행의 신용 점수처럼 당신이 지난 몇 년간 모든 약속을 빼놓지 않고 지킴으로써 축적된 결과물이다. 당신을 향한 타인의 신뢰도 점수가 높아지면 당신도 자신을 믿기 시작한다. 시간이 흐르면서 자신감은 점점 상승하고 하나의 승리 위에 또 다른 승리가 차곡차곡 쌓이게 될 것이다.

그렇다면 변화의 노력을 중단한 직원들, 그리고 당신이 가르치기를 멈춘 사람들에게는 어떤 일이 생길까?

직원들은 리더가 하는 행동을 본대로 따라 하게 되어 있다.

당신은 스스로 한 말을 존중하고 약속을 지킴으로써 직원들에게 성공의 공식을 보여 주었다. 그리고 당신 자신과 타인에게 약속한 바를 철저히 실천하는 모습을 통해 목표 달성의 필요조건이 무엇인지 입증했다. 그것이 바로 리더십이다. 그것이 바로 당신과 당신의 가족을 바꾸는 힘이다.

이제 당신은 성공할 준비를 마쳤다. 이제는 시선을 돌려 다른 사람들이 각자의 내면에서 최고의 자아를 발견하도록 도울 차례다. 당신이 최고의 한 해를 보내는 만큼 주위의 사람들도 최고의 한 해를 보낼 수 있어야 한다. 그들을 승리로 이끄는 가장 좋은 방법은 비즈니스 플랜을 완료하도록 코치하는 것이다. 그들을 위해 대신 계획을 세워 주지 말라. 그들 스스로 문제를 파고들어 계획을 완료할 수 있도록 질문을 던지고 방향을 제시하라. 그것이 리더로서 당신의 직무를 훨씬 효과적으로 수행하는 길이다.

모든 성공 블록을 빠짐없이 채워 넣은 사람은 자신의 삶에서 무엇이 가장 중요한지를 항상 염두에 두고 살아가게 될 것이다. 또 본인에게 늘 책임감을 불어넣는 리더를 두는 일도 목표를 달성하는 데 큰 도움이 된다. 전설적인 경영자 잭 웰치Jack Welch는 제너럴 일렉트릭General Electric에 화학 엔지니어로 입사한 지 얼마 뒤에 회사를 그만두려고 했다. 하지만 멘토 한 사람이 회사를 떠나지 말라고 극구 말렸다. 그로부터 20년 뒤 웰치는 이 회사 역사상 가장 젊은 CEO 겸 이사회 의장이 됐다. 그를 좋아하는 사람이든 싫어하는 사람이든 그가 CEO로 재직하는 동안 이 회사의 시가총액을 1981년의 120억 달러에서 퇴직하던 2001년에는 4,100억 달러로 끌어올렸다는 사실을 부인하지 못한다.

잭 웰치를 포함한 여러 성공적인 사업가들의 공통점은 무엇인가? 그들을 믿어 주고 삶을 이끌어 준 리더가 있었다는 것이다. 그 리더들은 코치나 관리자, 친척일 수도 있다. 자기가 한 말을 실천하고 약속을 지키는 리더만큼 직원들의 충성심과 사기를 북돋는 사람은 없다. 기업의 성공을 상징하는 첫 번째 지표가 훌륭한 리더인 이유도 그 때문이다.

비즈니스 플랜을 아무리 완벽하게 세운다고 해도 본인의 행동을 완벽하게 통제할 수 있는 사람은(당신을 포함해서) 세상에 없다. 직원들도 사람이다. 컨디션이 나쁜 날도 있고 이따금 궤도를 벗어나는 순간도 있을 것이다. 그러므로 당신이 늘 그들 옆을 지키며 목표에 집중하도록 도와야 한다. 그들에게 가장 중요한 것이 무엇인지 꾸준히 상기시켜야 한다. 그들의 적이 누군지, 그들을 미워하는 사람이 누군지 반복해서 알려 주어야 한다. 어떤 직원들은 공포에서 벗어나는 데 관심이 많고 어떤 사람들은 목표를 달성하는 데 집중할 수도 있다. 훌륭한 리더는 각자의 특성을 감지해 내는 육감을 개발해야 한다.

나오며

내가 이긴다는 데 돈을 걸지 말라.
진다는 데 배팅하라.
성공하기가 불가능하다고 말하라.
실패할 거라고 말해 달라.
나는 그게 좋다. 당신들이 그렇게 말하는
모든 순간을 사랑한다.

_ 데이나 화이트(Dana White), UFC 총재

　　　　　　　　　　　　　2012년 3월 18일, CBS 방송국의
뉴스 프로그램 〈60분60 Minutes〉은 사회자 스콧 펠리Scott Pelly가 우주
탐사를 주제로 일론 머스크를 인터뷰한 장면을 방영했다. 당시 머스
크는 41세의 나이에 20억 달러의 자산을 소유한 사업가였다. 그때까
지 테슬라가 성공적인 기업으로 발돋움할 거라고 믿은 사람은 별로
없었다. 이 회사의 시가총액은 36억 달러에 불과했고, 수많은 사람이
사업가로서 머스크의 역량에 의구심을 품고 있었다. 세간에서는 이
베이가 15억 달러를 주고 페이팔을 인수할 때 머스크가 자신의 지분

1억 8,000만 달러를 팔아넘긴 것은 순전히 행운이었다고 평가했다.

인터뷰 분위기는 뜨거웠다. 펠리는 머스크를 바라보며 이렇게 말했다. "당신도 잘 알겠지만 이 아이디어에 찬성하지 않는 미국의 영웅들이 꽤 있습니다. 닐 암스트롱이나 유진 서넌Eugene Cernan 같은 전직 우주 비행사들은 민간 우주 비행선이라는 아이디어 자체를 반대하거나 당신이 그 비행선을 개발하는 방식에 동의하지 않습니다. 그 점에 대해 어떻게 생각하는지 궁금합니다."

〈60분〉에 출연한 CEO들 대부분은 마치 로봇처럼 행동한다. 그들은 어떤 경우에도 감정을 드러내지 말고 차분한 모습을 보여야 한다고 교육받는다. 하지만 머스크는 질문을 받자마자 금세 눈시울이 붉어졌다. 굳이 감정을 숨기려 하지도 않았다. 그는 이렇게 말했다. "참으로 슬픈 일입니다. 그분들은 모두 저의 영웅입니다. 그래서 더욱 견디기가 힘듭니다."

펠리가 아픈 상처를 계속 건드렸다. "그들은 당신이 이 사업을 시작하도록 영감을 제공한 사람들입니다. 그렇죠?"

"그렇습니다"

"그들이 당신의 앞길에 돌을 던지는 모습을 지켜보는 일은……"

"정말 참기 어렵습니다."

머스크는 진심으로 실망감을 드러냈다.

"그들이 당신을 응원해 주기를 기대하나요?"

"물론 그러기를 바랍니다"

"당신이 입증하고자 하는 것은 뭔가요?"

"저는 우주 비행선 개발 분야에서 의미 있는 성과를 거두어 세상 모든 사람이 자유롭게 우주선을 타고 날아다닐 수 있는 날을 실현하기 위해 노력하고 있습니다."

나는 지금도 이 인터뷰 장면을 보면 온몸에 소름이 돋는다. 어떤 사람이 당신을 인터뷰하면서 당신의 영웅이 누구고, 당신이 마음에 어떤 상처를 입었고, 당신의 꿈은 무엇인지 묻는 장면을 상상해 보라. 당신은 감정적인 모습을 보일 것인가? 만일 그렇다면 그 감정을 동원해서 '어떤 일'을 할 생각인가? 감정이 당신을 움직이게 했다면 그 감정을 활용할 계획은 무엇인가?

그 인터뷰가 전파를 탄 지 10년 뒤, 테슬라는 기업 가치가 36억 달러에서 1조 달러로 치솟으면서 역사상 두 번째로 빠르게 1조 달러를 돌파한 회사가 됐다(테슬라는 12년, 페이스북은 9년이 걸렸다). 2018년, 스페이스X는 팰컨 헤비Falcon Heavy 로켓에 테슬라의 전기 자동차 로드스터Roadster를 실어 태양 궤도로 쏘아 올렸다. 민간 기업이 우주 궤도로 액체 추진 로켓을 발사한 뒤에 3개의 추진체를 지구로 다시 착륙시킨 것은 역사상 처음 있는 일이었다. 2019년 스페이스X는 민간 기업 사상 처음으로 자사의 로켓을 국제우주정거장International Space Station에 자동 도킹하는 데 성공했다. 머스크는 주식시장의 변동에 따라 종종 세계에서 가장 돈이 많은 부자로 꼽히곤 한다.

우리가 머스크를 이야기하는 이유는 그가 자신의 비전과 원대한 목표를 현실로 이뤄 냈기 때문이다. 그렇다면 그가 성공에 이르게 된 가장 중요한 비결은 무엇인가?

경쟁자를 정확하게 파악했기 때문일까, 아니면 우리가 모르는 자신만의 적을 찾아냈기 때문일까?

기술을 갈고닦기 위한 끝없는 노력 때문일까, 아니면 성공을 향한 강력한 의지 때문일까?

훌륭한 전략적 계획을 세웠기 때문일까, 아니면 설득력 있는 사명을 설정했기 때문일까?

회사를 성장시키기 위한 시스템을 효과적으로 구축했기 때문일까, 아니면 그의 꿈이 사람들의 마음을 사로잡았기 때문일까?

적절한 조직을 끌어모았기 때문일까, 아니면 적절한 문화를 만들어 냈기 때문일까?

풍부한 자본을 조달했기 때문일까, 아니면 사람들에게 비전을 판매하는 법을 알았기 때문일까?

사람들은 위의 질문들이 제시하는 두 가지 요인 중에 하나를 골라야 한다는 유혹을 느끼기 쉽다. 성공의 비결이 감정인가 또는 논리인가 하는 이분법적 사고에 빠지는 것은 누구에게나 자연스러운 현상이다. 하지만 우리는 이제 둘 중 한쪽만을 선택해서는 안 된다는 사실을 알고 있다. 독자 여러분은 위의 질문들에서 열두 개의 성공 블록을 모두 찾아냈기를 바란다. 그리고 머스크가 성공에 이르게 된 비결은 열두 개의 성공 블록을 빠짐없이 쌓아 올린 데 있다는 사실을 깨달았으면 한다.

그렇다면 여기서 한 가지 질문이 떠오른다. 머스크를 처음 움직인 것은 감정이었을까 아니면 논리였을까? 그는 우주로 진출하겠다는 논리적인 계획을 세운 뒤에 감정을 이용해서 그 계획에 동력을 제공했을까? 아니면 자신을 학대하던 아버지로부터 입은 감정적 상처를 《은하수를 여행하는 히치하이커를 위한 안내서》를 읽으며 달래던 어린 시절부터 성공의 욕구를 품기 시작했을까?

머스크가 페이팔을 매각하고 1억 8,000만 달러라는 돈을 손에 넣었을 때, 그의 앞에는 여러 선택지가 놓여 있었다. 그러나 그토록 큰돈을 어디에 투자할지 결정하기 전에 먼저 자신의 비전과 계획이 무엇인지 알아야 했다. 그는 유람선을 타고 세계를 일주하거나 섬에서 휴양을 즐기면서 비즈니스에서 거둔 성공을 축하할 수도 있었다. 하지만 그렇게 느긋한 삶을 즐기는 일은 그의 마음속 깊은 곳에 자리 잡은 "왜"라는 질문에 대한 답이 아니었다. 그는 세 개의 기업에 자신의 돈 전부를 쏟아붓기로 마음먹고 스페이스X에 1억 달러, 테슬라에 7,000만 달러, 솔라 시티에 1,000만 달러를 투자했다. 그의 마음이 돈을 따른 걸까, 아니면 돈이 마음을 따른 걸까?

머스크가 그토록 큰 성공을 거둔 이유를 꼭 하나만 든다면 무엇일까?

그는 자신의 적을 현명하게 선택했다. 그리고 계속해서 새로운 적을 찾아 나섰다.

당신이 세계 최고의 자동차를 제작했다고 해 보자. 800마력의 엔진 출력에 멋진 차체를 갖췄고 정지 상태에서 시속 100킬로미터에 도달하는 데 2.8초밖에 걸리지 않는 최고급 스포츠카다. 하지만 그것만으로는 자동차를 움직일 수 없다. 자동차를 운전하려면 또 다른 뭔가가 있어야 한다.

당신에게는 연료가 필요하다.

적을 제대로 선택해야만 당신의 마음을 움직일 연료를 얻을 수 있다. 다른 어떤 것도 그토록 강력한 감정적 에너지를 생산해 내지 못한다. 바로 그것이 당신의 적을 현명하게 선택해야 하는 이유다.

나는 먼저 마음을 움직이는 비즈니스 플랜을 세워야 한다고 누차 강조했다. 마음이 움직이지 않거나 감정적 에너지를 얻지 못한 사람은 계획을 끝까지 실행하기가 어렵다. 당신의 내면에 흐르는 감정의 파도는 본인이 왜 그토록 열심히 일해야 하는지를 수시로 상기시켜 주는 힘이다. 펠리가 머스크에게 그랬듯이 당신도 마음속 깊이 자리 잡은 욕구를 솟구치게 하는 질문을 스스로 던진다면 당신의 계획에는 전혀 새로운 의미가 부여될 것이다.

하지만 나는 감정만으로는 성공하기에 충분치 않다고 믿는다. 모든 사람이 그렇듯이 머스크에게도 감정을 활용하는 방법을 정확하고 상세하게 기술한 논리적인 계획이 필요했다. 감정이 어떤 일을 해야 하는 '이유'를 제공한다면, 논리는 그 '방법'을 알려 준다. 다시 말해 논리는 사업을 시작하고, 회사를 키우고, 꿈을 설계하는 데 필요한 구체적인 행동으로 당신을 안내한다. 시간을 투자해서 효과적인 비즈니스 플랜을 수립하고 이를 실행하는 데 모든 것을 바치는 사람은 미래의 유산을 바꿔 놓을 수 있다.

당신은 열두 개의 성공 블록을 모두 채워 넣음으로써 이미 테스트를 통과했다. 이제 최고의 한 해를 맞이할 준비를 마친 것이다. 최고의 한 해를 보낸다는 말은 최고의 삶에 한 걸음 더 다가선다는 뜻이다.

회사를 창업하든, 조직에서 최고의 자리에 오르는 일이든 더 나은 삶을 향한 탐구의 종착역이 될 수 있다. 하지만 쉽지 않은 일이다. 길목을 돌아설 때마다 수많은 문제와 도전이 기다린다. 특히 사업을 처음 시작한 창업가에게는 그런 일이 수없이 닥친다. 꿈을 꾸는 사람

나오며

에게는 안내서가 필요하고, 창업가에게는 도구가 필요하다. 회사를 이끄는 리더들에게는 쉽게 접근할 수 있고 실행 가능한 비즈니스 플랜이 있어야 한다.

내가 처음 회사를 창업했을 때는 안내서도 없었고 비즈니스 플랜을 작성하는 법을 조언해 주는 사람도 없었다. 당신이 지금 이 책을 손에 들고 있는 이유도 그 때문이다. 세상에 영향력을 발휘하고, 사람들에게 희망을 주고 싶다는 내 삶의 목적이 있어 이 책이 나올 수 있었다.

이 모든 일은 21년 전 올바른 적을 선택하면서 시작됐다. 당신도 여러 세대에 걸쳐 오래도록 지속될 회사를 세우고 싶다면 앞으로 해야 할 일은 딱 하나다. 현명하게 적을 선택하는 것이다.

감사의 글

비전이 원대하고 도전이 클수록 더 강력한 조직이 필요하다. 애초에 이 책을 쓰는 일 자체가 내게는 큰 도전이었다. 출판사들은 비즈니스 플랜을 작성하는 법에 관한 책을 흥미 있게 제작하기는 어렵다고 말했다. 또 내가 원하는 방향으로 책을 펴내기는 거의 불가능에 가까울 거라고 말하기도 했다. 나는 창업가, 1인 기업가, 사내 기업가, 영업 리더, 그리고 포춘 500대 기업의 CEO 등 모든 사람을 위해 책을 쓰고 싶었다. 또 비즈니스, 스포츠, 군대, 판매직, 목사, 정치 등 모든 산업 분야에 두루 도움이 되는 책을 펴

감사의 글

내기를 원했다. 무엇보다도 내가 가장 존경하는 사람들, 즉 비즈니스라는 싸움터에 기꺼이 도전장을 내민 창업가들을 위해 게임의 규칙을 바꿔 줄 만한 뭔가를 제공할 수 있기를 바랐다.

나는 많은 사람이 문제라고 생각한 곳에서 기회를 찾아냈다. 내가 여러분에게 '영업'에 관한 최고의 책이 뭐냐고 물으면 곧바로 특정한 책이 떠오를 것이다. 리더십, 관리, 전략 같은 분야에 관한 책도 마찬가지다. 하지만 비즈니스 플랜을 다룬 책이 있느냐고 물으면 머리에 떠오르는 제목이 별로 없을 것이다. 그 이유는 비즈니스 플랜 작성법에 대해서는 쉽게 참조할 만한 책이 진짜 없기 때문이다. 우리는 한 팀으로서 그 문제에 도전하기로 결정을 내렸다.

이 책을 쓰는 데는 특별한 사람들이 필요했다. 나는 아드리안 잭하임Adrian Zackheim이라는 사람이 비즈니스 관련 서적 분야에서 최고의 출판업자라는 명성을 익히 들어 알고 있었다. 내가 이 책을 쓰겠다고 아드리안에게 이야기했을 때 그는 내 생각을 긍정적으로 받아들였다. 게다가 나 이상으로 열정을 보이며 이 책을 더 훌륭한 모습으로 세상에 내놓을 방법을 궁리하기 시작했다. 하지만 내 출판 에이전트인 잰 밀러와 오스틴 밀러가 매 순간을 함께 해 주지 않았더라면 이 책은 탄생하지 못했을 것이다.

내가 아드리안과 그의 팀에게 이 책의 아이디어를 제안했을 때 그들이 세부적인 사항을 꼼꼼하고 세심하게 논의하는 모습은 참으로 놀라웠다. 책의 제목을 결정하기 위해서만 여섯 번의 줌 화상회의를 진행했을 정도였다. 특히 니키 파파도풀로스Niki Papadopoulos와 메건 매코맥Megan McCormack은 이 원고를 더 좋게 만드는 데 헌신적인 노력을 쏟았다.

내가 충성도가 높은 사람들을 가치 있게 평가하는 이유는 그들이 내게 시간을 되살 기회를 제공하기 때문이다. 그레그 딘킨Greg Dinkin은 내가 첫 책《파이브 팩터》를 쓸 때 협업하던 공동 저자였으며, 마리오 아길라Mario Aguilar와 카이 로드Kai Lode도 편집자와 기고자로 맹활약했다. 나는 세 사람을 가장 먼저 이 프로젝트에 합류시켰다. 《파이브 팩터》는 2020년 8월에 〈월스트리트 저널〉의 최고 베스트셀러로 데뷔했지만, 처음 출판됐을 때보다 3년이 지난 지금의 판매 부수가 오히려 더 늘었다. 나는 독자들에게 오래도록 읽힐 책을 또 한 권 쓰고 싶은 마음에서 그때와 같은 팀을 조직했다.

나의 개인적 삶을 위한 팀은 예전부터 조직이 완료된 상태였다. 그 출발점은 내 부모님 가브리엘 벳-데이비드Gabriel Bet-David와 다이애나 보고시안Diana Boghosian이었다. 두 분이 아니었다면 나는 지금과 같은 사람으로 성장하지 못했을 것이다. 특히 우리가 아버지와 함께 살게 된 것은 놀라운 축복이었으며, 나는 아버지와 더불어 보낸 모든 순간에 감사한다. 덕분에 우리 집은 하나의 보호구역이자 안식처가 됐다. 결혼한 첫날부터 지금까지 줄곧 나를 뒷받침해 준 아내 제니퍼Jennifer에게도 깊은 고마움의 뜻을 전한다. 또 지난 15년간 우리 가족의 일원이 되어 아내를 도와준 멜바Melva에게도 감사한다.

이 모든 노력에 보람을 안겨 주고 내 삶에 에너지를 불어넣은 것은 바로 우리 아이들이었다. 패트릭, 딜런, 세나, 브루클린 네 아이는 내 삶에 불빛을 밝혀 주는 존재다. 또 가까운 곳에 훌륭한 사촌 형제들이 살고 있다는 사실도 아이들에게는 큰 축복이다. 내 여동생 폴렛

감사의 글

Polet과 남편 시아막 사베티마니Siamak Sabetimani 덕에 그들의 두 아이 그레이스와 숀은 우리 아이들의 롤 모델이 됐다.

롤 모델이라는 말이 나온 김에 내 이너서클에 속한 소수의 멤버를 소개하고 싶다. 비즈니스의 달인인 톰 엘즈워스와 그의 아내 킴Kim은 우리 가족의 일부가 됐다. 내가 이 책을 한창 집필하던 중에 우리 회사는 매각 절차를 밟고 있었다. 톰과 나는 모나코에서 밤을 새워 가며 수억 달러가 걸린 중요한 의사 결정을 내려야 했다. 톰은 자신의 역할이 가장 중요한 상황에서 그 역할을 완벽하게 해냈다.

마리오 아길라에게도 감사의 말을 전하고 싶다. 그는 지난 18년 동안 줄곧 내 옆을 지키면서 나를 충성스럽게 도왔다. 그의 아내 바비Barbie도 마리오가 더 나은 사람이 되는 데 큰 역할을 했으며, 두 사람의 아들 가브리엘이 세상에 태어난 일은 우리 모두에게 커다란 축복이었다.

PHP 에이전시의 리더들에게도 무한한 감사의 말씀을 올린다. 그들은 모든 상황이 어렵게 돌아가던 시기에도 내 비전을 믿고 나를 따라 주었다. 특히 현재 이 회사의 대표로 재직 중인 마랄 캐시시언과 팔방미인 같은 재주를 자랑하며 항상 내 뒤를 받쳐 주었던 티그란 베키안Tigran Bekian에게 고마움을 전한다.

PHP 에이전시 영업 담당 임원들의 뜨거운 가슴과 강한 집중력, 그리고 뛰어난 재능이 아니었다면 우리는 4만 7,000명의 보험 에이전트를 보유한 대형 에이전시로 성장하지 못했을 것이다. 매트 새폴라와 쉬나 새폴라, 로돌포 바르가스와 세실리아 바르가스, 호세 게이탄과 마를렌 게이탄, 호르헤 펠라요Jorge Pelayo, 조나단 메이슨Jonathan

Mason, 앤드루 게인스Andrew Gaines와 제니퍼Jennifer 게인스, 리키 아길라와 에리카 아길라, 크리스 하트Chris Hart와 비세나Vicena 하트, 헥터 델 토로Hector Del Toro와 에리카Erika 델 토로를 포함한 모든 사람에게 감사드린다.

내 이너서클의 다른 구성원들, 특히 샘 카바할Sam Carvajal, 레오 마르티네즈Leo Martinez와 클라리싸Clarissa 마르티네즈, 로버트 오루크Robert O'Rourke에게도 깊은 감사를 전한다.

소셜 미디어에서 나를 팔로우해 준 밸류테인먼트의 구독자와 수백만 명의 창업가가 아니었다면 나는 이 책을 쓸 생각조차 하지 않았을 것이다. 그분들 모두에게 깊은 감사의 말씀을 전하고 싶다. 여러분은 내게 말로는 표현할 수 없을 만큼 커다란 에너지를 선사했다. 특히 이 책을 쓰는 데 다방면으로 통찰을 제공한 앤디 비어리Andy Beery, 팀 아담, 밥 커즈너에게 진심으로 감사의 마음을 전한다.

나의 적들에게도 감사한다. 그동안 나를 의심하고 무시했던 사람들은 내 마음 한구석에 특별한 자리를 차지하고 있다. 이 책을 쓰는 과정에서 이따금 그들의 실명을 밝히고자 하는 유혹을 느끼기도 했다. 책을 읽고 그 내용이 자기와 관련이 있다는 사실을 아는 사람은 많지 않을 것이기 때문이다. 하지만 내가 당신들을 사랑하고 고마워한다는 사실만은 알아 달라. 과거 나는 당신들을 적으로 현명하게 선택했고, 지금은 새로운 적에게 맞서고 있다.

마지막으로 신에게 감사드린다. 일이 뜻대로 흘러가지 않을 때 신에게 기도하는 것은 그리 어려운 일이 아니다. 하지만 상황이 잘 풀려 나가면 자신에게 온갖 공을 돌리면서 신을 향해 무릎 꿇고 기도하

감사의 글

던 그 수많은 밤을 금세 잊어버린다. 나는 신이 내려 준 엄청난 축복에 많은 빚을 지고 있다. 나이가 들면서 왜 신이 나를 이런 길로 인도했는지 더욱 분명하게 이해하게 됐다. 한 가지 확실한 것은 나 혼자만의 힘으로는 이런 멋진 삶을 쌓아 올리지 못했을 거라는 사실이다.

공저자 그레그 딘킨이 전하는 감사의 말

주위 사람들은 내가 팻과 함께 일한다는 사실을 알면 항상 이렇게 묻는다. "그는 어떤 사람이야?"

내 대답은 언제나 한결같다. "자기가 한 말과 똑같이 행동하는 사람이지."

그는 결코 멈추는 법이 없다. 게다가 내가 아는 어떤 사람보다 사고의 폭이 넓다. 그는 삶의 기준을 믿을 수 없을 징도로 높게 세우는 데다 다른 사람들의 삶도 그 기준에 맞춰 업그레이드시켜 준다. 과거 나는 팻과 함께 4년 반 동안 일한 행운을 경험한 적이 있다. 내가 지금도 그에 대해 가장 놀라움을 감추지 못하는 대목은 남들의 '버튼'을 눌러 주는 그의 능력이다. 쉽게 말해 젠 마스터Zen Master라는 존칭으로 불리는 미국 프로농구NBA의 명감독 필 잭슨Phil Jackson 감독과 비슷한 사람이다. 팻은 타인의 말에 주의 깊게 귀를 기울여 상대방이 마음속에 품고 있는 희망과 공포를 끄집어내는 능력이 뛰어나다. 그러다 보니 어떤 버튼을 어떻게 눌러야 할지도 정확히 알고 있다. 그가 직원들 자신이 가능하리라 생각했던 수준을 훨씬 넘어 그들을 한 차원 높은 곳으로 인도하는 모습은 마치 한 편의 예술 작품과도 같다.

이 책을 펴내는 과정에서 훌륭한 동반자가 되어 준 마리오 아길라와 카이 로드에게도 감사한다. 그들은 내가 이렇게 말했을 때 큰 소리로 웃었다. "나는 글을 쓰는 데는 별로 소질이 없지만, 남의 한 말이나 쓴 글을 다시 옮기는 일은 곧잘 해." 두 사람이 좋은 피드백을 제공한 덕분에 나는 팻의 원대한 비전과 높은 기준을 만족하는 책을 제작할 수 있었다. 포트폴리오 출판사의 직원들, 특히 매건 매코맥에게 고마움을 전한다. 그녀는 재능과 통찰력이 뛰어났을 뿐 아니라 대단히 친절했고 참을성이 강한 사람이었다.

교열 편집자 브라이언 쿨Brian Kuhl에게도 감사의 말을 올린다. 또 잘 보이지도 않는 세세한 부분까지 신경을 써 준 제작 편집자 랜디 마룰로Randee Marullo에게도 고맙다고 말하고 싶다. 디자인팀의 젠 호이어Jen Heuer, 다니엘 라진Daniel Lagin, 브라이언 레무스Brian Lemus, 헨리 눈Henry Nuhn에게도 감사한다. 마케팅과 홍보를 맡아 훌륭하게 일해 준 헤더 폴스Heather Faulls, 에신 코스쿤Esin Coskun, 메리 케이트 로저스Mary Kate Rogers, 아만다 랑Amanda Lang, 커스틴 번트Kirstin Berndt에게도 깊은 감사를 전한다.

나를 지원해 준 가족과 친구들에게도 감사한다. 어머니, 아버지, 앤디, 제이미, 드류, 로건, 테아, 레비, 피비, 미쉘, 컬리, 퓰, 드리쉬, 알렉, 윌버트, 럭키, 콜, 웨스, 하자르, 나디아, 우디, 니콜, 레이프, 노엘, 로즈, 모니크, 제레미아, 아담, 브루크, 앤드루, 찰리, MK, 마크, 밥 목사님, 노아, 로리, 그렉, 조지 등 모든 사람이 자신만의 특별한 방식으로 이 책을 내는 데 도움을 주었다.

감사의 글

부록 A. ──────────── | **지난해 성과
검토하기**

　　　　　　　　　여러 차례 강조했듯이 지난해의
성과를 검토하고 돌이켜 보는 일은 무척 중요하다. 그러나 그 중요성
에 비해 많은 사람들이 이 과정을 생각보다 어렵게 생각하거나 대충
넘어가는 경향이 있다. 여기에서는 지난해의 성과를 검토할 때 반드
시 짚고 넘어가야 할 문제들을 정리했다. 당신이 더 나은 비즈니스 플
랜을 세우는 데 큰 도움이 될 것이다.

반드시 던져야 할 기본 질문

- 지난해 목표를 달성하는 데 가장 크게 지장을 준 문제는 무엇
  인가?
- 내년도 목표를 달성하는 데 가장 크게 지장을 줄 만한 문제는
  무엇인가?
- 목표에 집중하는 데 방해가 되는 요소들을 제거 또는 완화하
  고, 불필요한 일을 줄이기 위해서는 어떤 행동을 취해야 할까?

- 어떤 중요한 활동이 제대로 완료되지 못했나? 그 문제를 어떻
  게 해결해야 할까?
- 어떤 활동을 일정에 포함해야 할까?

반드시 들어가야 할 요소

1. 지난해 트렌드 연구 결과
2. 좋았던 점, 잘못된 점, 특이했던 점
3. 동기 대비 월별 성과
4. 동기 대비 분기별 성과
5. 놓친 기회
6. 예상치 못했던, 하지만 반드시 예상했어야 했던 상황
7. 소프트웨어의 문제 및 기능적 한계
8. 채용 관련 문제
9. 예상하지 못한 직원의 이직과 예상하지 못한 이유
10. 공급망 관련 문제
11. 예상치 못했던, 하지만 예상하기가 불가능했던 상황
12. 매우 이례적인 사건이나 문제

불필요한 일은 무엇이었고 어떻게 제거할 수 있는가?

- 어떤 부분의 군살을 뺄 수 있는가?
- 어떤 일을 더 명확하게 할 수 있는가?
- 어떤 방법으로 이를 명확하게 할 것인가?
- 지금 당장 취해야 할 조치는 무엇인가?
- 집중력을 방해하는 요인들을 제거하면 당신의 삶은 어떻게 변할까?
- 큰일을 해내는 데 방해가 된 사소한 일은 무엇이었는가?
- 지난 한 해 동안 신경을 가장 많이 쓰이게 한 사건은 무엇인가?

지난해 당신의 삶과 관련된 영역에 얼마나 만족하는가?
점수를 매겨 보라(1점부터 10점까지).

- 건강, 에너지, 체력
- 가족과의 관계
- 배우자나 동반자와의 관계
- 개인적 경제 상황
- 학습, 개인적 성장
- 영적 수양

지난해 당신의 일과 관련된 영역에 얼마나 만족하는가?

- 전반적인 사업 목표 달성
- 리더 개발
- 성장과 매출 신장을 위한 동력 제공
- 분석 및 시스템
- 운영, 기술, 실행 계획
- 재무 및 현금 흐름 관리
- 무엇을 잘했나?
- 무엇을 잘못했나?
- 왜 목표 달성에 성공 또는 실패했나?
- 무엇을 과대평가했나?
- 무엇을 과소평가했나?

경제

습관
1.
2.
3.

목표
1.
2.
3.

사업

습관
1.
2.
3.

목표
1.
2.
3.

개인적 개발

습관
1.
2.
3.

목표
1.
2.
3.

가족

습관
1.
2.
3.

목표
1.
2.
3.

건강

습관
1.
2.
3.

목표
1.
2.
3.

정신 수양

습관
1.
2.
3.

목표
1.
2.
3.

비즈니스 플랜
작성 예시

어느 1인 기업가가 작성한 비즈니스 플랜 하나를 소개한다. 여기에는 그의 개인적·직업적 삶에 관련된 계획이 모두 담겨 있다. 여러분도 각자가 처한 상황에 따라 두 가지를 통합해서 하나의 계획으로 작성할 수도 있고 필요하다면 개인적 삶에 관한 계획만 수립할 수도 있다. 모든 비즈니스 플랜은 다르다. 다시 말하지만 오직 당신만을 위해 계획을 세우는 것이 가장 중요하다.

* 마법의 한 해

* 이 계획은 다음 사람을 위해 작성한다.
- 나
- 나와 함께 일하는 모든 사람, 즉 나의 '팀'

이 계획은 2024년도를 위해 수립했으며, 앞으로 10년간 내가 운영하는 사업에 토대가 되어 줄 것이다.

* 지난해 검토하기

- 지난해 얻은 가장 큰 교훈은 목표에 집중하는 것이 성공의 핵심이고, 규칙이 자유를 안겨 준다는 점이다.
- 지난해에는 별로 열정을 느끼지도 못하는 프로젝트에 줄곧 정신을 쏟았다. 올해에는 내 삶을 밝혀 주고 다른 사람들에게도 긍정적인 영향을 미칠 수 있는 프로젝트에 전념할 것이다.
- 공포가 내 발목을 잡지 않도록 할 것이다.
- 올해가 작년과 달라질 이유는 목표에 전념할 준비가 되어 있기 때문이다. 그 약속을 지키지 못했을 때 얼마나 비참한 기분이 들지, 약속을 지켰을 때 내 삶이 얼마나 놀랍게 변할 것인지 잘 알고 있다.

적

- 나에게 가장 큰 감정적 에너지를 불러일으키는 적은 나와 같은 분야에 종사하면서 나보다 실력이 뛰어난 사람들이다. 그들이 나를 앞서는 이유는 더욱 현명하게 일하기 때문이다.
- 올해 개인적으로 극복해야 할 적은 일관성 없는 삶의 방식이다.
- 올해 비즈니스에서 극복해야 할 적은 작년도 매출에서 나를 능가한 업계의 선두주자들이다.
- 나는 이 적을 꺾었을 때 업계 최고의 가정용 헬스클럽을 구축함으로써 내 적들이 틀렸다는 사실을 입증할 수 있을 것이다.

- 나의 직접적 경쟁자는 같은 문제를 해결하는 일을 목표로 삼은 인플루언서들이다.
- 나의 간접적 경쟁자는 스마트폰 앱과 DIY 솔루션이다.
- 나는 인공지능의 영향력과 이 기술이 정보를 상품화하는 능력을 절대 과소평가하지 않을 것이다.

- 내가 성공할 수밖에 없는 이유는 재능이 있고, 관대하며, 다른 사람들의 삶에 가치를 안겨 주고자 하는 마음이 있기 때문이다.
- 나는 반드시 성공해야 한다. 남은 시간이 점점 줄어들고 있으며 이제는 젊은 나이가 아니기 때문이다.
- 내 마음은 세상에 큰 영향력을 끼치겠다는 생각으로 가득하다.
- 남들이 나를 두고 잠재력은 있으나 이를 발휘하지 못하는 사람이라고 말하기를 원치 않는다.
- 내 평판이 코치, 지혜로움, 약속 잘 지키기 같은 말과 동의어가 되기를 바란다.

- 내가 기술 개발에 주력해야 할 세 가지 분야는 고객 주문 처리, 마케팅, 대인 관계다.
- 이 주제에 관한 책을 8권 읽을 것이다.
- 이 주제에 관한 콘퍼런스나 워크숍에 세 차례 참석할

것이다.

- 대담하게 생각하는 습관을 개발함으로써 소심하게 행동하는 약점을 개선할 것이다.
- 고객층이 좁은 약점을 보완하기 위해 마케팅 회사를 고용할 것이다.
- 내년도의 실적 목표를 달성하기 위해서는 인공지능, 작문, 마케팅 기술을 더 개발해야 한다.
- 나는 마케팅, 인공지능, 온라인 교육 분야에서 개인적·직업적 기술을 개발하기로 다짐한다.

사명
- 내가 싸우고 있는 대의는 보람된 삶을 살아감으로써 남들에게 본보기를 보여 주는 것이다.
- 나는 소비자들에게 좋지 않은 외식 결정을 유도해서 시장을 통제하려는 사람들의 부당함을 바로잡고 싶다.
- 내가 이끌고 싶은 성스러운 투쟁은 보람된 삶 살아가기 운동이다.
- 나를 괴롭히는 일은 남들이 불행해하는 모습을 지켜보는 것이다.
- 내가 싫어하는 것은 무엇을 해야 할지 잘 알면서도 아무 일도 하지 않는 것이다.
- 내가 좋아하는 일은 사람들 앞에 희망의 불빛이 켜지고 그들의 삶이 나아지는 모습을 확인하는 것이다.

- 만일 내가 복권에 당첨된다면 사람들이 더욱 보람된 삶을 살아가도록 그들을 인도하는 일에 남은 생을 바칠 것이다.
- 나의 사명은 사람들을 교육하고 그들에게 용기를 북돋는 것이다. 왜냐하면 사람들을 사랑하고 그들에게 영향력을 행사할 만한 경험과 기술이 있기 때문이다.

계획

- 내 SWOT 분석을 완료했다.
  강점: 직원들을 배려하는 마음
  약점: 마케팅
  기회: 새로운 책
  위협: 규칙
- 내게 가장 큰 영향을 미치는 사람은 제임스 클리어, 앤드류 후버맨, 조 로건이다.
- 내가 가장 큰 관심이 있는 주제는 인플루언서 마케팅과 일과 삶의 균형을 중시하는 트렌드다.
- 위기관리 계획을 작성했다. 나는 초인플레이션, 공급 사슬 문제, 마케팅 비용의 상승과 같은 위기가 닥칠 수도 있는 최악의 시나리오를 대비하고 있다.
- 올해의 일정을 수립했다. 가장 기대되는 세 가지 이벤트는 책 출간, 팟캐스트 방송 출범, 이탈리아 여행이다.

| 꿈 |

- 내게 가장 큰 에너지를 안겨 주는 꿈은 최고의 파트너십을 구축해서 수천만 명의 사람들에게 긍정적인 영향을 미치는 것이다.
- 이런 날을 상상해 본다. 어느 날 내가 천국이나 휴양지처럼 느껴지는 가정을 이루게 된다면……. 내가 황금 시간대에 방영되는 토크쇼의 진행자가 된다면…….
- 꿈을 가시적으로 표현하기 위해 비전 보드를 작성했다.
- 내 꿈을 미래의 진실로 선언함으로써 그 꿈이 이미 이뤄진 듯이 현재를 살아갈 것이다.

| 시스템 |

- 나는 항상 체계적으로 행동하는 습관을 기르고, 나 자신에게 먼저 투자하고, 개인 트레이너를 고용할 것이다. 그렇게 삶과 비즈니스를 자동화해야 더 많은 시간을 되사들이고 나 자신을 효과적으로 복제할 수 있다.
- 비즈니스의 성공을 위한 가장 중요한 실천 사항 세 가지는 하루에 1,000단어 이상 글을 쓰고, 한 주에 게시물을 세 개 올리고, 공공 봉사에 매주 3시간을 투자하는 것이다.
- 올해 매출 목표를 달성하기 위해 추진할 세 가지 전략은 꾸준하게 블로그를 작성하고, 소셜 미디어의 영향력을 확대하고, 모든 납기를 정확히 맞추는 것이다.
- 데이터를 모으고, 분석, 실행하기 위한 시스템을 구축 완료했다. 이 업무는 마케팅 회사에 외주를 줄 것이다.

- 내 문화를 정의하는 것은 몸과 마음의 건강, 그리고 세상에 중요하지 않은 일은 없다는 정신 자세다.
- 나는 이 문화를 능동적으로 개발하기 위해 꾸준한 생활 루틴을 실천하고 끝없이 마법을 찾아 나선다.
- 나는 이 문화를 실천하고 표현함으로써 고객, 직원, 파트너들에게 인식시킨다.
- 내 문화와 가장 관련이 깊은 의식과 전통은 자기 돌봄, 음악, 그리고 화합이다.
- 우리 회사의 복리후생제도를 가장 잘 표현하는 말은 "내 존재로 인해 당신의 삶이 나아집니다"이다.

- 나는 직원들에게 친절하고, 직설적이고, 진정성 있게 이야기해서 그들에게 책임감을 심어 주려 노력한다.
- 나는 직원들과 협의해서 그들의 목표와 기준치를 세우고 그 목표가 달성될 수 있도록 관리한다.
- 나는 마케팅과 편집 분야에서 록스타 직원을 찾아낼 것이며 그들에게 업계의 평균 연봉을 뛰어넘는 금액을 기꺼이 지급할 것이다.

- 내가 우리 회사의 고객들과 세상에 끼치고 싶은 영향은 그들이 삶의 보람을 느낄 수 있는 방향으로 의사 결정을 내리도록 인도하는 것이다.

- 나의 핵심 원칙과 가치는 친절, 고마움, 사랑, 감사다.
- 나는 폭력, 기회주의, 가식을 절대 용납할 수 없다.
- 나는 우리 회사의 비전, 가치, 원칙을 제정하기 위해 7월 10일 세도나에서 기념비적인 행사를 개최할 것이다.

자본

- 나의 개인적 차별점은 남의 입장이 되어 생각하기를 좋아하고, 삶에서 특별한 경험이 많다는 것이다.
- 우리 회사의 차별점은 고객들에게 정성을 다해 봉사하는 것이다.
- 내 엘리베이터 피치의 주제는 더 보람된 삶을 살기 위해 좋은 의사 결정을 내리는 방법을 사람들에게 보여주는 것이다.
- 내게는 회사 웹사이트와 마케팅 자료를 일목요연하게 설명하는 언선 대본이 있다.

참고 문헌

1장

1. Mike Puma, "There Is Crying in Football," ESPN, December 15, 2005, espn.com/espn/classic/bio/news/story?page=Vermeil_Dick.

2. Electronic Arts Inc., "EX-99.1 2 dex991.htm Press Release Issued Jointly by Electronic Arts Inc. and JAMDAT Mobile Inc.," U.S. Securities and Exchange Commission, December 8, 2005, sec.gov/Archives/edgar/data/712515/000119312505239198/dex991.htm#:~:text=(NASDAQ%3AJMDT)%20today%20announced,total%20of%20approximately%20%24680%20million.

2장

1. Robert "Cujo" Teschner, Debrief to Win: How America's Top Guns Practice Accountable Leadership…and How You Can, Too! (Chesterfield, MO: RTI Press, 2018).

2. Centers for Disease Control and Prevention, "Marriages and Divorces," National Center for Health Statistics, last updated January 26, 2023, cdc.gov/nchs/nvss/marriage-divorce.htm.

3. U.S. Bureau of Labor Statistics, "Business Employment Dynamics," 2022, bls.gov/bdm.

4. Joe Pinsker, "Japan's Oldest Businesses Have Survived for More Than 1,000 Years," Atlantic, February 12, 2015, theatlantic.com/business/archive/2015/02/japans-oldest-businesses-have-lasted-more-than- a- thousand-years/385396.

3장

1. Clarence L. Haynes Jr., "What Is a Generational Curse and Are They Real Today?" Bible Study Tools, March 13, 2023, biblestudytools.com/bible-study/topical-studies/what- is- a- generational-curse-and-are-they-real-today.html.

2. G. G. Allin, "Generational Curse," Urban Dictionary, June 11, 2021, urbandictionary.com/define.php?term=Generational%20Curse.

3. Ashira Prossack, "This Year, Don't Set New Year's Resolutions," Forbes, December 31, 2018, forbes.com/sites/ashiraprossack1/2018/12/31/goals-not-resolutions/?sh=-712d5a003879.

4. Jeff the Content Profit Coach, "21 Inspirational Tom Brady Quotes: Good Ones from the GOAT," Medium, February 1, 2002, medium.com/illumination/21- inspirational-tom-brady-quotes-a5db55cd9fd2.

5. The Diary of a CEO, "Chris Williamson: The Shocking New Research on Why Men and Women Are No Longer Compatible! | E237," YouTube video, April 10, 2023, youtube.com/watch?v=K2tGt2XWd9Q&t=1237s.

6. Louise Jackson, "Carl Jung and the Shadow: Everything You Need to Know," Hack Spirit, March 30, 2022, hackspirit.com/carl-jung-and-the-shadow.

7. Eli Glasner, "Ben Affleck's Air Ties a Bow on How Nike Cashed In on Michael Jordan," CBC, April 5, 2023, cbc.ca/news/entertainment/air-ben-affleck-michael-jordan-nike- 1.6801736#:~:text=The%20year%20was%201984%2C%20and,market%20share%2C%20followed%20by%20Adidas.

8. Abigail Stevenson, "Nike Co- founder Phil Knight: Finding the Next Michael Jordan," CNBC, August 4, 2016, cnbc.com/2016/08/03/nike- co- founder-phil-

knight-finding-the-next-michael-jordan.html.

9. Trefis Team, "Was Nike's Acquisition of Converse a Bargain or a Disaster?" Forbes, November 15, 2019, forbes.com/sites/greatspeculations/2019/11/15/was-nikes-ac-quisition- of- converse- a- bargain- or- a- disaster/?sh=24a60b8942f3.

10. Gia Nguyen, "Most Popular Basketball Shoe Brands Worn by NBA Players in 2023," Basketball Insiders, April 17, 2023, basketballinsiders.com/news/most- popu-lar- basketball- shoe- brands- worn- by- nba- players- in- 2023/#:~:text=During%20 the%202023%20season%2C%20Nike%20was%20far%20and,covered%20near-ly%2075%20percent%20of%20the%20NBA%20market.

4장

1. G. Dunn, "Max Kellerman Says Tom Brady Is Done on First Take," YouTube video, August 8, 2016, youtube.com/watch?v=rcm1gnxpsMs.

2. Sports Paradise, "Julian Edelman SCREAMS AT Tom Brady and Tells Him He's Too Old," YouTube video, February 8, 2021, youtube.com/watch?v=DLfP_kJ37E0&t=2s.

3. Taylor Wirth, "Fifth Steph Title Could Push LeBron Off Stephen A's Mt. Rush-more," NBC Sports, May 3, 2023, nbcsports.com/bayarea/warriors/steph-curry-could-replace-lebron-nba- mt- rushmore-stephen-smith-says.

4. Valuetainment, "Stephen A. Smith Opens Up on Career Path to ESPN," YouTube video, October 11, 2019, youtube.com/watch?v=p7hPgRT5vXE.

5. Pete Blackburn, "Bill Belichick Has Reportedly Banned Brady's Trainer from the Patriots' Plane, Sideline," CBS Sports, December 19, 2017, cbssports.com/nfl/news/

bill-belichick-has-reportedly-banned-bradys-trainer-from-the-patriots-plane-sideline.

6. Alex Banks (@thealexbanks), "Elon Musk is the master of pitching..." Twitter, March 11, 2023, twitter.com/thealexbanks/status/1634547220950429696.

7. Aaron Mok and Jacob Zinkula, "ChatGPT May Be Coming for Our Jobs. Here Are the 10 Roles That AI Is Most Likely to Replace," Insider, April 9, 2023, businessinsider.com/chatgpt-jobs- at- risk-replacement-artificial-intelligence- ai- labor-trends-2023- 02.

8. Kings Inspired, "Become a Monster | Jordan Peterson—Joe Rogan—Jocko Willink," YouTube video, February 6, 2023, youtube.com/watch?v=ygEFX3ar2Q g.

5장

1. American Heritage Dictionary of the English Language, 5th ed., s.v. "will," last modified 2016, thefreedictionary.com/will.

2. PBD Podcast, "Neil deGrasse Tyson | PBD Podcast | Ep. 223," YouTube video, January 9, 2023, youtube.com/watch?v=8hWbO9NdXbs.

3. "Reengineering the Recruitment Process," Harvard Business Review, March–April 2021, hbr.org/2021/03/reengineering-the-recruitment-process.

4. Christian Zibreg, "Previously Unseen 1994 Video Has Steve Jobs Talking Legacy," iDownloadBlog, November 19, 2018, idownloadblog.com/2013/06/19/steve-jobs-1994-video-legacy.

5. Diamandis, Peter H. "Embrace AI or Face Extinction," Peter Diamandis blog, July 6, 2023, https://www.diamandis.com/blog/embrace-ai-face-extinction-exo.

6. Sam Silverman, "Ashton Kutcher Warns Companies to Embrace AI or 'You're Probably Going to Be Out of Business,'" Entrepreneur, May 4, 2023, entrepreneur.com/business-news/ashton-kutcher-embrace- ai- or- youll- be- out- of- business/451014.

7. "The Importance of Business Visibility and Online Reputation," Tomorrow City, March 29, 2021, tomorrow.city/a/the-importance- of- business-visibility-and-online-reputation.

8. brainyquote.com/quotes/albert_einstein_10619.

9. Gabe Villamizer, "Simon Sinek—Trust vs. Performance (Must Watch!)," YouTube video, November 17, 2022, youtube.com/watch?v=PTo9e3ILmms.

10. Noah Marks, "Two Undeniable Truths in Quotes," LinkedIn, May 14, 2020, linkedin.com/pulse/two-undeniable-truths-quotes-noah-marks

11. Richard Branson (@RichardBranson), "Train people well enough so they can leave, treat them well enough so they don't want to," Twitter, March 27, 2014, twitter.com/richardbranson/status/449220072176107520?lang=en.

6장

1. "Mahatma Gandhi Quotes," Allauthor.com, retrieved June 22, 2023, allauthor.com/quote/40507/.

2. Dan Whateley, "People Laughed When She Wanted to Take On a Common(but Totally Embarrassing) Problem. Now She Has a $400 Million Business," Inc., June 20, 2019, inc.com/dan-whateley/poo-pourri-suzy-batiz-bathroom-odor-oversharing.html.

3. Wikipedia, s.v. "George Will," last modified May 23, 2023, en.wikipedia.org/wiki/

George_Will.

4. Susan Weinschenk, "The Power of the Word 'Because' to Get People to Do Stuff," Psychology Today, October 15, 2013, psychologytoday.com/us/blog/brain-wise/201310/the- power- of- the- word- because- to- get- people- to- do- stuff.

5. Valuetainment, "Kobe Bryant's Last Great Interview," YouTube video, August 23, 2019, youtube.com/watch?v=T9GvDekiJ9c&t=1s.

6. Seth Godin, "Project Management," Seth's Blog, June 21, 2023, https://seths.blog/.

7. Richard Nixon, "Khrushchev," Six Crises (New York: Simon & Schuster, 1962).

8. Greg Young, "Proper Planning and Preparation Prevent Piss Poor Performance (the 7Ps)," LinkedIn, April 8, 2020, linkedin.com/pulse/proper-planning-preparation-prevent-piss-poor-7ps-greg-young.

7장

1. Colin McCormick and Gabriel Ponniah, "Moneyball: What Happened to Paul DePodesta (The Real Peter Brand)," May 24, 2023, screenrant.com/moneyball-peter-brand-paul-depodesta-what-happened.

8장

1. P. Smith, "Value of the Sportswear Market in the United States from 2019 to 2025," Statista, April 27, 2022, statista.com/statistics/1087137/value- of- the-sports-apparel-market- by- product-category- us.

2. Matt Weinberger, "Jack Dorsey: 'Twitter Stands for Freedom of Expression,'" Yahoo, October 21, 2015, yahoo.com/lifestyle/s/jack-dorsey-twitter-stands-free-

dom-175932575.html.

3. Madison Hoff, "The 25 Large Companies with the Best Culture in 2020," Insider, December 14, 2020, businessinsider.com/large-companies-best-culture-compara-bly-2020- 12.

4. Nathan Solis, "Facebook Company Ends Its Free Laundry Perk, and at Least One Worker Is Steamed," Los Angeles Times, March 16, 2022, latimes.com/california/story/2022- 03- 16/facebook- company- meta- ends- its- free- laundry- perk#:~:-text=Facebook%20company%20ends%20its%20free,%2C%20Calif.%2C%20last%20year.

9장

1. Daniel Pereira, "IKEA Mission and Vision Statement," The Business Model Analyst, April 24, 2023, businessmodelanalyst.com/ikea-mission-and-vision-statement/.

2. Patrick Hull, "Be Visionary. Think Big," Forbes, December 19, 2021, forbes.com/sites/patrickhull/2012/12/19/be- visionary-think-big/?sh=17920fd33c17.

3. James C. Collins and Jerry I. Porras, "Building Your Company's Vision," Harvard Business Review, September–October 1996, cin.ufpe.br/~genesis/docpublicacoes/visao.pdf.

4. Adrien Beaulieu, "Inspiring Product Manager and Entrepreneurs Quotes—Series (1)," Product House, https://product.house/inspiring-product-manager-and-entre-preneurs-quotes-series- 1- 2/.

5. "Papa John's Dominates the Pizza Category in Customer Satisfaction and Product Quality," Business Wire, June 20, 2017, businesswire.com/news/

home/20170620006170/en/Papa- John%E2%80%99s- Dominates- the- Pizza- Cat-egory- in- Customer-Satisfaction-and-Product-Quality.

6. Jordan Palmer, "At the Turn of the Century This Was Wealthy America's Most Coveted Vacation Destination," Travel Awaits, February 2, 2001, travelawaits. com/2561245/jekyll-island-coveted-vacation-history/.

7. Paul Polman, "2023 Net Positive Employee Barometer: From Quiet Quitting to Conscious Quitting: How Companies' Values and Impact on the World Are Trans-forming Their Employee Appeal," paulpolman.com/wp- content/uploads/2023/02/ MC_Paul-Polman_Net-Positive-Employee-Barometer_Final_web.pdf.

8. Pat Heffernan, "People Don't Buy What You Do—They Buy WHY You Do It," Marketing Partners, October 7, 2010, https://www.marketing-partners.com/conver-sations2/people-dont-buy-what-you- do- they-buy-why-you- do- it.

9. Alex Banks (@thealexbanks), "Show your long-term vision…" Twitter, March 11, 2023, twitter.com/thealexbanks/status/1634547381122502659.

11장

1. Paul A. Gompers, William Gornall, Steven N. Kaplan, and Ilya A. Strebulaev, "How Do Venture Capitalists Make Decisions?" Harvard Business School, September 2016, https://www.hbs.edu/faculty/Pages/item.aspx?num=51659.

옮긴이
박영준 : 대학에서 영문학을 전공하고 대학원에서 경영학을 공부한 후 외국계 기업에서 일했다. 현재 바른번역 소속 전문번역가로 활동 중이며 국제정치, 경제, 경영, 자기계발, 첨단기술 등 다양한 분야의 책을 번역하고 있다. 역서로는 《당신이 생각하는 모든 것을 믿지 말라》, 《슈퍼에이지 이펙트》, 《슈퍼사이트》, 《컨버전스 2030》, 《언러닝》, 《존 맥스웰 리더십 불변의 법칙(25주년 특별개정판)》, 《포춘으로 읽는 워런 버핏의 투자 철학》, 《우버 인사이드》, 《최고의 리더는 사람에 집중한다》, 《훌륭한 관리자의 평범한 습관들》, 《프로젝트 설계자》 등이 있다.

열두 개의 성공 블록

초판 1쇄 발행 2024년 11월 29일

지은이 패트릭 벳-데이비드, 그레그 딘킨
옮긴이 박영준

책임 편집 오민정
표지디자인 [★]규 **본문디자인** pica(
마케팅 이주형
경영지원 강신우, 이윤재
제작 357 제작소

펴낸이 이정아
펴낸곳 (주)서삼독
출판신고 2023년 10월 25일 제2023-000261호
이메일 info@seosamdok.kr

ⓒ 패트릭 벳-데이비드, 그레그 딘킨(저작권자와 맺은 특약에 따라 검인을 생략합니다)
ISBN 979-11-93904-23-7 03190